厚德博學
經濟匡時

本书是国家社会科学基金重点资助项目（项目编号：16ATJ004）“我国创新驱动转型发展评价指数的构建与应用研究”的重要成果，获上海财经大学统计与管理学院出版资助。

匡时 经济学文库

我国创新驱动转型发展评价指数研究

徐国祥　陈燃萍◎著

Research on Evaluation Index of

China's Innovation-Driven and Transformational Development

上海财经大学出版社

图书在版编目(CIP)数据

我国创新驱动转型发展评价指数研究/徐国祥,陈燃萍著. —上海:上海财经大学出版社,2021.5
(匡时·经济学文库)
ISBN 978-7-5642-3685-4/F·3685

Ⅰ.①我… Ⅱ.①徐…②陈… Ⅲ.①中国经济-评价指标-研究 Ⅳ.①F124

中国版本图书馆 CIP 数据核字(2020)第 241029 号

□ 责任编辑 廖沛昕
□ 封面设计 张克瑶

我国创新驱动转型发展评价指数研究

徐国祥 陈燃萍 著

上海财经大学出版社出版发行
(上海市中山北一路 369 号 邮编 200083)
网 址:http://www.sufep.com
电子邮箱:webmaster @ sufep.com
全国新华书店经销
江苏凤凰数码印务有限公司印刷装订
2021 年 5 月第 1 版 2021 年 5 月第 1 次印刷

710mm×1000mm 1/16 12.5 印张(插页:2) 174 千字
定价:68.00 元

前　言

本书是国家社会科学基金重点资助项目(项目编号:16ATJ004)“我国创新驱动转型发展评价指数的构建与应用研究”的重要成果。构建并应用研究我国各省区市创新驱动转型发展评价指数的意义和目的主要有以下五个方面:其一,构建该评价指数是坚持习近平新时代中国特色社会主义思想,为贯彻落实党的十九大精神,以我国和各省区市“十三五”规划及相关规定为参考,对于各地区加快经济发展方式转变、促进经济结构战略性调整、实施创新驱动发展战略、全面建成小康社会、踏上全面建设社会主义现代化国家新征程,具有重要的理论意义和现实意义;其二,有助于弥补我国在构建该评价指数上理论和方法的不足之处,有利于增强该评价指数的系统性、完整性和科学性,也有助于完善统计指数的理论宝库;其三,构建该评价指标体系和评价指数,并结合定性与定量双重分析来衡量各省区市创新驱动转型发展的进程和效果,有利于进一步形成加快创新驱动转型发展的鲜明导向,有利于进一步明确创新驱动转型发展的关键任务和目标要求,有利于及时发现和解决推动创新驱动转型发展工作中存在的差距和问题;其四,通过构建该评价指数过程中对各个具体评价指标确定的目标值,从横向分析和纵向分析的双重视角,探究我国各省区市在各自的创新驱动转型发展过程中所处的现状、优势和薄弱环节,为动态监测与评价各省区市的创新驱动转型发展状况提供科学依据;其五,基于2009—2016年我国各省区市创新驱动转型发展评价指数,选取经济发展水平、研发投入水平、城市化水平、对外开放水平和政府扩张能力这五个方面作为影响因素分析对象,从空间统计学和空间计量经济学的角度，考察我国各省区市创新驱动转型发展水平与其所处空间的联系，并实证检验了省域创新驱动转型发展水平的影响关系。

本书的主要内容包括：第一章论述了我国创新驱动转型发展评价指标体系的研究背景和意义，并对国内外文献综述进行总结和评析，阐述了本书的创新之处、结构安排及学术与应用价值。第二章论述了我国创新驱动转型发展评价指标体系的构建依据和具体设计，其中，首先论述了我国创新驱动转型发展评价指标体系的构建思路和构建原则，然后详细阐述了各分类指标体系的构建依据，设计了一套理论指标体系，最后根据数据的可获得性，提炼出了具有可操作性的实证指标。第三章论述了我国创新驱动转型发展评价指数的编制及计算过程，其中，首先结合相关政策和文件等，并参考世界各国的相关数据，详细设定了创新驱动转型发展评价指标的目标值，然后对评价指标的权重确定方法进行研究，最后对四种计算方案进行分析。第四章论述了我国创新驱动转型发展评价指数及其分类指数的实证检验和结果分析，其中，首先对四种方案计算得出的2009—2016年全国各省区市创新驱动转型发展评价指数及其分类指数进行了相关性分析和一致性检验，然后对四种方案计算结果的异同性进行分析，最终确定以方案二[基于偏差平方和最小原理的主观(AHP)-客观(CV、EM、PCA)的简单平均组合法]作为本研究的权重方案，最后根据方案二的测算结果对历年来我国各省区市创新驱动转型发展评价指数进行了横向分析和纵向探究，为动态监测与评价各省区市的创新驱动转型发展状况提供科学依据。第五章论述了我国各省区市创新驱动转型发展能力的影响因素研究和分析，其中，首先对2009—2016年我国各省区市创新驱动转型发展能力测算结果进行空间相关性分析，然后详细阐述了空间面板模型的设定和选择，最后对我国各省区市创新驱动转型发展能力进行影响因素的实证分析。第六章论述了我国创新驱动转型发展评价指标体系的主要研究结论和对策建议。最后给出了本书的主要参考文献。

本书的主要创新之处表现为：

第一，第一次系统、全面地提出并研究了创新驱动转型发展评价指标体系。本书全面、详细地阐述了指标体系的维度设计（准则层）和指标选择（指标层）的依据，并对该评价指数构建理念和目标定位等基本概念进行了必要分析。本书紧密结合我国创新驱动发展战略、加快创新型国家建设的任务要求，基于创新驱动、转型发展、生态文明建设和民生改善四个维度，遵循指标体系构建原则，选取了 36 个评价指标构建了我国创新驱动转型发展评价指标体系（理论指标），并根据我国各省区市社会经济发展状况的实际情况，考虑数据的可获得性，进一步提炼出了具有可操作性的实证指标（29 个），编制了我国各省区市创新驱动转型发展评价指数及其分类指数。

第二，基于时间和空间的双重维度构建评价指数。本书突破了单一的维度[基于截面数据（某一年）、未考虑时间序列或者基于时间序列数据、未考虑我国 31 个省区市①]，基于时间和空间双维度，构建了历年来我国 31 个省区市的创新驱动转型发展评价指数及其分类指数，使得指数具有横向可比性和纵向可比性，并进行了空间面板实证分析。

第三，确定了各个评价指标的目标值。本书以我国和各省区市“十三五”规划纲要、相关文件等为参考，综合利用国际上的经验数据和我国的

① 本书研究对象为我国 31 个省、自治区、直辖市（不包括港澳台地区），简称“31 个省区市”。

实际情况进行研究，拓宽了目标值的设定思路。通过目标值的设定，各省区市可进一步明确其在创新驱动转型发展阶段的关键任务和目标要求。

第四，综合运用了主、客观赋权法编制评价指数。为消除单一赋权方法产生的系统性偏差，该研究邀请了20位专家根据下层各因素对于上层某因素的重要性程度进行比较并赋值，综合运用了主、客观赋权法，基于四种组合权重编制了2009—2016年我国各省区市创新驱动转型发展评价指数及其分类指数。通过指数值的相关性分析与指数排序的一致性检验，确定合适的权重方案进行指数测算，以便能更客观地表征现实情况。

第五，基于各省区市指数值，合成了我国东部、中部、西部和东北四大地区的指数值。本研究根据国家统计局2011年6月13号的划分办法，为了科学地反映我国不同地区的社会经济发展状况，为党中央、国务院制定区域发展政策提供依据，根据《中共中央 国务院关于促进中部地区崛起的若干意见》《国务院发布关于西部大开发若干政策措施的实施意见》和党的十六大报告的精神，将我国31个省区市的经济区域划分为东部、中部、西部和东北四大地区。其中，东部包括北京、天津、河北、上海、江苏、浙江、福建、山东、广东和海南10个省市；中部包括山西、安徽、江西、河南、湖北和湖南6个省市；西部包括内蒙古、广西、重庆、四川、贵州、云南、西藏、陕西、甘肃、青海、宁夏和新疆12个省区市；东北包括辽宁、吉林和黑龙江3个省市。[①] 区域划分可见第一章的图1.1。在得到各省区市指数值的基础上，对相应省区市的指数值取平均得到东部、中部、西部和东北四大地区的指数值，对2009—2016年创新驱动转型发展能力的测算

① 国家统计局．东、西、中部和东北地区划分方法．2011-06-13. http://www.stats.gov.cn/ztjc/zthd/sjtjr/dejtjkfr/tjkp/201106/t20110613_71947.htm.

结果进行了分析。

第六，对省域创新驱动转型发展水平的影响因素进行了实证研究。基于我国各省区市创新驱动转型发展评价指数，选用了综合地理特征和经济特征构建的空间权重矩阵，并选取经济发展水平、研发投入水平、城市化水平、对外开放水平和政府扩张能力这五个方面作为影响因素分析对象，从空间统计学和空间计量经济学的角度，首先通过莫兰指数和莫兰散点图考察我国各省区市创新驱动转型发展水平与其所处空间的联系，其次选择合适的空间面板模型对省域创新驱动转发展水平的因素进行实证探究。

本书的出版得到了上海财经大学统计与管理学院的资助，以及上海财经大学出版社的帮助，在此深表谢意。本书由上海财经大学统计与管理学院国家二级教授、博士生导师、上海财经大学应用统计研究中心主任、上海社会调查研究中心上海财经大学分中心主任徐国祥和博士生陈燃萍撰写，徐国祥负责总纂稿。由于本书是第一部比较系统研究我国创新驱动转型发展评价指数的构建与应用的专著，其中错误和不当之处望专家和读者批评指正。

作　者

2020 年 9 月

目　录

第一章　问题的提出①

第一节　研究背景和研究意义

一、研究背景

2012 年中共十八大强调要加快完善社会主义市场经济体制，加快转变经济发展方式，首次明确提出实施创新驱动发展战略，指出科技创新是提高我国社会生产力和综合国力的战略支撑，必须置于国家发展全局的核心地位。2015 年和 2016 年又相继出台了《中共中央 国务院关于深化体制机制改革加快实施创新驱动发展战略的若干意见》和《国家创新驱动发展战略纲要》，提升了“创新驱动发展”在经济社会发展中的核心地位。2017 年党的十九大报告提出坚定实施创新驱动发展战略，突出了这一战略对建设创新型国家的必要性，实施这一战略是一项重大的长期任务，必须将其放在国家发展全局的核心位置。这一系列政策的发布也引发了学术界对创新驱动发展的研究热潮。

创新是指人们为了满足发展的需求，运用现有的信息，不断超越，去改进或创造新颖独特的有社会价值或个人价值的元素、思想、方法的活动。发展是我国经济社会发展的一个永恒主题、一个硬道理，是指一个国家或地区在稳增长的基础上，保证经济有质的提升，实现“包容性增长”。

政府政策层面关于创新驱动发展内涵的阐述以 2016 年《国家创新驱

---

① 本章部分内容选自：徐国祥，陈燃萍．创新驱动转型发展能力的影响因素分析——基于省级面板数据的实证研究[J]．数理统计与管理，2019，38(5)：770－784.

动发展战略纲要》(以下简称《纲要》)为代表,《纲要》指出:“创新驱动就是创新成为引领发展的第一动力,科技创新与制度创新、管理创新、商业模式创新、业态创新和文化创新相结合,推动发展方式向依靠持续的知识积累、技术进步和劳动力素质提升转变,促进经济向形态更高级、分工更精细、结构更合理的阶段演进。”①

学术研究领域关于创新驱动发展内涵的阐述可归纳为以下两个方面:一是经济可持续发展的主要动力是创新,依靠知识、技术、信息等各类创新要素驱动经济发展;二是创新驱动发展的目标是实现经济的内生增长和可持续发展。例如,刘刚(2014)认为创新驱动发展是立足于先发优势和竞争优势,以新知识创造及其商业化为导向的创新型创业活动及其组织和制度创新,实现中国经济的内生增长和可持续发展。王海燕、郑秀梅(2017)认为创新驱动发展是指在有限的传统生产要素基础之上,引入知识、技术等要素,通过优化生产方式、提升劳动者素质、盘活各类创新资源来驱动经济的可持续发展。

综上,本研究认为创新驱动转型发展有两个方面的含义:一是我国未来的发展需要依靠科技创新驱动,推动发展方式由传统的劳动力以及资源能源驱动,向依靠持续的知识积累、技术进步和劳动力素质提升转变;二是创新的目的是驱动发展,推动经济发展向更高级的形态、更精细的分工、更合理的结构演进,实现经济又好又快发展。

走创新驱动转型发展之路,必须摒弃以往强调数量增长、规模扩大、空间拓展和适应外部需求的外延式发展方式,坚持注重结构优化、质量提高、创新能力增强和内在需求扩大的内涵式发展方式。不仅要追求经济“数量”上的扩张,而且要改善和提升经济社会的整体运行“质量”,即经济结构不断调整、创新能力不断提高、城镇化水平不断提升、环境质量不断优化、人口素质不断增强、人民生活不断改善以及人民生活方式更加文明和健康,进而实现经济的内生增长和可持续发展。

---

① 国家创新驱动发展战略纲要[M]. 北京:人民出版社,2016:2.

而通过构建我国各省区市创新驱动转型发展评价指数，对我国创新驱动转型发展的进程做出科学和可行的量化测定，并进行研究结果分析和提出对策建议以供中央领导和地方政府领导参考，是摆在统计学者和统计工作者面前的一项艰巨的任务。

二、研究意义

构建并应用研究我国各省区市创新驱动转型发展评价指数的意义和目的主要有以下五个方面：

一是，有助于弥补我国在构建该评价指数上理论和方法的不足之处，有利于增强该评价指数的系统性、完整性和科学性，也有助于完善统计指数的理论宝库。

二是，构建该评价指数是坚持习近平新时代中国特色社会主义思想，为贯彻落实党的十九大精神，以我国和各省区市"十三五"规划及相关规定为参考，对于各地区加快经济发展方式转变、促进经济结构战略性调整、实施创新驱动发展战略、全面建成小康社会、踏上全面建设社会主义现代化国家新征程，具有重要的理论意义和现实意义。

三是，构建该评价指标体系和评价指数，并结合定性与定量双重分析以衡量各省区市创新驱动转型发展的进程和效果，有利于进一步形成加快创新驱动转型发展的鲜明导向，有利于进一步明确创新驱动转型发展的关键任务和目标要求，有利于及时发现和解决推动创新驱动转型发展工作中存在的差距和问题。

四是，通过构建该评价指数过程中对各个具体评价指标确定的目标值，从横向分析和纵向分析的双重视角，探究我国各省区市在各自的创新驱动转型发展过程中所处的现状、优势和薄弱环节，为动态监测与评价各省区市的创新驱动转型发展状况提供科学依据。

五是，基于 2009—2016 年我国各省区市创新驱动转型发展评价指数，选取经济发展水平、研发投入水平、城市化水平、对外开放水平和政府扩张能力这五个方面作为影响因素分析对象，从空间统计学和空间计量经济学的角度，考察我国各省区市创新驱动转型发展水平与其所处空间的联系，并实证检验了省域创新驱动转型发展水平的影响关系。

第二节 文献研究综述

一、国外文献研究综述

国外并无专门的“创新驱动转型发展评价指数”的同类研究，国外的相关研究主要分为两类：

第一类是对创新驱动转型发展的定性研究。例如，约瑟夫·熊彼特（Joseph A. Schumpeter，1912）在其著作《经济发展理论》中首先提出了“创新理论”（Innovation Theory），他从创新的角度研究了经济增长和经济发展，并强调了技术创新和制度创新同等重要的演化经济理论等。又如，迈克尔·波特（Michael E. Porter，1990）在《国家竞争优势》中将国家经济发展区分为四个阶段：“要素驱动”“投资驱动”“创新驱动”和“财富驱动”。只有持续推进创新，才能突破资源环境制约，实现创新驱动转型。

第二类是国家创新能力评价的指标体系、竞争力报告和城市综合实力指数等。如欧洲工商管理学院（INSEAD）发布的全球创新指数（Global Innovation Index，GII），选取了全球 126 个（2018）国家/经济体，从创新投入（制度、人力资本和研发、基础建设、市场成熟度、企业成熟度）和创新产出（知识和技术的产出、创意性产出）两方面强调创新对竞争力和增长的影响。又如，联合国开发计划署（UNDP）开发的技术成就指数（Technology Achievement Index，TAI），从技术创新、新技术传播、传统技术扩散和人力技能四个方面对世界各国（地区）的技术革新和创新能力进行表征。此外，还有欧盟委员会发布的欧洲创新记分牌（European Innovation Scoreboard，EIS）和欧洲区域创新记分牌（Regional Innovation Scoreboard，RIS）、OECD 科学技术和工业记分牌（OECD Science，Technology and Industry Scoreboard，STI）、世界银行（WB）开发的全球知识经济指数(Knowledge Economy Index,KEI)、联合国贸易和发展会议(UNCTAD)开发的创新能力指数(Innovation Capability Index,ICI)、世界经济论坛(WEF)发布的全球竞争力指数(Global Competitiveness Index,GCI)、瑞士洛桑国际管理发展学院(IMD)全球竞争力中心负责编制并每年发布的《世界竞争力报告》以及日本"森纪念财团"都市战略研究所每年发表的《全球城市综合实力指数》(Global Power City Index,GPCI)等,其中有些指标可用来说明伦敦、纽约、东京这些城市转型发展的进程,其思路和做法是值得我们借鉴的。根据相关文献资料,表 1.1 总结了国外有关创新的部分评价指标体系。

表 1.1　　国外有关创新的评价指标体系汇总(部分)

指数名称	计算对象及强调主题	一级指标	二级指标
全球创新指数(GII)	全球 126 个(2018)国家/经济体,创新对竞争力和增长的影响	创新投入、创新产出	制度、人力资本和研发、基础建设、市场成熟度、企业成熟度、知识和技术的产出、创意性产出
技术成就指数(TAI)	世界各国(地区),技术革新和创新能力	技术创新、新技术传播、传统技术扩散、人力技能	每百万人发明专利拥有量、人均技术交易额、高新技术产品出口额占总出口额比重、每千人互联网用户数、每千人电话用户数、人均电力消耗、人均教育费用支出、每万人拥有高等学校在校学生人数、每万人科研技术综合服务从业人员数
欧洲创新记分牌(EIS)和欧洲区域创新记分牌(RIS)	欧盟 28 国及其地区与欧盟外部分国家(地区),创新绩效	框架条件、投资、创新活动、影响力	人力资源、有吸引力的科研体系、有利于创新的环境,财政与支持、企业投资,创新者、联络、知识产权,就业影响、经济效益
OECD 科学技术和工业记分牌(STI)	36 个 OECD 成员及 7 个其他主要经济体,知识经济	全球知识经济的长期趋势和特征,知识、人才和技能投资,知识连接,企业创新,全球经济竞争,科学技术驱动社会	142 个评价指标

续表

指数名称	计算对象及强调主题	一级指标	二级指标
全球知识经济指数(KEI)	世界主要国家和地区,知识经济发展的整体水平	经济激励与政治体制、教育与人力资源、信息基础设施、创新系统	关税和非关税壁垒、监管质量、法治、每百万人研发人员数、每百万人科学技术期刊文章发表量、每百万人专利授权量、成人识字率(%,15岁及以上)、中学毛入学率、高等教育毛入学率、每千人电话用户数、每千人电脑拥有量、每千人互联网用户数
创新能力指数(ICI)	世界各国,创新能力	技术活动、人力资本	每百万人研发人员数、每百万人专利授权量、每百万人科学技术期刊文章发表量、成人识字率、中学毛入学率、高等教育毛入学率
全球竞争力指数(GCI)	世界各国,经济整体竞争力	基本要求、效率促进因素、创新和成熟度	制度环境、基础设施、宏观经济稳定性、健康与基础教育,高等教育与培训、商品市场效率、劳动力市场效率、金融市场成熟性、技术准备度、市场规模,商业成熟度、研发创新
《世界竞争力报告》	世界各国(地区),经济整体竞争力	经济运行、政府效率、企业效率、基础设施	各一级指标下设5个二级指标,共计20个二级指标
《全球城市综合实力指数》(GPCI)	有代表性的世界主要城市,综合实力	经济、研究开发、文化交流、居住、环境、交通与出行	26个准则层,共70个评价指标

二、国内文献研究综述

近几年来,国内有关创新驱动发展的研究成果与日俱增,研究工作仍在不断丰富和深化。国内许多专家、学者也从定性和定量两个方面对创新驱动转型发展进行了研究。

在定性研究方面,比较典型的研究是上海市人民政府发展研究中心主任周振华教授的论文《伦敦、纽约、东京经济转型的经验及其借鉴》,该文通过对 20 世纪 60—80 年代的伦敦、纽约和东京三大都市经济转型的基本历程和表现特征的定性分析，对比上海与三大都市经济转型的异同点，以积极应对上海转型发展过程中的新变化与新问题，准确把握城市转型发展的特有规律，对建立上海创新驱动转型发展的评价指标体系有很好的指导作用。陈强、余伟等(2015)在其著作《创新驱动发展国际比较研究》中，将建设创新型国家的发展演变与国内创新驱动发展的现状和趋势进行融合。首先，从“创新驱动的战略与规划”“体制与机制”“策略与方法”三个层面，比较分析了世界主要国家创新驱动发展的路径和特征；其次，从资源禀赋和政府创新管理的角度深入探究了这些国家走上不同创新驱动发展道路的原因，并对异同点进行了归纳分析；最后，借鉴了这些国家的经验做法，并结合我国创新驱动发展的现状，提出了较为有效可行的政策建议，有利于我国深入实施创新驱动发展战略，实现经济的可持续发展。

在定量研究方面，相关研究者从不同角度界定了创新的内涵，构建了不同的创新能力评价指标体系。例如，为客观监测和科学评价创新型国家的建设进程、反映国家的综合创新能力，中国科学技术发展战略研究院参考了国内外关于“国家竞争力”和“创新评价”等方面的研究成果，以及世界经济论坛和瑞士洛桑国际管理发展学院等公开发布的研究报告，从“创新资源”“知识创造”“企业创新”“创新绩效”和“创新环境”5 个方面选取了 30 个评价指标，以研发经费投入之和占全球研发经费总量 95%以上的 40 个科技创新活动活跃的国家作为评价对象，采用国际通用的标杆分析法，构建并测算了国家创新指数。又如，中国科协发展研究中心国家创新能力评价研究课题组从创新投入、创新产出、创新潜能与效率三个角度，以主要发达国家和新兴发展中国家为对象，构建了包括 7 个维度、21 个指标的国家创新能力评价指标体系，并综合性、动态性地给出了这些国家的创新能力排名和创新能力的比较分析，为各国政府了解本国的创新能力提供了一个很好的参考。再如，为落实党的十八大报告提出的“实施创新驱动发展战略”精神，客观地反映我国在创新型国家建设进程中的创新能力状况，国家统计局社科文司“中国创新指数(China Innovation Index,CII)研究”课题组(2014)围绕创新环境、创新投入、创新产出和创新成效四个方面设计并开发了评价我国创新能力的指标体系和指数编制方法,评估了我国创新能力的演进情况。

根据相关文献资料,表 1.2 总结了国内有关创新的部分评价指标体系。

表 1.2　　国内有关创新的评价指标体系汇总(部分)

指数名称/研究者	计算对象及强调主题	一级指标	二级指标
国家创新指数	40 个科技创新活动活跃的国家(其研发经费投入之和占全球研发经费总量 95%以上),国家综合创新能力	创新资源、知识创造、企业创新、创新绩效、创新环境	30 个二级指标
《国家创新能力评价报告》	主要发达国家和新兴发展中国家,国家创新能力	创新投入、创新产出、创新潜能与效率	物质资本、科技人力资源、政策环境,知识产权、应用绩效,战略储备、发展趋势
中国创新指数(CII)	中国,创新能力	创新环境、创新投入、创新产出、创新成效	21 个二级指标
上海财经大学课题组(2014)	中国 31 个省区市,“创新驱动,转型发展”能力	创新驱动、转型发展、民生改善	27 个二级指标
周柯、唐娟莉(2016)	中国 30 个省区市(西藏和港澳台地区除外),创新驱动发展能力	创新基础支撑、创新投入、创新产出、创新贡献	38 个具体评价指标
吴卫红、李娜娜、张爱美、刘安国、王建英(2017)	中国 30 个省区市(西藏和港澳台地区除外),创新驱动发展效率水平	创新驱动知识发展、创新驱动经济环境发展	创新驱动知识投入、创新驱动知识产出,创新驱动经济环境投入、创新驱动经济环境产出

在实证研究方面,既有关于路径选择的研究,又有关于创新与经济增长、城镇化等关系的研究,还有对创新驱动发展能力的影响因素进行分析的研究等。

在路径选择方面，如吴卫红、李娜娜、张爱美、刘安国、王建英（2017）在《我国省域创新驱动发展效率评价及提升路径实证研究》一文中，利用DEA 分析方法，基于创新驱动的知识发展和经济环境发展两个维度构建了评价指标体系，实证测算了 2004—2014 年中国 30 个省区市（西藏和港澳台除外）创新驱动发展效率水平，测算结果表明：整体上创新驱动知识发展的效率大于创新驱动经济环境发展的效率，且各省区市之间的创新驱动发展效率水平差异大；个别省份知识发展与经济环境发展效率呈现相反的趋势。进一步，根据效率测算结果，又量化研究了其路径提升：将效率值为 1 的地区作为标杆，并以标杆地区为基准对效率值没有达到 1 的地区进行改进，从而提升这些省区市创新驱动发展的综合效率。

关于创新驱动与区域经济发展的研究方面，如李标、宋长旭、吴贾（2016）在《创新驱动下金融集聚与区域经济增长》一文中，利用 1998—2013 年中国省级面板数据，基于传统索罗增长模型，借助全要素生产率，将金融集聚和创新投入因素内生化，实证研究了创新驱动下金融集聚与区域经济增长的关系，结果表明：（1）经济增长的基本来源有两个，一是资本存量，二是劳动力投入，但资本对东部地区经济增长的拉动作用不显著；（2）创新是促进经济规模扩大、缩小区域经济发展差距的重要因素；（3）金融集聚对经济增长具有显著的拉动作用；（4）金融集聚对研发活动的支持具有显著“延迟效应”，对当期经济增长具有微弱的抑制作用。

一方面，创新驱动通过激发创新能力来推动经济增长，实现经济发展方式的转型升级；另一方面，因各地区创新能力不同而影响经济发展的速度与潜力，从而影响地区之间经济发展的差距。如白俊红、王林东（2016）在《创新驱动对中国地区经济差距的影响：收敛还是发散？》一文中，将我国省级区域作为研究对象，构建了创新驱动评价指标体系，并运用空间计量分析方法，实证分析了创新驱动对我国地区经济差距的影响，研究结果表明：对全国和东、西部地区来说，创新驱动对经济收敛速度具有明显的促进作用，但对中部地区来说，创新驱动对经济收敛的速度具有抑制作用；此外，周边地区的创新驱动对全国和东部地区的经济收敛速度具有明显的促进作用，而本地区的创新驱动对地区之间经济收敛速度的影响并不稳定，甚至可能会扩大地区之间的经济差距。

创新不仅是经济增长的长期源泉，对经济发展具有深远的影响，而且对城乡收入分配格局的影响也是一个繁杂的过程。如李政、杨思莹(2016)在《创新强度、产业结构升级与城乡收入差距——基于2007—2013年省级面板数据的空间杜宾模型分析》一文中，基于2007—2013年省级面板数据，运用空间杜宾模型实证研究了创新强度、产业结构升级对城乡收入差距的影响，结果表明：受"科技创新的城乡二元结构""技术进步偏向性""农产品需求刚性"和"产业政策的城乡二元结构""城乡居民收入结构差异""产业结构与就业结构矛盾"等多种因素共同作用，创新投入的强度提高和产业结构的优化升级会拉大城乡收入的差距。因此，在实施国家创新驱动发展战略中，应考虑城乡居民的利益：一是鼓励农业科技创新和农业人力资本投入协调并进，从而提高农业的综合发展水平；二是鼓励以劳动为导向的技术进步，妥善处理好效率和公平的关系；三是提高农产品的收购价格，确保福利惠及农民。在推动产业结构调整中，应考虑以下三个方面：一是完善劳动力市场，减少产业结构升级带来的就业结构和产业结构的偏差；二是推动城乡经济一体化发展，实现城乡均衡、产业协调的更好发展；三是完善农民收入结构，增加可转移收入的占比。

关于创新、城镇化与经济增长三者关系的研究，如周慧、苗洪亮、曾冰(2017)在《创新驱动、城镇化与区域经济增长——基于空间溢出及门槛效应的实证分析》一文中，基于2003—2014年我国省级面板数据，在经济增长空间扩展模型中引入创新和城镇化，揭示了创新产出通过城镇化影响经济增长的内在机制，并控制劳动力、资本、土地、产业结构等因素的影响，运用空间计量方法检验了创新和城镇化对经济增长的空间溢出效应。其研究发现：第一，创新能有效驱动经济增长；第二，全国和东、中、西三大地区间存在不同程度的技术溢出，城镇化的创新效应存在并具有门槛特征；第三，创新与城镇化的融合发展有助于促进区域经济的持续健康发展。

对创新驱动发展能力的影响因素的研究大体可分为两类：

一是综合指数法，即构建综合评价指标体系，通过比较各个具体的评价指标，找出其影响因素。例如，欧盟委员会基于框架条件、投资、创新活动和影响力四个维度发布了欧洲创新记分牌和欧洲区域创新记分牌，对欧盟 28 国及其地区与欧盟外部分国家（地区）的创新绩效进行客观监测和评价；联合国贸易和发展会议选取了每百万人研发人员数、每百万人专利授权量、每百万人科学技术期刊文章发表量、成人识字率、中学毛入学率、高等教育毛入学率等指标开发了创新能力指数来反映世界各国的创新能力。又如，王珍珍（2017）基于创新驱动投入、创新驱动支撑和创新驱动绩效维度，运用综合熵值法评估了福建省九地市的创新驱动发展能力，并从经济发展水平、人口整体素质和企业创新能力方面综合探讨了福建省域内地级市之间创新驱动发展能力的区域差异。

二是单指标测度法，即首先仅选用单指标（如三种专利申请授权的人均量）来表征创新驱动发展能力，然后选取一组影响创新驱动发展能力的变量构建模型进行实证分析。例如，邵传林、徐立新（2015）将三种专利申请授权的人均量作为创新驱动发展水平，选取了法律制度、产权保护等指标作为制度性影响因素，基于我国省际面板数据模型对地区经济创新驱动发展能力的影响因素进行分析。又如，王海兵、杨蕙馨（2016）分别用全要素生产率、技术进步率、技术效率变化和规模效率指标来考察创新驱动，选取了政府干预倾向、非市场化程度、对外开放水平、人力资本、城市化水平和基础设施建设等变量，对影响创新驱动的相关因素进行了实证分析。

此外，朱建平、王德青和方匡南（2013）在《中国区域创新能力静态分析——基于自适应赋权主成分聚类模型》一文中，提出了一种新的加权主成分聚类模型，采用《中国区域创新能力报告 2011》的创新能力省际数据，并与多种聚类模型得出的结果进行比较分析，发现我国区域创新能力存在显著的地域差异。

周柯、唐娟莉（2016）在《我国省际创新驱动发展能力测度及影响因素分析》一文中，基于创新基础支撑、创新投入、创新产出和创新贡献四个维度，选取了38个具体评价指标，利用2013年的统计数据，采用熵值法，测算了我国30个省区市的创新驱动发展能力，并选取了一组影响我国创新驱动发展能力的变量（贸易水平、对外开放水平、人力资本、政府扩张能力、非市场化程度、城市化水平、基础设施）来构建模型，进行实证分析。其研究结果表明：2013年，我国各地区间创新驱动发展不均衡，各地区创新驱动发展能力的变化呈现梯度特征；贸易水平、对外开放水平、非市场化程度和基础设施等因素对各地区间创新驱动发展能力具有重要的影响，政府扩张能力对其有一定的影响，而人力资本和城市化水平对其具有负面影响。

修国义、韩佳璇和陈晓华（2017）在《区域创新驱动能力影响因素实证研究》一文中，基于区域视角，采用DEA-Malmquist指数法和灰色关联度分析法，利用2000—2015年间我国30个省区市（西藏和港澳台地区除外）的省际面板数据，测度区域创新驱动能力，并以高等教育水平、规模经济程度、产业结构升级程度、城镇化水平、基础设施水平、市场化程度、贸易交流度、外资开放度和政府干预作为省际创新驱动能力的关键影响因素分析对象。

关于影响因素的实证研究方面，大多采用了空间面板计量模型，如王德青、朱建平和谢邦昌（2014）在《中国创新能力区域差异的静态与动态分析——基于拓展聚类模型层级划分的角度》一文中，基于《中国区域创新能力报告：2002—2011》中我国31个省区市的相关数据，分别应用截面自适应赋权主成分聚类分析和拓展的面板数据聚类分析对我国各省区市的创新能力进行静态和动态的划分归类，同时建立了空间面板计量模型实证研究了创新绩效的影响因素分析。又如，何宜庆、陈林心、焦剑雄和王芸（2017）在《金融集聚的时空差异与省域生态效率关系研究》一文中，运用熵权法编制了2005—2013年我国31个省区市的金融集聚和生态效率的综合评价指数，并通过计算各省区市的莫兰指数以判断其空间相关性，在此基础上，选取了银行业集聚、证券业集聚、保险业集聚和金融密度作为解释变量，建立了全国和东、中、西三大地区的空间滞后模型与空间误差模型进行空间影响效应分析，结果表明存在溢出效应等。再如，范新英、张所地（2018）在《城市创新效率测度及其对房价分化影响的实证研究》一文中，选取了创新投入和创新产出两方面六个指标，运用 DEA-FP 指数测算了 2005—2014 年我国 35 个大中城市的创新效率，并运用面板门限模型对创新效率的溢出效应进行了实证研究，结果表明城市创新效率的差异是房价分化的重要影响因素。

三、文献研究评析

综观国内外文献，目前，国内外对相关"创新驱动转型发展评价指数"的构建研究方面存在一定的缺陷，主要表现为：

其一，关于创新驱动转型发展指标体系的维度设计（准则层）和指标选择（指标层）的依据阐述不够全面，缺少对该评价指数构建理念和目标定位等基本概念的必要分析，且尚未形成系统的研究理论和方法体系，大多数综合评价指标体系仅包括创新投入、创新产出、创新环境和创新绩效等维度，而"创新、协调、绿色、开放、共享"的新发展观要求我们必须坚持可持续发展，最终促进人类社会的全面发展，因此，生态文明建设和民生改善也是创新驱动转型发展的重要维度之一。

其二，鲜有构建历年来我国 31 个省区市的创新驱动转型发展评价指数的面板数据，因存在数据收集的复杂性，国内较多的是测算某省区市/城市的评价指数（时序数据）或者某一年各省区市的创新驱动发展能力（截面数据），时序数据仅考虑了变量在时间上的变化，而截面数据忽略了变量在时间上的变化，这些研究不具有横向或者纵向可比性。

其三，为了准确地动态监测各省区市创新驱动转型发展的进程，需要设定各评价指标的目标值，但目前尚未有文献设定目标值。

其四，在综合指数法下，大多文献采用了静态、单一的赋权方法，基于主、客观的综合赋权法很少见，权重的确定方法缺乏可比性。

其五，在创新驱动转型发展能力的影响因素分析方面，有的是以构建的综合指数的具体评价指标作为影响因素，仅从指标数据层面进行分析；

有的只探讨自身创新驱动转型发展能力的影响因素;有的虽然既构建了综合评价指数,又选取了一组影响创新驱动发展能力的变量构建模型进行实证分析,但有些只是基于截面数据(某一年),未考虑时间序列。

本书旨在对上述领域的研究不足之处加以改进。

第三节　创新之处、结构安排及学术价值和应用价值

一、创新之处

本书创新之处主要体现在以下六个方面:

第一,第一次系统、全面地提出并研究了创新驱动转型发展评价指标体系。本书全面、详细地阐述了指标体系的维度设计(准则层)和指标选择(指标层)的依据,并对该评价指数构建理念和目标定位等基本概念进行了必要分析。本书紧密结合我国创新驱动发展战略、加快创新型国家建设的任务要求,基于创新驱动、转型发展、生态文明建设和民生改善四个维度,遵循指标体系构建原则,选取了 36 个评价指标构建了我国创新驱动转型发展评价指标体系(理论指标),并根据我国各省区市社会经济发展状况的实际情况,考虑数据的可获得性,进一步提炼出了具有可操作性的实证指标(29 个),编制了我国各省区市创新驱动转型发展评价指数及其分类指数。

第二,基于时间和空间的双重维度构建评价指数。本书突破了单一的维度[基于截面数据(某一年)、未考虑时间序列或者基于时间序列数据、未考虑我国 31 个省区市],基于时间和空间双维度,构建了历年来我国 31 个省区市的创新驱动转型发展评价指数及其分类指数,使得指数具有横向可比性和纵向可比性,并进行了空间面板实证分析。

第三,确定了各个评价指标的目标值。本书以我国和各省区市"十三五"规划纲要、相关文件等为参考,综合利用国际上的经验数据和我国的实际情况进行研究,拓宽了目标值的设定思路。通过目标值的设定,各省

区市可进一步明确其在创新驱动转型发展阶段的关键任务和目标要求。

第四，综合运用了主、客观赋权法编制评价指数。为消除单一赋权方法产生的系统性偏差，该研究邀请了 20 位专家根据下层各因素对于上层某因素的重要性程度进行比较并赋值，综合运用了主、客观赋权法，基于四种组合权重编制了 2009—2016 年我国各省区市创新驱动转型发展评价指数及其分类指数。通过指数值的相关性分析与指数排序的一致性检验，确定合适的权重方案进行指数测算，以便能更客观地表征现实情况。

第五，基于各省区市指数值，合成了我国东部、中部、西部和东北四大地区的指数值。本研究根据国家统计局 2011 年 6 月 13 号的划分办法，为了科学地反映我国不同地区的社会经济发展状况，为党中央、国务院制定区域发展政策提供依据，根据《中共中央 国务院关于促进中部地区崛起的若干意见》《国务院发布关于西部大开发若干政策措施的实施意见》和党的十六大报告的精神，将我国 31 个省区市的经济区域划分为东部、中部、西部和东北四大地区。其中，东部包括北京、天津、河北、上海、江苏、浙江、福建、山东、广东和海南 10 个省市；中部包括山西、安徽、江西、河南、湖北和湖南 6 个省市；西部包括内蒙古、广西、重庆、四川、贵州、云南、西藏、陕西、甘肃、青海、宁夏和新疆 12 个省区市；东北包括辽宁、吉林和黑龙江 3 个省市。区域划分可见图 1.1。在得到各省区市指数值的基础上，对相应省区市的指数值取平均得到东部、中部、西部和东北四大地区的指数值，对 2009—2016 年创新驱动转型发展能力的测算结果进行了分析。

第六，对省域创新驱动转型发展水平的影响因素进行了实证研究。基于我国各省区市创新驱动转型发展评价指数，选用了综合地理特征和经济特征构建的空间权重矩阵，并选取经济发展水平、研发投入水平、城市化水平、对外开放水平和政府扩张能力这五个方面作为影响因素分析对象，从空间统计学和空间计量经济学的角度，首先，通过莫兰指数和莫兰散点图考察我国各省区市创新驱动转型发展水平与其所处空间的联系；其次，选择合适的空间面板模型对省域创新驱动转型发展水平的影响

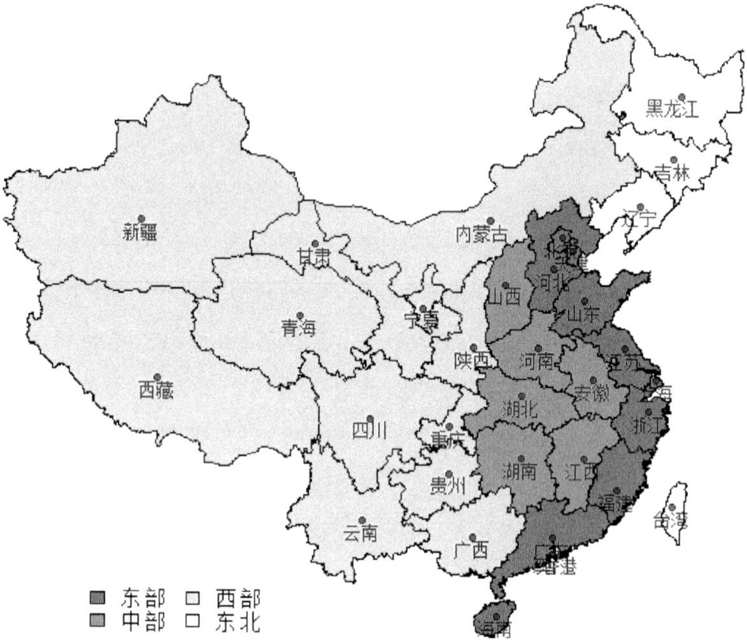

图 1.1　我国 31 个省区市经济区域划分图

因素进行实证探究。

二、结构安排

本书的结构安排如下：

第一章论述了我国创新驱动转型发展评价指标体系的研究背景和意义，并对国内外文献综述进行总结和评析，阐述了该书的创新之处。

第二章是我国创新驱动转型发展评价指标体系的构建依据和具体设计，其中，首先论述了我国创新驱动转型发展评价指标体系的构建思路和构建原则，然后详细阐述了各分类指标体系的构建依据，设计了一套理论指标体系，最后根据数据的可获得性，提炼出了具有可操作性的实证指标。

第三章是我国创新驱动转型发展评价指数的编制及计算过程，其中，首先结合相关政策和文件等，并参考世界各国的相关数据，详细设定了创新驱动转型发展评价指标的目标值，然后对评价指标的权重确定方法进行研究，最后对四种计算方案进行分析。

第四章是我国创新驱动转型发展评价指数及其分类指数的实证检验和结果分析，其中，首先对四种方案计算得出的 2009—2016 年全国各省区市创新驱动转型发展评价指数及其分类指数进行了相关性分析和一致性检验，然后对四种方案计算结果的异同性进行分析，最终确定以方案二[基于偏差平方和最小原理的主观(AHP)-客观(CV、EM、PCA)的简单平均组合法]作为本研究的权重方案，最后根据方案二的测算结果对历年来我国各省区市创新驱动转型发展评价指数进行了横向分析和纵向探究，为动态监测与评价各省区市的创新驱动转型发展状况提供科学依据。

第五章是我国各省区市创新驱动转型发展能力的影响因素研究和分析，其中，首先对 2009—2016 年我国各省区市创新驱动转型发展能力测算结果进行空间相关性分析，然后详细阐述了空间面板模型的设定和选择，最后对我国各省区市创新驱动转型发展能力进行影响因素的实证分析。

第六章是我国创新驱动转型发展评价指标体系的主要研究结论和对策建议。

最后给出了本书的主要参考文献。

三、学术价值和应用价值

第一，本研究的学术价值主要体现在三个方面：一是第一次系统、全面地提出并研究了创新驱动转型发展评价指标体系，包括理论指标体系和实证指标体系的构建依据等；二是基于时间和空间的双重维度构建评价指数；三是综合运用了主、客观赋权法编制评价指数，等等。

第二，本研究通过目标值的设定，编制了历年全国各省区市及我国东部、中部、西部和东北四大地区的创新驱动转型发展评价指数，为横向分析和纵向探究我国各省区市在各自的转型发展过程中所处的现状、优势和薄弱环节，为动态监测与评价各省区市的创新驱动转型发展状况提供了科学依据，有助于各地区加快经济发展方式转变、促进经济结构战略性调整、实施创新驱动发展战略、全面建成小康社会、踏上全面建设社会主义现代化国家新征程，因而具有重要的应用价值。

第三，本研究的主要阶段性成果《创新驱动转型发展能力的影响因素分析——基于省级面板数据的实证研究》已发表于权威杂志《数理统计与管理》的 2019 年 9 月第 38 卷第 5 期。

第二章　我国创新驱动转型发展评价指标体系的构建依据和具体设计

第一节　我国创新驱动转型发展评价指标体系的构建思路和构建原则

一、我国创新驱动转型发展评价指标体系的构建思路

创新驱动转型发展，即以创新为发展基点，以科技创新为核心，以人才发展为支撑，促进科技创新与大众创业、万众创新的结合，创造更多依靠创新驱动和施展先发优势的引领型发展。创新驱动转型发展要求我们坚持习近平新时代中国特色社会主义思想，始终把握好“转动力、调结构、促发展”这一根本大计，全面落实新发展理念，把创新所带来的活力注入国内需求增长、贸易方式改善、产业结构调整、经济协调发展、资源节约、环境优化和民生改善等社会重点领域。从以劳动力、土地和资本等生产要素驱动经济发展的方式，向以科技、人才和知识等创新驱动的方式转型；从出口导向型经济发展的方式，向扩大内需、“三驾马车”协调拉动经济增长的方式转型；从粗放型扩张发展的方式，向集约型经济增长的方式转型；从传统规模制造业主推经济发展的方式，向智慧化制造业和服务业结合发展的方式转型；从“唯 GDP 增长”的发展方式，向“共享式增长”的发展方式转型；从“先污染、后治理”的发展方式，向“创新、协调、绿色、开放、共享”的可持续发展方式转型；从“效率优先，兼顾公平”的发展方式，

向效率与公平并重、更加注重保障和改善民生的发展方式转型。①

二、我国创新驱动转型发展评价指标体系的构建原则

根据创新驱动转型发展内涵的多维性，评价指数应由一套完整的创新驱动转型发展指标体系构成，因此，在构建指标体系、选取恰当的评价指标时应遵循以下五条原则：

第一，体现创新驱动和转型发展的特点。深入实施创新驱动发展战略，促进实体经济结构优化，不断提高质量、效益和竞争力是政府提出的重点工作任务。

第二，兼顾区域之间的横向可比性。评价指标选择须充分考虑指标在区域比较评价中的适应性和可行性，避免因指标的可比性不足导致评价结果出现系统性偏差。

第三，结合当前的研究重点。评价指标的选择应充分考虑我国主要领域发展的重点，注意与当前的工作重点和主要目标相衔接。

第四，关注长远的发展需求。评价体系要与我国"十三五"时期经济社会改革的总体方向和发展趋势相适应，平衡好当前改革与长远发展的关系。

第五，保证时间跨度的纵向可比性。构建指标体系时，应充分考虑不同年份计算出的各省区市创新驱动转型发展评价指数的可比性，既要与时俱进，根据转型发展进程对指标体系进行微调，使之更具前瞻性和时代性，又应保证指标体系的相对稳定，使之有效地、动态地反映全国各省区市在创新驱动转型发展上取得的进步以及存在的问题。

第二节　我国创新驱动转型发展评价指标体系的分类研究

基于上述思路和原则，围绕创新驱动转型发展的内涵，我国创新驱动

① 上海财经大学课题组，徐国祥．上海"创新驱动，转型发展"评价指标体系研究[J]．科学发展，2014(5)：5.

转型发展指标体系由创新驱动、转型发展、生态文明建设和民生改善四个分类指标体系组成。

一、创新驱动分类指标体系及其构建依据

深入实施创新驱动发展战略，是加快建设创新型国家的重要支撑，是推动经济可持续发展的主要动力。美国管理学家迈克尔·波特在《国家竞争优势》(1990)中将经济发展划分为四个阶段："要素驱动"阶段→"投资驱动"阶段→"创新驱动"阶段→"财富驱动"阶段。我国经济多年来的高速增长在很大程度上得益于前两个阶段，但是，经济进入新常态以后，要素红利渐行渐远，投资驱动风光不再，因此，必须将新的生产要素引入生产体系，坚定不移地实施创新驱动发展战略，着力提高发展质量和效益，加快培育形成新的增长动力。深入实施创新驱动发展战略，必须将科技视为创新的核心，将人才视为创新的根本，将教育视为创新的基础，加大创新投入力度，提高创新成果的转化率，进而促进社会生产力的可持续发展。[①] 因此，本书以科技创新作为创新驱动的重点，从人力资源建设、创新投入、创新效果三个方面来考察全国各省区市的创新驱动力度。

第一，人力资源建设代表创新事业发展过程中的人力资本水平，下设两个评价指标："人均受教育年限"和"高技术产业人均贡献"。"人均受教育年限"是通过计算居民的平均接受教育时间来衡量当前人力资本的平均质量，而"高技术产业人均贡献"则是通过计算高技术产业中每位从业人员对高技术产业总产值的平均贡献来衡量高技术人才队伍的整体素质。[②]

第二，创新投入是推行创新驱动发展战略的关键因素，其中，资金投入更是关系到创新是否能够实现、创新成果是否能够转化为生产力的基本保障，因此，本书用"研发经费支出占地区 GDP 的比重"来衡量创新活动中的资金投入力度。[③]

第三，创新效果主要是指创新活动取得的成果，它有三层含义：第一

①②③　上海财经大学课题组，徐国祥．上海"创新驱动，转型发展"评价指标体系研究[J]．科学发展，2014(5)：6.

层含义是创新活动所带来的新知识、新技术；第二层含义是这些新知识、新技术转变为发展力的能力；第三层含义是新知识、新技术转变为发展力后所带来的切实的经济效益。① 根据这三层含义，本书在衡量创新效果方面设置以下六个评价指标："每百万人国内发明专利申请授权量""技术市场合同成交额""全员劳动生产率""地均产出""高新技术产品产值占工业总产值的比重"和"高技术产品出口额占总出口额的比重"。

综上所述，创新驱动分类指标体系主要从人力资源建设、创新投入和创新效果三个方面进行表征，具体由"人均受教育年限""高技术产业人均贡献""研发经费支出占地区 GDP 的比重""每百万人国内发明专利申请授权量""技术市场合同成交额""全员劳动生产率""地均产出""高新技术产品产值占工业总产值的比重"和"高技术产品出口额占总出口额的比重"9 个评价指标构成。

二、转型发展分类指标体系及其构建依据

转型发展要求我们放弃依赖投资和出口、超越资源和环境承载能力的增长模式，释放国内消费潜力，改革传统的粗放型发展模式，提升制造业的核心竞争力，重点发展战略性新兴产业和现代服务业，注重结构优化和质量提升。②因此，本书在构建转型发展分类指标体系时，主要从国内需求增长、贸易方式改善、产业结构调整和经济协调发展四个方面进行全面表征。

首先，我国作为一个世界大国，过分依靠出口来拉动经济增长的主动力是不可持续的，提振内需已成为促进经济持续发展的当务之急。③因此，本书选取了"居民消费占地区 GDP 的比重"和"商品销售总额占全国销售总额的比重"两个评价指标来反映国内需求增长状况。

其次，摒弃依赖出口的增长模式并非说我们不需要出口，随着科技日新月异的发展，我国与世界众多国家和地区仍需保持长期贸易往来，出口

①②③ 上海财经大学课题组，徐国祥．上海"创新驱动，转型发展"评价指标体系研究[J]．科学发展，2014(5)：6.

升级迫在眉睫。[①] 因此，本书采用“一般贸易出口额占地区 GDP 的比重”这一评价指标来衡量贸易方式改善。

再次，产业结构调整，即逐步形成以高新技术产业为先导、先进制造业为支撑、现代服务业全面发展的产业格局。[②] 因此，本书采用“第三产业增加值占地区 GDP 的比重”这一评价指标来作为高附加值的第三产业的提升速度；用“先进制造业增加值占地区 GDP 的比重”这一评价指标来考察科技在工业中的渗透程度；在现代服务业中，与创新转型关系最为密切的行业是金融业、文化产业、信息服务业和电子商务等，为了更深入、更具针对性地了解服务业的现代化进程，用“金融业增加值占全国金融业增加值的比重”“文化创意产业增加值占地区 GDP 的比重”“信息服务业增加值占地区 GDP 的比重”和“电子商务交易额占地区 GDP 的比重”这四个评价指标来透析现代服务业中四个重点组成部分各自的运行状况和发展能力。[③]此外，非公有制经济是社会主义市场经济中最活跃的组成部分，用“非公有制经济增加值占地区 GDP 的比重”这一评价指标来衡量全国及各省区市整体的经济活力。[④]

最后，经济协调发展的目标是促进三次产业健康协调发展，因此，本书采用“三次产业间发展速度协调度”“二、三产业生产效率协调度”和“地区 GDP 与居民收入增长协调度”这三个评价指标来表征经济发展的协调程度。

综上所述，转型发展分类指标体系主要从国内需求增长、贸易方式改善、产业结构调整和经济协调发展四个方面进行表征，具体由“居民消费占地区 GDP 的比重”“商品销售总额占全国销售总额的比重”“一般贸易出口额占地区 GDP 的比重”“第三产业增加值占地区 GDP 的比重”“非公有制经济增加值占地区 GDP 的比重”“先进制造业增加值占地区 GDP 的

---

① 上海财经大学课题组，徐国祥．上海“创新驱动，转型发展”评价指标体系研究[J]．科学发展，2014(5)：6.

②③④ 上海财经大学课题组，徐国祥．上海“创新驱动，转型发展”评价指标体系研究[J]．科学发展，2014(5)：7.

比重”“信息服务业增加值占地区 GDP 的比重”“电子商务交易额占地区 GDP 的比重”“文化创意产业增加值占地区 GDP 的比重”“金融业增加值占全国金融业增加值的比重”“三次产业间发展速度协调度”“二、三产业生产效率协调度”“地区 GDP 与居民收入增长协调度”13 个评价指标构成。

三、生态文明建设分类指标体系及其构建依据

实现创新驱动转型发展目标，必须牢固树立和贯彻落实“创新、协调、绿色、开放、共享”的新发展理念。当今世界，“绿色”是永续发展的必要条件和人民对美好生活追求的重要体现。生态文明建设要求我们必须节约资源和保护环境，坚持可持续发展，加快建设资源节约型和环境友好型社会，形成人与自然和谐发展的新型现代化模式。

一方面，万元地区 GDP 能耗是指总能耗与地区 GDP 之比，也就是每产生万元国内生产总值所消耗的能源量，是衡量一国和地区能源消耗水平和利用效率最常用的综合指标；此外，健全资源循环利用回收体系，大力发展循环经济，是可持续发展战略得以实现的必经之路，工业“三废”是指工业生产所排放的废水、废气和固体废弃物，开展“三废”综合治理，是防治工业“三废”污染的重要举措之一，工业“三废”处理达标率是衡量一国和地区资源节约集约循环利用综合效率的指标之一。因此，本书采用“万元地区 GDP 能耗降低”和“工业‘三废’处理达标率”这两个评价指标来考察资源节约。

另一方面，环境保护的重点是解决诸如饮用水不安全、大气污染、土壤污染等影响人类健康的突出环境问题，加强综合治理，显著提高环境质量，主要包括强化污染物减排和防范环境风险。因此，本书构建了“环境质量指数”这一评价指标来考察全国及各省区市的环境质量，该指数是合成指数，是由包括水环境、大气环境、土壤环境、生态环境、地质环境、噪声环境等要素构成，是表征环境质量状况的核心指标；继而利用“主要污染物排放量减少系数”“城市污水处理率”和“城市生活垃圾无害化处理率”

这三个评价指标来考察全国及各省区市对于污染物、污水和生活垃圾的治理工作;最终采用“环境污染治理投资占地区 GDP 的比重”这一评价指标来衡量我国各省区市对于环境保护的治理投资情况。

综上所述,生态文明建设分类指标体系主要从资源节约和环境保护两方面进行表征,具体由“万元地区 GDP 能耗降低”“工业‘三废’处理达标率”“城市生活垃圾无害化处理率”“环境质量指数”“主要污染物排放量减少系数”“城市污水处理率”和“环境污染治理投资占地区 GDP 的比重”7 个评价指标构成。

四、民生改善分类指标体系及其构建依据

改善民生是创新驱动转型发展战略的根本出发点和立足点,是创新能力与社会发展充分融合的最终目标。[①] 我们必须始终把实现好、发展好和维护好最广大人民群众的根本利益作为党和国家一切工作的出发点和落脚点,尊重人民群众的主体地位,维护人民群众的权利和利益,促进人类的全面发展。

本书围绕民生质量和社会安定两个方面,选取七个评价指标构成民生改善分类指标体系。

一方面,改善民生质量是经济社会发展的重要原动力,只有民生不断改善,老百姓对经济社会发展的满意度不断提升,扩大内需的战略才有出路,经济稳步提升才有根本支撑,社会方能和谐发展。因此,本书在构建民生改善分类指标体系时,分别从人类发展、公共服务、社会保障和城镇化水平四个角度来反映我国民生质量的改善。[②]“人类发展指数”可以全面评价各省区市的进步程度,它着眼于社会整体的发展水平而不仅仅是经济状况的发展,用“人类发展指数”这一评价指标可以综合比较各省区市的民生质量;用“人均基本公共服务支出”这一评价指标可以衡量公共服务的支出水平;用“基本社会保障覆盖面”和“城镇失业登记率”这两个

---

①② 上海财经大学课题组,徐国祥. 上海“创新驱动,转型发展”评价指标体系研究[J]. 科学发展,2014(5):7.

评价指标来共同刻画城镇居民的生活保障程度；用“城镇人口占总人口的比重”和“城乡居民生活质量协调度”这两个评价指标来测量各省区市城镇一体化的概况。①

另一方面，社会安定是建设社会主义和谐社会的基本保障，当前经济转型和世界经济形势扑朔迷离必然会引发社会矛盾出现多发态势，因此，有效改善社会安全状况已成为改善人民生活的基本保障。因此，鉴于社会安全的重要性，本书在构建民生改善分类指标体系时，也涵盖了社会安全的考核，“社会安全指数”（合成指数）这一评价指标，表示整体社会安全状态的变动趋势，它主要涉及社会治安、交通安全、生产安全，因此可以较为全面地表征各个地区的社会安全状况。②

综上所述，民生改善分类指标体系主要从民生质量和社会安定两个方面进行表征，具体由“人类发展指数”“人均基本公共服务支出”“基本社会保障覆盖面”“城镇登记失业率”“城镇人口占总人口的比重”“城乡居民生活质量协调度”和“社会安全指数”7 个评价指标构成。

第三节　我国创新驱动转型发展评价指标体系的理论指标和实证指标

一、我国创新驱动转型发展评价指标体系（理论指标）及数据的可获得性研究

基于上述指标体系的构建依据，本研究将我国创新驱动转型发展评价指标体系（理论指标）分解为 4 个分类指标体系和 36 个具体评价指标体系：

第一，创新驱动分类指标体系包括人力资源建设、创新投入和创新效果三个因素层，下设“人均受教育年限”“高技术产业人均贡献”“研发经费

---

①② 上海财经大学课题组，徐国祥．上海“创新驱动，转型发展”评价指标体系研究[J]．科学发展，2014(5)：7.

支出占地区 GDP 的比重”“每百万人国内发明专利申请授权量”“技术市场合同成交额”“全员劳动生产率”“地均产出”“高新技术产品产值占工业总产值的比重”和“高技术产品出口额占总出口额的比重”9 个评价指标。

在“人均受教育年限”评价指标下，各种受教育程度的人口数据来源于国家统计局数据库，2010 年数据来源于《中国统计年鉴 2011》；“高技术产业人均贡献”评价指标仅有 2009—2011 年的数据，数据来源于各年《中国高技术产业统计年鉴》；在“研发经费支出占地区 GDP 的比重”评价指标下，数据来源于《中国科技统计年鉴 2017》；在“每百万人国内发明专利申请授权量”评价指标下，国内发明专利申请授权量与年末常住人口数据均来源于国家统计局数据库；在“技术市场合同成交额”评价指标下，数据来源于各年《全国技术市场统计年度报告》，其中，西藏的数据仅在 2015 年的报告中才有统计（2014 年，全国技术合同认定登记首次覆盖西藏自治区，实现全国覆盖）；在“全员劳动生产率”评价指标下，地区生产总值及其指数数据来源于国家统计局数据库，第一、二、三产业从业人员数据来源于 Wind 资讯，但是黑龙江 2011—2016 年从业人员数据缺失，是估算值，估算时用到了国家统计局数据库中全国的第一、二、三产业从业人员数据；在“地均产出”评价指标下，地区生产总值、农业增加值与建成区面积数据均来源于国家统计局数据库；“高新技术产品产值占工业总产值的比重”评价指标仅贵州、湖南、上海这三个省市有数据，这些数据来源于各年各省区市统计年鉴；在“高技术产品出口额占总出口额的比重”评价指标下，高技术产品出口额数据来源于各年《中国科技统计年鉴》，出口总额数据来源于国家统计局数据库。

第二，转型发展分类指标体系包括国内需求增长、贸易方式改善、产业结构调整和经济协调发展四个因素层，下设“居民消费占地区 GDP 的比重”“商品销售总额占全国销售总额的比重”“一般贸易出口额占地区 GDP 的比重”“第三产业增加值占地区 GDP 的比重”“非公有制经济增加值占地区 GDP 的比重”“先进制造业增加值占地区 GDP 的比重”“信息服务业增加值占地区 GDP 的比重”“电子商务交易额占地区 GDP

的比重”“文化创意产业增加值占地区 GDP 的比重”“金融业增加值占全国金融业增加值的比重”“三次产业间发展速度协调度”“二、三产业生产效率协调度”和“地区 GDP 与居民收入增长协调度”13 个评价指标。

在“居民消费占地区 GDP 的比重”评价指标下，居民消费支出与地区生产总值数据均来源于国家统计局数据库；“商品销售总额占全国销售总额的比重”评价指标的实际计算采用全国各省区市限额以上法人企业的商品销售总额，数据来源于国家统计局数据库；在“一般贸易出口额占地区 GDP 的比重”评价指标下，一般贸易出口额数据来源于各省区市统计年鉴[其中，西藏、青海的数据来源于海关总署，内蒙古、四川(2009—2011年)、贵州、甘肃的数据来源于各省区市国民经济和社会发展统计公报等]，地区生产总值数据来源于国家统计局数据库；在“第三产业增加值占地区 GDP 的比重”评价指标下，第三产业增加值与地区生产总值数据均来源于国家统计局数据库；“非公有制经济增加值占地区 GDP 的比重”评价指标仅黑龙江、上海、河南和陕西这四个省市有数据，数据来源于 CNKI 数据库，因此，本书的实证采用“非国有工业企业工业产值占工业总产值的比重”这一评价指标来替代“非公有制经济增加值占地区 GDP 的比重”评价指标，且按照国家统计局的统计范围，只对规模以上工业企业做出统计，其中，2009—2011 年国有及国有控股工业企业工业总产值与规模以上工业企业工业总产值数据均来源于各年《中国统计年鉴》，2012—2016 年国有及国有控股工业企业工业总产值数据来源于各年各省区市统计年鉴(山西、江苏、河南、湖南数据由国有及国有控股工业企业工业销售产值/产品销售率计算得来)，2012—2016 年规模以上工业企业工业总产值数据由规模以上工业企业工业销售产值/产品销售率计算得来(销售产值数据来源于国家统计局数据库，产品销售率数据来源于 Wind 资讯)，且该指标海南省 2013 年数据缺失，取 2012 年数据；“先进制造业增加值占地区 GDP 的比重”评价指标仅广东有数据，数据来源于各年广东省统计年鉴；“信息服务业增加值占地区 GDP 的比重”评价指标仅北京、上海有数据,数据来源于各年各省区市统计年鉴;“电子商务交易额占地区 GDP 的比重”评价指标仅上海有数据,数据来源于各年上海市统计公报;“文化创意产业增加值占地区 GDP 的比重”评价指标仅北京有数据,数据来源于各年北京市统计年鉴;在“金融业增加值占全国金融业增加值的比重”评价指标下,金融业增加值数据来源于国家统计局数据库;在“三次产业间发展速度协调度”评价指标下,第一、二、三产业增加值和地区生产总值及其指数数据均来源于国家统计局数据库;在“二、三产业生产效率协调度”评价指标下,第二、三产业增加值数据来源于国家统计局数据库,第二、三产业从业人员数据来源于 Wind 资讯(具体可参考指标全员劳动生产率);在“地区 GDP 与居民收入增长协调度”评价指标下,地区生产总值指数、城镇居民人均可支配收入和城市居民消费价格指数数据均来源于国家统计局数据库。

第三,生态文明建设分类指标体系包括资源节约和环境保护两个因素层,下设“万元地区 GDP 能耗降低”“工业‘三废’处理达标率”“城市生活垃圾无害化处理率”“环境质量指数”“主要污染物排放量减少系数”“城市污水处理率”和“环境污染治理投资占地区 GDP 的比重”7 个评价指标。

在“万元地区 GDP 能耗降低”评价指标下,能源消费总量数据来源于《中国能源统计年鉴》(西藏的数据暂缺,取 0),地区生产总值数据来源于国家统计局数据库;工业“三废”是指工业生产过程中排出的废气、废水和废渣(固体废弃物),因“工业‘三废’处理达标率”这一评价指标数据缺失,本书的实证采用“一般工业固体废物综合利用率”这一评价指标来替代“工业‘三废’处理达标率”评价指标,数据来源于各年《中国环境年鉴》,各省区市 2011 年及以前一般工业固体废物综合利用率数据缺失,所以 2009—2010 年各省区市数据由工业固体废物综合利用率替代,2011 年各省区市数据是将 2010 年数据按 2011 年全国水平比例换算得来的;在“城市生活垃圾无害化处理率”评价指标下,数据来源于国家统计局数据库;在“环境质量指数”评价指标下,各省区市的空气质量达到二级及以上天数占全年的比重(目前暂无省区市数据,用省会城市数据代替)数据来源于各年《中国统计年鉴》,森林覆盖率和城市建成区绿化覆盖率数据来源于Wind资讯;在"主要污染物排放量减少系数"评价指标下,废水中的化学需氧量和氨氮、废气中的二氧化硫和氮氧化物这四种主要污染物排放总量数据来源于国家统计局,其中,2008—2010年氮氧化物排放总量数据来源于中国环境年鉴,此外,由于2011年与2010年的排放总量数据不可比,因此,2011年各省区市主要污染物排放量减少系数数据直接来源于生态环境部网站(环境保护部通报2011年度全国主要污染物减排情况,http://www.mee.gov.cn/gkml/sthjbgw/qt/201209/t20120907_235881.htm);在"城市污水处理率"评价指标下,数据来源于各年《中国城乡建设统计年鉴》;在"环境污染治理投资占地区GDP的比重"评价指标下,城镇环境基础设施建设投资、工业污染源治理投资、当年完成环保验收项目环保投资数据均来源于各年《中国环境统计年鉴》,地区生产总值数据来源于国家统计局数据库。

第四,民生改善分类指标体系包括民生质量和社会安定两个因素层,下设"人类发展指数""人均基本公共服务支出""基本社会保障覆盖面""城镇登记失业率""城镇人口占总人口的比重""城乡居民生活质量协调度"和"社会安全指数"7个评价指标。

"人类发展指数"评价指标仅2010年和2014年数据可得,数据来源于2013年、2016年《中国人类发展报告》;在"人均基本公共服务支出"评价指标下,基本公共服务中的各项支出和年末常住人口数据来源于国家统计局数据库或者各年《中国财政统计年鉴》(注:2009年社会保障和就业支出涵盖了住房保障支出,2010年起两者分开统计,2010年各省区市住房保障支出数据来源于Wind资讯);在"基本社会保障覆盖面"评价指标下,已参加基本养老保险的人数数据来源于各年《中国劳动统计年鉴》,应参加基本养老保险的人数数据来源于国家统计局数据库、Wind资讯与《中国统计年鉴2011》等,已参加基本医疗保险的人数数据来源于各年《中国劳动统计年鉴》,应参加基本医疗保险的人数数据来源于国家统计局数据库；在“城镇登记失业率”评价指标下，数据来源于国家统计局数据库；在“城镇人口占总人口的比重”评价指标下，数据来源于国家统计局数据库；在“城乡居民生活质量协调度”评价指标下，人均食品消费支出与人均消费支出数据均来源于 Wind 资讯；在“社会安全指数”评价指标下，万人刑事犯罪率指标数据来源于各省区市检察院年度工作报告（全国及各省区市检察院门户网站可查），万人道路交通事故死亡率指标数据来源于国家统计局数据库，万人火灾事故死亡率指标数据来源于各年《中国消防年鉴》，万人工伤事故死亡率指标数据来源于各年《中国安全生产年鉴》，但有缺失，因此，本书中该评价指标的计算只包括社会治安、交通安全和生活安全三个方面。

关于我国创新驱动转型发展评价指标体系（理论指标）数据的可获得性和数据来源如表 2.1 所示。

二、我国创新驱动转型发展评价指标体系(实证指标)及数据来源

创新驱动转型发展评价指数是由一个总指数及创新驱动、转型发展、生态文明建设和民生改善 4 个分类指数组成的指数系统。本书将根据全国各省区市社会经济发展状况的实际情况，考虑数据的可获得性，按照五项原则进一步提炼出了具有可操作性的实证指标，实证指标包含 4 个分类指标体系和 29 个具体指标（见表 2.2）：

第一，创新驱动分类指标体系下设“人均受教育年限”“研发经费支出占地区 GDP 的比重”“每百万人国内发明专利申请授权量”“技术市场合同成交额”“全员劳动生产率”“地均产出”和“高技术产品出口额占总出口额的比重”7 个评价指标。

第二，转型发展分类指标体系下设“居民消费占地区 GDP 的比重”“商品销售总额占全国销售总额的比重”“一般贸易出口额占地区 GDP 的比重”“第三产业增加值占地区 GDP 的比重”“金融业增加值占全国金融业增加值的比重”“非国有工业企业工业产值占工业总产值的比重”“三次

表 2.1 我国创新驱动转型发展评价指标体系(理论指标)

目标层	准则层	指标层	数据的可获得性	数据来源
我国创新驱动转型发展评价指数(共36个指标)	创新驱动(9个指标):人力资源建设、创新投入、创新效果	人均受教育年限	数据可得	①+《中国统计年鉴》
		高技术产业人均贡献	数据仅至2011年	《中国高技术产业统计年鉴》
		研发经费支出占地区GDP的比重	数据可得	《中国科技统计年鉴》
		每百万人国内发明专利申请授权量	数据可得	①
		技术市场合同成交额	数据可得(西藏2014年起)	《全国技术市场统计年度报告》
		全员劳动生产率	数据可得	①+②
		地均产出	数据可得	①
		高新技术产品产值占工业总产值的比重	贵州、湖南、上海有数据	各省区市统计年鉴
		高技术产品出口额占总出口额的比重	数据可得	①+《中国科技统计年鉴》
	转型发展(13个指标):国内需求增长、贸易方式改善、产业结构调整、经济协调发展	居民消费占地区GDP的比重	数据可得	①
		商品销售总额占全国销售总额的比重	数据可得	①
		一般贸易出口额占地区GDP的比重	数据可得	①+各省区市统计年鉴等

续表

目标层	准则层	指标层	数据的可获得性	数据来源
我国创新驱动转型发展评价指数(共 36 个指标)	转型发展(13 个指标)：国内需求增长、贸易方式改善、产业结构调整、经济协调发展	第三产业增加值占地区 GDP 的比重	数据可得	①
		非公有制经济增加值占地区 GDP 的比重	黑龙江、上海、河南和陕西有数据	CNKI 数据库
		先进制造业增加值占地区 GDP 的比重	广东有数据	各省区市统计年鉴
		信息服务业增加值占地区 GDP 的比重	北京、上海有数据	各省区市统计年鉴
		电子商务交易额占地区 GDP 的比重	上海有数据	统计公报
		文化创意产业增加值占地区 GDP 的比重	北京有数据	各省区市统计年鉴
		金融业增加值占全国金融业增加值的比重	数据可得	①
		三次产业间发展速度协调度	数据可得	①
		二、三产业生产效率协调度	数据可得	①+②
		地区 GDP 与居民收入增长协调度	数据可得	①+《中国统计年鉴》

续表

目标层	准则层	指标层	数据的可获得性	数据来源
我国创新驱动转型发展评价指数（共 36 个指标）	生态文明建设(7 个指标)：资源节约、环境保护	万元地区 GDP 能耗降低	数据可得	《中国能源统计年鉴》+①
		工业“三废”处理达标率	数据仅至 2010 年	《中国环境年鉴》
		环境质量指数	数据可得	《中国统计年鉴》+②
		主要污染物排放量减少系数	数据可得	①+《中国环境年鉴》+生态环境部
		城市污水处理率	数据可得	《中国城乡建设统计年鉴》
		城市生活垃圾无害化处理率	数据可得	①
		环境污染治理投资占地区 GDP 的比重	数据可得	《中国环境统计年鉴》
	民生改善(7 个指标)：民生质量、社会安定	人类发展指数	2010 年、2014 年数据可得	《2013 中国人类发展报告》+《2016 中国人民发展报告》
		人均基本公共服务支出	数据可得	①+②
		基本社会保障覆盖面	数据可得	《中国劳动统计年鉴》+①+《中国统计年鉴》+②+《海南省统计年鉴》
		城镇登记失业率	数据可得	①
		城镇人口占总人口的比重	数据可得	①
		城乡居民生活质量协调度	数据可得	②
		社会安全指数	数据可得	①+《中国检察年鉴》(人民检察院工作报告)+《中国消防年鉴》

注：①国家统计局数据库，②Wind 资讯数据库。

产业间发展速度协调度”“二、三产业生产效率协调度”和“地区 GDP 与居民收入增长协调度”9 个评价指标。

第三，生态文明建设分类指标体系下设“万元地区 GDP 能耗降低”“一般工业固体废物综合利用率”“环境质量指数”“主要污染物排放量减少系数”“城市污水处理率”“城市生活垃圾无害化处理率”和“环境污染治理投资占地区 GDP 的比重”7 个评价指标。

第四，民生改善分类指标体系下设“人均基本公共服务支出”“基本社会保障覆盖面”“城镇登记失业率”“城镇人口占总人口的比重”“城乡居民生活质量协调度”和“社会安全指数”6 个评价指标。

编制我国各省区市创新驱动转型发展评价指数及其分类指数，为各省区市政府动态监测和考评创新驱动转型发展情况提供了科学依据。数据来源于国家统计局，Wind 资讯，《中国统计年鉴》，中国科技、能源、环境、劳动、检察、消防、城乡建设等相关统计年鉴，《全国技术市场统计年度报告》，各省区市统计年鉴，生态环境部官网和全国检察院门户网站等。

表 2.2　　我国创新驱动转型发展评价指标体系(实证指标)及数据来源

总指标	分类指标	评价指标	数据来源
创新驱动转型发展评价指数(共 29 个指标)	创新驱动 X_1(7 个指标)	X_{11}:人均受教育年限	①+《中国统计年鉴》
		X_{12}:研发经费支出占地区 GDP 的比重	《中国科技统计年鉴》
		X_{13}:每百万人国内发明专利申请授权量	①
		X_{14}:技术市场合同成交额	《全国技术市场统计年度报告》
		X_{15}:全员劳动生产率	①+②
		X_{16}:地均产出	①
		X_{17}:高技术产品出口额占总出口额的比重	①+《中国科技统计年鉴》
	转型发展 X_2(9 个指标)	X_{21}:居民消费占地区 GDP 的比重	①
		X_{22}:商品销售总额占全国销售总额的比重	①

续表

总指标	分类指标	评价指标	数据来源
创新驱动转型发展评价指数(共29个指标)	转型发展 X_2(9个指标)	X_{23}:一般贸易出口额占地区GDP的比重	①+各省区市统计年鉴
		X_{24}:第三产业增加值占地区GDP的比重	①
		X_{25}:金融业增加值占全国金融业增加值的比重	①
		X_{26}:非国有工业企业工业产值占工业总产值的比重	《中国统计年鉴》+各省区市统计年鉴+①+②
		X_{27}:三次产业间发展速度协调度	①
		X_{28}:二、三产业生产效率协调度	①+②
		X_{29}:地区GDP与居民收入增长协调度	①+《中国统计年鉴》
	生态文明建设 X_3(7个指标)	X_{31}:万元地区GDP能耗降低	《中国能源统计年鉴》+①
		X_{32}:一般工业固体废物综合利用率	《中国环境年鉴》
		X_{33}:环境质量指数	《中国统计年鉴》+②
		X_{34}:主要污染物排放量减少系数	①+《中国环境年鉴》+生态环境部
		X_{35}:城市污水处理率	《中国城乡建设统计年鉴》
		X_{36}:城市生活垃圾无害化处理率	①
		X_{37}:环境污染治理投资占地区GDP的比重	《中国环境统计年鉴》
	民生改善 X_4(6个指标)	X_{41}:人均基本公共服务支出	①+②
		X_{42}:基本社会保障覆盖面	《中国劳动统计年鉴》+①+《中国统计年鉴》+②+《海南省统计年鉴》
		X_{43}:城镇登记失业率	①
		X_{44}:城镇人口占总人口的比重	①
		X_{45}:城乡居民生活质量协调度	②
		X_{46}:社会安全指数	①+《中国检察年鉴》(人民检察院工作报告)+《中国消防年鉴》

注:①国家统计局数据库,②Wind资讯数据库。

第三章 我国创新驱动转型发展评价指数的编制及计算过程

第一节 我国创新驱动转型发展评价指标目标值的设定研究

本书基于历年来我国及各省区市各个评价指标的具体数值，结合国家及有关部门和各省区市的相关政策、“十三五”规划纲要、意见等，并参考世界各国的相关数据，设定了创新驱动转型发展评价指标的目标值(见表3.2)。

一、创新驱动分类指标体系各指标的边界与目标值设定研究

(一)人均受教育年限

人均受教育年限[mean years of schooling(years)]指某一特定年龄段人群接受学历教育(包括普通教育和成人学历教育，不包括各种非学历培训)的年限总和的平均数。当今世界的繁荣发展，离不开人力资源的建设，同时，劳动年龄人口平均受教育年限，是衡量一个国家(或地区)劳动力教育程度和国民素质的重要指标之一。

联合国开发计划署(United Nations Development Programme，UNDP)驻华代表处与中国社会科学院城市发展与环境研究所共同撰写的《2013中国人类发展报告》中提出，平均受教育年限指标采用每万人各级教育程度人数乘以对应各级教育年限得到，认为小学、初中、高中、大专及以上平均受教育年限分别为6年、9年、12年、16年。其计算公式为：

$$平均受教育年限=小学人口占比\times6+初中人口占比\times9+高中人口占比\times12+大专及以上人口占比\times16 \tag{3.1}$$

考虑我国的统计体系中数据的可获得性，本书中该指标的计算对象为 6 岁及 6 岁以上人口。

根据《国家中长期教育改革和发展规划纲要（2010—2020 年）》，到 2020 年，我国主要劳动年龄（20～59 岁）人口平均受教育年限要提高到 11.2 年，新增劳动力平均受教育年限达到 13.5 年（目前，美国就业人员平均受教育年限已超过 13 年）。由于新增劳动力平均受教育年限的考察对象为 15 岁以上劳动人口，本书中人均受教育年限的计算对象为 6 岁及 6 岁以上人口，新增劳动力平均受教育年限势必会大于人均受教育年限。因此，将 2020 年人均受教育年限的目标值设定为 12 年。

（二）研发经费支出占地区 GDP 的比重

科技是第一生产力，是推动经济增长的原动力。研究与试验发展（研发）经费支出占地区 GDP 的比重（即研发经费投入强度）是反映一个国家（或地区）科技投入强度、科技创新能力和科技发展水平的重要指标。

2010 年，全国各省区市研发经费支出占 GDP 比重的排名中，前三名是北京、上海和天津，数值分别为 5.82％、2.81％和 2.49％，北京远远高于全国其他省区市。进一步分析，2000 年以来，美国、日本、德国、瑞典、瑞士、丹麦、芬兰、冰岛、韩国等高收入国家和 OECD 国家的研发经费支出占 GDP 比重为 2.5％左右，且日本常年在 3.3％左右徘徊，说明研发经费支出占地区 GDP 的比重在达到一定水平后会渐趋稳定。且随着经济结构转向以服务经济为主，研发经费支出占地区 GDP 的比重甚至有可能回落。因此，北京市研发经费支出占 GDP 比重高达 5.82％不具有代表性和普遍性，考虑到其他各省区市的发展空间，我国要转型升级，就必须加强研发经费投入强度、提高科技创新发展能力，向日本等创新型国家看齐，将 2020 年研发经费支出占 GDP 的比重的目标值设定为 3.3％。

（三）每百万人国内发明专利申请授权量

每百万人国内发明专利申请授权量是指在报告期内按年末常住人口

计算的每百万人国内发明专利申请授权的项数，该指标既是体现科技进步的重要指标，也是国际通行的反映拥有自主知识产权技术的核心指标。其计算公式为：

$$\text{每百万人国内发明专利申请授权量}=\frac{\text{国内发明专利申请授权量(项)}}{\text{年末常住人口(万人)}/100} \tag{3.2}$$

2010 年，全国各省区市每百万人国内发明专利申请授权量在 100 项以上的前五位分别是北京、上海、天津、广东和浙江 5 个省市，分别为 571.30 项、298.18 项、148.58 项、131.13 项和 117.68 项，全国 31 个省区市的平均数据为 62.23 项。根据国家知识产权局最新发布的数据，2015 年我国每百万人国内发明专利申请授权量达 191.64 项，较 2010 年的 59.49 项增长了 222.16%，换算为年增长率为 26.36%。按此速度，预测至 2020 年底，浙江每百万人国内发明专利申请授权量为 1 221.23 项 ($117.68\times(1+26.36\%)^{10}$)，全国 31 个省区市每百万人国内发明专利申请授权量的平均数为 645.81 项($62.23\times(1+26.36\%)^{10}$)。因此，鉴于全国 31 个省区市该指标数据的差异性，将 2020 年每百万人国内发明专利申请授权量的目标值设定为 1 200 项。

(四)技术市场合同成交额

自 20 世纪 80 年代我国开放技术市场以来，技术市场在推动国家创新体系建设和加快经济发展方式转变等方面发挥了重要作用。技术市场合同成交额主要是衡量科技资源配置效率和技术成果转移转化能力的重要指标。

《“十三五”技术市场发展专项规划》提出：全国技术市场交易规模进一步扩大，技术合同成交金额保持平稳较快增长，到 2020 年力争达到 2 万亿元。这意味着全国各省区市技术市场合同成交额的平均值将达到 645.16 亿元。2015 年，北京的技术市场合同成交额高达 3 452.57 亿元(最高)，湖北为 830.07 亿元(位列第二)，而上海仅 707.99 亿元(位列第五)。因此，考虑到未来可能存在部分因素的限制，且北京的成交额严重拉高了平均值，将 2020 年技术市场合同成交额的目标值设定为 750

亿元。

（五）全员劳动生产率

科技创新促进了劳动生产率的提高，该指标是指一定时期内全社会单位劳动所创造的价值，反映劳动投入与其他生产投入相结合生产产出的效率。全员劳动生产率有多种测算方式，为了使各年度的全员劳动生产率数据纵向可比，按照国家统计局的计算方法，将各年的地区生产总值按指数换算成 2010 年不变价。其计算公式为：

$$\text{全员劳动生产率}=\frac{\text{地区生产总值(以 2010 年价格计算)}}{\text{全部就业人员}} \tag{3.3}$$

其中，全部就业人员，即三次产业从业人员。

根据国务院《中华人民共和国国民经济和社会发展第十三个五年规划纲要》（以下简称《“十三五”规划纲要》），“十三五”时期，全员劳动生产率从 2015 年的人均 8.7 万元提高到 2020 年的 12 万元以上，年均增速（按可比价计算）高于 6.6%。此外，国家统计局发表的《治国理政新实践 创新发展新篇章——党的十八大以来我国经济建设取得的成就和经验》一文中指出：2015 年，全员劳动生产率为 76 978 元/人，比 2012 年提高 22.2%，年均提高 6.9%。

2010 年，上海、北京和天津的全员劳动生产率位居前三，分别为 15.74 万元/人、13.68 万元/人和 12.66 万元/人。根据国务院设定的年均增速（按可比价计算）高于 6.6%这一目标，到 2020 年底，天津全员劳动生产率将大于 23.99 万元/人（$12.66\times(1+6.6\%)^{10}$）。此外，上海“十三五”时期的主要目标之一：到 2020 年，全员劳动生产率达到 24.5 万元/人左右。因此，将 2020 年全员劳动生产率的目标值设定为 24 万元/人。

（六）地均产出

地均产出的计算方法是从地区生产总值中扣除农业增加值，再除以建成区面积，刻画的是每单位土地面积的生产能力，体现了一个地区的经济活力。其计算公式为：

$$\text{地均产出}=\frac{\text{地区生产总值}-\text{农业增加值}}{\text{建成区面积}} \tag{3.4}$$

我国“十三五”规划的主要目标之一是：到 2020 年国内生产总值比 2010 年翻一番。2010 年，上海的地均产出最高(17.07 亿元/平方公里)，宁夏最低(4.45 亿元/平方公里)，各省区市均值为 9.18 亿元/平方公里，有 15 个省区市的地均产出达到 9.18 亿元/平方公里，其均值为 11.44 亿元/平方公里。因此，考虑到土地是有限资源，而经济的发展潜力却可以持续增长，同时顾及各个地区自然条件的差异和发展的不均衡，将 2020 年地均产出的目标值设定为 23 亿元/平方公里。

(七)高技术产品出口额占总出口额的比重

高技术产品是指具有高研发强度的产品，例如，航空航天、计算机、医药、科学仪器等，是科技成果的转化物。大力实施“科技兴贸”战略以来，高技术产品出口已逐渐成为我国对外贸易高速发展的主要推动因素；此外，《“十三五”规划纲要》进一步指出：加快培育以技术、标准、品牌、质量、服务为核心的对外经济新优势，推动高端装备出口，提高出口产品科技含量和附加值。

2010 年，全国各省区市高技术产品出口额占总出口额的比重前三名是江苏、上海和广东，数值分别为 46.91％、46.45％和 39.47％，且近几年许多地区该指标呈现上升趋势。因此，将 2020 年高技术产品出口额占总出口额的比重的目标值设定为 60％。

二、转型发展分类指标体系各指标的边界与目标值设定研究

(一)居民消费占地区 GDP 的比重

居民消费支出指常住住户为满足物质、文化和精神生活的需要，在一定时期内对于货物和服务的全部最终消费支出。居民消费占地区 GDP 的比重是衡量一国和地区经济发展良性与否的重要指标。

2010 年，全国 31 个省区市中，居民消费占地区 GDP 的比重前三名分别为贵州、云南和上海，数值分别为 47.40％、43.24％和 42.42％。清华大学中国与世界经济研究中心主任李稻葵(2012)研究发现中国居民实际的消

费占 GDP 比重从 2007 年开始出现明显的上升,平均每年上涨 0.5%～0.6%。1984 年,高收入国家人均 GDP 突破 1 万美元时,居民消费占 GDP 的比重为 58.57%,且多数发达经济体(美国除外)居民消费占 GDP 的比重在接近 60%后,走势会变得相对平稳。因此,为缩小与发达国家的差距,将 2020 年居民消费占地区 GDP 的比重的目标值设定为 60%。

(二)商品销售总额占全国销售总额的比重

商品销售总额是指各地区所有企业对本企业以外的企业和个人出售的商品金额,即"商品销售总额＝批发业商品销售总额＋零售业商品销售总额"。由于数据收集约束,该指标实际计算采用全国各省区市限额以上法人企业的商品销售总额。

2010 年,全国各省区市商品销售总额占全国销售总额的比重前三名依次是北京、广东和上海,数值分别为 13.45%、11.48%和 11.45%。由于受到全国 31 个省区市该指标相加等于 1 的限制,该指标不会有太大的增长空间。因此,将 2020 年商品销售总额占全国销售总额的比重的目标值设定为 13%。

(三)一般贸易出口额占地区 GDP 的比重

拉动经济主要依靠消费、投资和出口,外贸出口占 GDP 的比重主要衡量了一国和地区经济的开放程度和对外竞争力,有助于我们判断经济结构的优化与否。考虑到东部地区许多省市存在规模较大的加工贸易,如果使用全部出口额计算该指标,会不利于区域比较,因此我们使用一般贸易出口额占地区 GDP 的比重这一指标。

近几年的数据显示,浙江省是我国一般贸易出口最为活跃的地区,2010 年,该指标数值为 35.41%。同时考虑到经济外向度的整体约束,东部一些省市已呈现外向度偏高特征。因此,将 2020 年一般贸易出口额占地区 GDP 的比重的目标值设定为 35%。

(四)第三产业增加值占地区 GDP 的比重

第三产业增加值占地区 GDP 的比重刻画了一国和地区三次产业结

构优化与否的特征。第三产业的壮大发展有利于国内消费扩大与经济转型升级。

2010年,全球第三产业占GDP的比重为67.52%,高收入国家为73.40%,而中国仅为44.10%;分省区市来讲,该比重前三名是北京、上海和西藏,数值分别为75.11%、57.28%和54.16%,其他省区市均低于50%,31个省区市的平均值为40.48%。北京已达到高收入国家的水平,但其他省区市却远远低于全球水平。因此,为了缩小其他省区市与北京的差距,达到全球水平,将2020年第三产业增加值占地区GDP的比重的目标值设定为70%。

(五)金融业增加值占全国金融业增加值的比重

金融业增加值是指按市场价格计算的一个国家(或地区)所有常住单位在一定时期内从事金融业生产活动的最终成果。随着我国金融改革的不断深入推进,金融服务业已成为部分经济发达省区市经济的支柱产业。

2010年,全国各省区市金融业增加值占全国金融业增加值的比重排名中,前三名是广东、浙江和江苏,数值分别为10.35%、9.06%和8.20%,上海和北京位居第四和第五位,数值分别为7.60%和7.26%。2009—2015年,纽约金融、保险业增加值占美国金融、保险业增加值的比重较为稳定,均处于19%左右,显示出随着金融业的发展成熟,金融业在经济中的相对地位趋于稳定。因此,为了大力发展我国金融业,将北京和上海建设成为国际金融中心,逐渐缩小与纽约等金融中心的差距,将2020年金融业增加值占全国金融业增加值的比重的目标值设定为15%。

(六)非国有工业企业工业产值占工业总产值的比重

公有制经济包括国有经济、集体经济,以及混合所有制经济中的国有成分和集体成分,非公有制经济包括个体经济、私营经济、外资经济等,它也是社会主义市场经济的重要组成部分,《"十三五"规划纲要》指出要支持非公有制经济发展。由于非公有制经济增加值这一指标只有黑龙江、上海、河南和陕西四个省市存在统计数据，故采用非国有工业企业工业产值占工业总产值的比重这一指标来替代，且按照国家统计局的统计范围，只对一定规模以上的工业企业做出统计。其计算公式为：

$$\frac{\text{非国有工业企业工业产值}}{\text{占工业总产值的比重}}=1-\frac{\text{国有及国有控股工业企业工业总产值}}{\text{规模以上工业企业工业总产值}} \tag{3.5}$$

2010 年，江苏、浙江、福建、广东和山东五省的这一指标数值已经超过 80%，而其余各省区市的水平存在一定的差距。因此，将 2020 年非国有工业企业工业产值占工业总产值的比重的目标值设定为 80%。

（七）三次产业间发展速度协调度

"十二五"规划明确指出产业结构优化升级的目标是促进第一、二、三产业健康协调发展，"十三五"规划明确强调了促进产业结构优化升级、增强三次产业发展协调性等目标。三次产业健康协调发展的评价标准大体可分为两方面：一是产业发展速度较为一致，二是产业劳动生产率较为接近。

三次产业间发展速度协调度可以用产业结构转换系数 δ 来衡量，产业结构转换是指随着社会发展和产业革新，三次产业各自的发展速度及其所占比重不断变化调整，最终实现产业结构合理化的过程。产业结构转换系数 δ 的计算公式为：

$$\delta=\sqrt{\sum_{i=1}^{3}(X_i-X_p)^2\frac{r_i}{X_p}}\times 100 \tag{3.6}$$

其中，X_i 为第 i 产业增加值的年增长速度，X_p 为地区生产总值的年增长速度，r_i 为第 i 产业增加值在地区 GDP 中的比重，且年增长速度=（指数（上年=100）－100）%。

引起产业结构转换最直接的原因是地区三次产业各自增长速度的差异。当一个地区其内部各产业增长速度差异较大时，该地区三次产业间发展速度协调度较差，δ 较大；反之，若一个地区各产业增长速度相当，则该地区三次产业间发展速度协调度较好，δ 较小。因此，产业结构转换系数 δ 的最优值为 0，三次产业间发展速度协调度的得分的计算公式为：

$$\text{三次产业间发展速度协调度}=100-\frac{\min\{\text{产业结构转换系数},20\}}{20}\times 100 \quad (3.7)$$

综上，将 2020 年三次产业间发展速度协调度的目标值设定为 100。

（八）二、三产业生产效率协调度

该指标是从劳动生产率的角度来考察第二产业和第三产业是否健康协调发展，采用第二、三产业劳动生产率之比来衡量。其计算公式为：

$$\text{第二、三产业劳动生产率之比}=\frac{\text{第二产业劳动生产率}}{\text{第三产业劳动生产率}} \quad (3.8)$$

某次产业的劳动生产率是指该产业增加值与从业人数之比，说明产业人力资本分配与产业产出的关系。

第二、三产业劳动生产率之比代表第二、三产业单位劳动力对各自产值的贡献差异，如果第二、三产业劳动生产率之比为 1，则说明第二、三产业劳动生产率一致，此时第二、三产业劳动力结构达到最优。因此，第二、三产业劳动生产率之比的最优值为 1，根据第二、三产业劳动生产率之比与 1 的偏差程度依次为各省区市打分，得分公式为：

$$\text{二、三产业生产效率协调度}=100-\frac{|\text{第二、三产业劳动生产率之比}-1|}{3}\times 100 \quad (3.9)$$

综上，将 2020 年二、三产业生产效率协调度得分的目标值设定为 100。

（九）地区 GDP 与居民收入增长协调度

科学发展观的核心是要坚持以人为本，促进经济社会和人的全面发展。为了切实体现经济增长的科学性，进一步促进经济协调发展，有必要把对经济增长的考量标准与社会及人的全面发展相联系，考虑到人均可支配收入增速能较综合地体现经济增长给社会及人带来的进步，因此，采用地区 GDP 与居民收入增长协调度这一指标。该指标是通过地区生产总值年增长率与城镇居民人均可支配收入年增速的差距来度量的，如表 3.1 所示，增速差距在 1 个百分点以内，得 100 分，在 2 个百分点以内，得 95 分，以此类推，差距每扩大 1 个百分点，扣 5 分。

其中，

$$\text{地区生产总值年增长率}=(\text{地区生产总值指数}(\text{上年}=100)-100)\% \tag{3.10}$$

$$\text{城镇居民人均可支配收入增速}=\left(\frac{\dfrac{\text{本年城镇居民人均可支配收入}}{\text{上年城镇居民人均可支配收入}}\times 100}{\text{本年城市居民消费价格指数(环比)}}-1\right)\times 100\% \tag{3.11}$$

表 3.1　　评价得分准则

增速差距(%)	[0,1)	[1,2)	[2,3)	[3,4)	[4,5)	…
得分(分)	100	95	90	85	80	…

因此，将 2020 年地区 GDP 与居民收入增长协调度的目标值设定为 100。

三、生态文明建设分类指标体系各指标的边界与目标值设定研究

(一)万元地区 GDP 能耗降低

万元地区 GDP 能耗是指总能耗与地区生产总值之比，也就是每产生万元国内生产总值所消耗的能源量，是衡量一国和地区能源消耗水平和利用效率最常用的综合指标。其计算公式为：

$$\text{万元地区 GDP 能耗}=\frac{\text{能源消费总量(万吨标准煤)}}{\text{地区生产总值(按 2010 年不变价)(亿元)}} \tag{3.12}$$

万元地区 GDP 能耗降低是指报告期单位生产总值能耗与基期单位生产总值能耗相比的下降速度。该指标被列入“十一五”“十二五”和“十三五”规划的约束性指标。在本书中，单位生产总值能耗下降率的计算公式为：

$$\text{万元地区 GDP 能耗上升(+)或下降(-)}\%=\left(\frac{\text{本年万元地区 GDP 能耗}}{\text{上年万元地区 GDP 能耗}}-1\right)\times 100\% \tag{3.13}$$

若万元地区 GDP 能耗上升，则该指标取 0。

为了便于纵向比较，地区生产总值按照 2010 年不变价计算。

“十二五”时期，我国单位 GDP 能源消耗累计降低 18.2%，相当于年

均降低 3.94%。此外,《"十三五"规划纲要》指出:到 2020 年,我国能源消费总量要控制在 50 亿吨标准煤以内,单位国内生产总值能源消耗量比 2015 年降低 15%。因此,将 2020 年万元地区 GDP 能耗降低的目标值设定为 4%,此目标值相当于 5 年累计降低 18.46%。

(二)一般工业固体废物综合利用率

工业固体废物是指在工业生产活动中产生的固体废物,可分为两类:一般工业固体废物和危险固体废物。其中,一般工业固体废物产生量的比重占 95%以上。工业固体废物经过适当的工艺处理,可成为工业原料或能源,实现资源化。因此,我们将一般工业固体废物综合利用率作为衡量一国或地区资源节约集约循环利用综合效率的指标之一。

一般工业固体废物综合利用率是指一般工业固体废物综合利用量占一般工业固体废物产生量(包括综合利用往年贮存量)的百分比。

2009—2015 年的数据显示,天津的一般工业固体废物综合利用率最高,均在 99%。因此,将 2020 年一般工业固体废物综合利用率的目标值设定为 100%。

(三)环境质量指数

环境质量是包括水环境、大气环境、土壤环境、生态环境、地质环境、噪声环境等要素的一个综合概念,环境质量指数是表征环境质量状况的核心指标。由于环境统计数据的限制,环境质量指数的计算目前暂由大气环境与绿化环境等要素构成(待将来条件成熟之时,再添加其他因素),具体包括:空气质量达到二级及以上天数占全年比重、森林覆盖率、城市建成区绿化覆盖率。其计算公式为:

$$\text{环境质量指数}=\frac{\left(\dfrac{\text{空气质量达到二级及以上天数占全年比重}}{100\%}+\dfrac{\text{森林覆盖率}}{23\%}+\dfrac{\text{城市建成区绿化覆盖率}}{50\%}\right)}{3} \tag{3.14}$$

其中,各省区市的空气质量达到二级及以上天数占全年的比重数据用省会城市数据代替。

2010 年，海口、昆明等城市的全年空气质量都达到了二级及以上标准，比重为 100%。因此，将 2020 年空气质量达到二级及以上天数占全年的比重的目标值设定为 100%。

2015 年国务院印发的《中共中央 国务院关于加快推进生态文明建设的意见》提出，到 2020 年，生态环境质量总体改善，森林覆盖率达到 23% 以上。因此，考虑到中国国土辽阔，森林资源少，森林覆盖率低，地区差异很大，将 2020 年森林覆盖率的目标值设定为达到 23%以上。

《全国造林绿化规划纲要(2011—2020 年)》指出，城市建成区绿化覆盖率达到 39.5%。2011 年，新加坡的城市建成区绿化覆盖率已大于 50%。因此，将 2020 年城市建成区绿化覆盖率的目标值设定为大于 50%。

综上，当每一子指标都达到目标值时，环境质量状况为最优。在计算环境质量指数时，各省区市子指标实际数值超过目标值的，取目标值数据。因此，将 2020 年环境质量指数的目标值设定为 100%。

(四)主要污染物排放量减少系数

按照污染物对环境的污染可分为大气污染物、水体污染物、土壤污染物和室内污染物等，在本书中，主要污染物包括废水中的化学需氧量和氨氮、废气中的二氧化硫和氮氧化物这四种。采用主要污染物排放量减少系数这一指标来衡量一国或地区减排任务的完成情况以及环境综合治理的成效是否显著。其计算公式为：

$$
\begin{aligned}
\text{主要污染物排放量减少系数} = & \frac{\text{化学需氧量(COD)排放量减少率}}{2.52\%} \times 25\% \\
& + \frac{\text{氨氮排放量减少率}}{2.52\%} \times 25\% \\
& + \frac{\text{二氧化硫排放量减少率}}{3.89\%} \times 25\% \\
& + \frac{\text{氮氧化物排放量减少率}}{3.89\%} \times 25\%
\end{aligned} \tag{3.15}
$$

“十二五”时期，全国化学需氧量、氨氮、二氧化硫、氮氧化物排放总量分别累计减少 12.9%、13.0%、18.0%、18.6%。《“十三五”规划纲要》明确规定:2015—2020 年,全国化学需氧量、氨氮排放总量减少 10%,二氧化硫、氮氧化物排放总量减少 15%。因此,考虑到“十二五”时期的完成情况与“十三五”时期的规划目标,将全国化学需氧量、氨氮排放总量年均减少的目标值设定为 2.52%(相当于 5 年累计减少 12%),二氧化硫、氮氧化物总量年均减少的目标值设定为 3.89%(相当于 5 年累计减少 18%)。当子指标实际数值超过目标值时,取目标值。因此,将 2020 年主要污染物排放量减少系数的目标值设定为 100%,此时每一子指标均达到目标值。

(五)城市污水处理率

城市的日常运转必然会产生大量的污水,如生活污水、工业废水等。为了避免造成水体污染,缓解水资源短缺的状况,必须要进行污水处理。城市污水处理率是指在一定时期内(通常为一年),城镇污水处理量与城市污水产生量的比率。该指标是评价一个城市污水处理工作的标志性指标。其计算公式为:

$$\text{城市污水处理率}=\frac{\text{城市污水处理总量}}{\text{城市污水排放量}}\times 100\% \tag{3.16}$$

根据《“十三五”规划纲要》,到 2020 年,城市污水集中处理率要达到 95%。因此,将 2020 年城市污水处理率的目标值设定为 95%以上。

(六)城市生活垃圾无害化处理率

生活垃圾无害化处理率指报告期生活垃圾无害化处理量与生活垃圾产生量的比率。在统计上,由于生活垃圾产生量不易取得,可用清运量代替。该统计指标解释来源于国家统计局官网。其计算公式为:

$$\text{生活垃圾无害化处理率}=\frac{\text{生活垃圾无害化处理量}}{\text{生活垃圾产生量}}\times 100\% \tag{3.17}$$

2010 年,天津的生活垃圾无害化处理率为 100%。此外,上海等省区市明确规定“十三五”时期经济社会发展的目标之一是生活垃圾无害化处理率达到 100%。因此,将 2020 年城市生活垃圾无害化处理率的目标值设定为 100%。

(七)环境污染治理投资占地区 GDP 的比重

在我国目前的环境统计工作中,环境保护投资即指环境污染治理投资，环境污染治理投资是指在污染源治理、生态保护和建设、城市环境基础设施建设以及环境管理能力建设等方面的资金投入中，用于形成固定资产的资金，包括城镇环境基础设施建设投资、工业污染源治理投资和当年完成环保验收项目环保投资三部分，其中城镇环境基础设施建设投资包括燃气、集中供热、排水、园林绿化和市容环境卫生五个方面。

环境污染治理投资占地区 GDP 的比重是国际上衡量环境保护问题的一个重要指标。保护环境是我国的基本国策，是切实转变经济发展方式的重要手段和推进生态文明建设的根本措施。该指标的计算公式为：

$$\text{环境污染治理投资占地区 GDP 的比重}=\frac{\left(\begin{array}{c}\text{城镇环境基础设施建设投资}\\+\text{工业污染源治理投资}\\+\text{当年完成环保验收项目环保投资}\end{array}\right)}{\text{地区生产总值}}\times 100\% \quad (3.18)$$

根据国际经验，当环境污染治理投资占 GDP 的比重在 1.5%～2%时，环境恶化的趋势属可控范围之内；当比重在 2%～3%时，环境质量属可改善范畴。骆建华(2013)在关于“未来十年中国环境战略路径”的报告会上，提出：今后 10 年，若控制环境污染，改善环境质量，我国环保投入占 GDP 比重应提高到 2%～3%，10 年之内大致需要投入 10 万亿元。此外，Hongwei Li，Dequn Zhou & Yunlong Sun(2007)在 *To Forecast the Investment in the Treatment of the Environmental Pollution of China by* GM(1,1)一文中，预测我国环境污染治理投资占 GDP 的比重到 2020 年能达到 2.305%。因此，将 2020 年环境污染治理投资占地区 GDP 的比重的目标值设定为 3%。

四、民生改善分类指标体系各指标的边界与目标值设定研究

(一)人均基本公共服务支出

基本公共服务是指建立在一定社会共识之上，政府根据一国或地区经济社会发展阶段和总体水平，旨在保障个人最基本的生存权和发展权，为实现人的全面发展而提供的最基础的公共服务。在本书中，基本公共服务支

出主要分为四个方面：一是基本生存服务支出，包括社会保障和就业支出、住房保障支出等；二是基本发展服务支出，包括教育支出、医疗卫生支出、文化体育与传媒支出等；三是基本环境服务支出，包括交通运输支出、环境保护支出等；四是基本安全服务支出，包括公共安全支出、国防支出等。

人均基本公共服务支出是指在一段时期（通常指一年）内按年末常住人口平均计算的基本公共服务支出。其计算公式为：

$$\text{人均基本公共服务支出}=\frac{\text{基本公共服务支出}}{\text{年末常住人口}} \tag{3.19}$$

2010 年，我国各省区市人均基本公共服务支出前四位依次是西藏、青海、北京和上海，分别为 8 930 元、8 928 元、7 337 元和 5 947 元。我国“十三五”规划的主要目标之一：到 2020 年国内生产总值比 2010 年翻一番。以此推算，到 2020 年，这四个省区市的人均基本公共服务支出的均值将达 15 000 元。因此，将 2020 年人均基本公共服务支出的目标值设定为 15 000 元。

(二)基本社会保障覆盖面

基本社会保障覆盖面是指已参加基本养老保险和基本医疗保险人口占政策规定应参加人口的比重。其计算公式为：

$$\begin{aligned}\text{基本社会保险覆盖率}=&\frac{\text{已参加基本养老保险的人数}}{\text{应参加基本养老保险的人数}}\times 50\%\\&+\frac{\text{已参加基本医疗保险的人数}}{\text{应参加基本医疗保险的人数}}\times 50\%\end{aligned} \tag{3.20}$$

基本社会保险主要包括基本养老保险、失业保险、基本医疗保险、工伤保险和生育保险五项，其中基本养老保险、基本医疗保险最为重要，所以在计算基本社会保险覆盖率时只计算基本养老保险和基本医疗保险的覆盖率。

2014 年 2 月 21 日，国务院发布了《国务院关于建立统一的城乡居民基本养老保险制度的意见》(国发〔2014〕8 号)（以下简称《意见》)，《意见》提出：“年满 16 周岁（不含在校学生），非国家机关和事业单位工作人员及不属于职工基本养老保险制度覆盖范围的城乡居民，可以在户籍地参加城乡居民养老保险。”因此，已参加基本养老保险的人数是指已参加基本养老保险的城镇职工（包括离退休人员）与城乡居民人数之和，应参加基本养老保险的人数是指年满16周岁（不含在校学生）的人数（按照我国的统计口径，本年年满16周岁的人口数用上年15岁及以上人口数代替）。

为实现基本建立覆盖城乡全体居民的医疗保障体系的目标，国务院决定，从2007年起开展城镇居民基本医疗保险试点。因此，已参加基本医疗保险的人数是指已参加基本医疗保险的城镇职工（包括离退休人员）与城镇居民人数之和，应参加基本医疗保险的人数即指城镇人口。

从理论上及建设和谐社会要求来看，两项基本社会保险的覆盖率应该达到100%。2010年，全国各省区市基本社会保障覆盖面前三位分别为北京、天津和上海，数值分别为73.55%、71.93%和68.60%，覆盖面不是非常广，但近几年呈扩散趋势，有望实现100%。因此，将2020年基本社会保障覆盖面的目标值设定为100%。

（三）城镇登记失业率

城镇登记失业率是指城镇登记失业人员与城镇单位就业人员（扣除使用的农村劳动力、聘用的离退休人员、港澳台及外方人员）、城镇单位中的不在岗职工、城镇私营业主、个体户主、城镇私营企业和个体就业人员、城镇登记失业人员之和的比率（该统计指标解释来源于国家统计局官网）。其中，城镇登记失业人员是指有非农业户口，在一定的劳动年龄内（16周岁至退休年龄），有劳动能力，无业而要求就业，并在当地劳动保障部门进行失业登记的人员。该指标是及时掌握和了解一个国家或地区社会就业状况的重要指标，也是国家或地区研究制定劳动就业政策，提高民生福祉的重要依据。

北京“十三五”规划的主要目标之一：城镇登记失业率<4%。上海“十三五”时期经济社会发展的主要目标之一：城镇调查失业率低于5.5%。有学者研究表明：自2001年以来，中国城镇登记失业率比较稳定地比城镇调查失业率低1～2个百分点。因此，将2020年城镇登记失业率的目标值设定为低于4%。

(四)城镇人口占总人口的比重(城镇化率)

城镇化是指人口向城镇地区集中和农村地区转变为城镇地区的过程。通常用人口的城镇化水平来衡量,主要有两种口径:一是城镇人口占总人口的百分比,二是非农业人口占总人口的百分比。在本书中,采用第一种口径,即用各省区市的城镇人口数除以总人口数,用来衡量城镇一体化当中城镇人口占比的变动情况。该指标是衡量一个国家或地区社会经济发展水平的标志之一,是评价一个国家或地区城镇化工作成效的重要指标。城镇化水平越高,表明经济越发达;反之则相反。

2010 年,全国各省区市城镇化率前三名分别为上海、北京和天津,数值分别为 89.27%、85.93%和 79.60%。且 2011—2015 年我国城镇化率年均增速约 2%,按此速度,到 2020 年这三个省市都将达到 95%。事实上,未来 10 年间城镇人口的增长速度将放缓,一方面是因为城镇化率绝对水平已经很高,难以再快速上升;另一方面是因为外来常住人口增速可能会大幅放缓,对城镇化进程有一定的抑制作用。进一步分析,1974 年香港城市化率为 89.3%,10 年后升至 92.6%,1994 年达到 100%。综上,考虑到外来人口众多及户籍政策等因素,内地城镇人口率提升速度不太可能显著快于香港。因此,将 2020 年城镇人口占总人口的比重的目标值设定为 93%。

(五)城乡居民生活质量协调度

城乡居民生活质量协调度采用城乡居民生活质量之比,即城镇居民的恩格尔系数与农村居民的恩格尔系数之比来测度,该指标是衡量一国或地区城镇化水平的另一个重要指标。其计算公式为:

$$\begin{matrix}\text{城乡居民}\\\text{生活质量之比}\end{matrix}=\frac{\text{城镇居民的恩格尔系数}}{\text{农村居民的恩格尔系数}} \tag{3.21}$$

城镇化的发展,不应仅强调增加城镇人口这一数量上的变动,更要把注意力放在向农村渗透城镇生活这一质量上的改变。恩格尔系数是指食品支出占消费总支出的比重。

19 世纪德国统计学家恩格尔根据统计数据资料,得出了一个消费结构的变化规律：家庭收入越少，其用来购买食物的比例就越大，随着家庭收入的增加，其用来购买食物的比例就会下降。因此，比较城乡居民恩格尔系数，可以得出各省区市城乡居民购买生存性的食物支出所占的比重的差异，从而看出各省区市城乡居民收入水平的区别，进而得出各省区市城乡居民生活质量的不同。所以，若一个地区城乡居民恩格尔系数越相近，则两者之比越接近于1，说明这个地区城乡居民的生活质量协调度越高；反之，城乡居民恩格尔系数差异越大，比值就越偏离1，说明这个地区城乡居民的生活质量协调度越低。综上所述，城乡居民生活质量之比的最优值为1，各省区市城乡居民生活质量协调度的得分计算公式为：

$$\text{城乡居民生活质量协调度}=100-\frac{|\text{城乡居民生活质量之比}-1|}{0.5}\times 100 \tag{3.22}$$

因此，将2020年城乡居民生活质量协调度得分的目标值设定为100。

（六）社会安全指数

社会安全指数是一个合成指数，表示整体社会安全状态的变动趋势，主要涉及社会治安、交通安全、生活安全、生产安全四个方面。该指标是评价一个国家或地区社会安全状况总体变化程度的重要指标，是国家统计局全面建设小康社会统计监测指标体系的重要指标之一。具体来说，社会治安用万人刑事犯罪率指标来衡量；交通安全用万人道路交通事故死亡率指标来衡量；生活安全用万人火灾事故死亡率指标来衡量；生产安全用万人工伤事故死亡率指标来衡量。由于万人工伤事故死亡率指标数据缺失，在本书中，该指标的计算只包括社会治安、交通安全和生活安全三个方面。其计算公式为：

$$\begin{aligned}\text{社会安全指数}=&\frac{\text{2010 年全国万人刑事犯罪人数}}{\text{本年本省区市万人刑事犯罪人数}}\times 50\\&+\frac{\text{2010 年全国万人道路交通事故死亡人数}}{\text{本年本省区市万人道路交通事故死亡人数}}\times 25\\&+\frac{\text{2010 年全国万人火灾事故死亡人数}}{\text{本年本省区市万人火灾事故死亡人数}}\times 25\end{aligned} \tag{3.23}$$

该指数以2010年我国数据为基期数据，采用动态权数加权计算。综观世界多数国家的发展历程及我国改革开放的经验教训，在经济大发展、大变动时期，各种社会矛盾会集中释放，社会安全形势难以乐观。2010 年，全国各省区市社会安全指数排名前五位均超过 100，分别为河南、山东、江西、河北和湖北。但上海、北京和浙江的数值分别为 75.72、70.89、51.21。未来 10 年上海、北京和浙江可能持续处于经济转型和世界经济低迷两个长周期中，预计也是社会矛盾多发期，如何治理好社会安全将是一个重大挑战，但仍希望社会安全状况能达到甚至好于 2010 年全国水平。因此，将 2020 年社会安全指数的目标值设定为大于 100。

五、我国创新驱动转型发展评价指标(实证指标)的目标值汇总

我国创新驱动转型发展评价指标(实证指标)的目标值汇总如表 3.2 所示。

表 3.2　我国创新驱动转型发展评价指标(实证指标)的目标值汇总

总指标	分类指标	评价指标	目标值
创新驱动转型发展评价指数(共 29 个指标)	创新驱动 X_1(7 个指标)	X_{11}:人均受教育年限	≥12 年
		X_{12}:研发经费支出占地区 GDP 的比重	≥3.3%
		X_{13}:每百万人国内发明专利申请授权量	≥1 200 项
		X_{14}:技术市场合同成交额	≥750 亿元
		X_{15}:全员劳动生产率	≥24 万元/人
		X_{16}:地均产出	≥23 亿元/平方公里
		X_{17}:高技术产品出口额占总出口额的比重	≥30%
	转型发展 X_2(9 个指标)	X_{21}:居民消费占地区 GDP 的比重	≥60%
		X_{22}:商品销售总额占全国销售总额的比重	≥13%
		X_{23}:一般贸易出口额占地区 GDP 的比重	≥35%

续表

总指标	分类指标	评价指标	目标值
创新驱动转型发展评价指数（共29个指标）	转型发展 X_2（9个指标）	X_{24}：第三产业增加值占地区GDP的比重	≥70%
		X_{25}：金融业增加值占全国金融业增加值的比重	≥15%
		X_{26}：非国有工业企业工业产值占工业总产值的比重	≥80%
		X_{27}：三次产业间发展速度协调度	100分
		X_{28}：二、三产业生产效率协调度	100分
		X_{29}：地区GDP与居民收入增长协调度	100分
	生态文明建设 X_3（7个指标）	X_{31}：万元地区GDP能耗降低	≥4%
		X_{32}：一般工业固体废物综合利用率	100%
		X_{33}：环境质量指数	100%
		X_{34}：主要污染物排放量减少系数	100%
		X_{35}：城市污水处理率	≥95%
		X_{36}：城市生活垃圾无害化处理率	100%
		X_{37}：环境污染治理投资占地区GDP的比重	≥3%
	民生改善 X_4（6个指标）	X_{41}：人均基本公共服务支出	≥15 000元
		X_{42}：基本社会保障覆盖面	100%
		X_{43}：城镇登记失业率	<4%
		X_{44}：城镇人口占总人口的比重	≥93%
		X_{45}：城乡居民生活质量协调度	100分
		X_{46}：社会安全指数	≥100

第二节 评价指标权重的方法研究

一、原始数据的预处理

为避免指标的量纲和数量级的不同带来的影响，本书首先将原始数据矩阵 **X**（见表 3.3）进行标准化（即无量纲化）变换。

表 3.3 原始数据矩阵 X

	省区市 1	省区市 2	…	省区市 31
评价指标 1	$x_{1,1}$	$x_{1,2}$	…	$x_{1,31}$
评价指标 2	$x_{2,1}$	$x_{2,2}$	…	$x_{2,31}$
⋮	⋮	⋮	⋱	⋮
评价指标 29	$x_{29,1}$	$x_{29,2}$	…	$x_{29,31}$

指标的标准化方法有多种，其中线性标准化方法是大多数研究首选的指标处理方法，如标准差标准化处理法、极值处理法、线性比例法、归一化处理法、向量规范法、功效系数法等。

本书采用的标准化变换方法为：

$$\text{正指标：} s_{ij}=\begin{cases}\dfrac{x_{ij}}{X_{ij}}\times 100\%, & \text{若} x_{ij}<X_{ij}, \\ 100\%, & \text{若} x_{ij}\geqslant X_{ij}\end{cases} \tag{3.24}$$

$$\text{逆指标：} s_{ij}=\begin{cases}\dfrac{X_{ij}}{x_{ij}}\times 100\%, & \text{若} x_{ij}>X_{ij}, \\ 100\%, & \text{若} x_{ij}\leqslant X_{ij}\end{cases} \tag{3.25}$$

其中，s_{ij} 为第 j 个省区市第 i 个指标的评价值得分，x_{ij} 为第 j 个省区市第 i 个指标的原始数值，X_{ij} 为第 j 个省区市第 i 个指标的目标值（标准值）。

标准化变换矩阵 **S** 如表 3.4 所示。

表 3.4　　标准化变换数据矩阵 S

	省区市 1	省区市 2	…	省区市 31
评价指标 1	$s_{1,1}$	$s_{1,2}$	…	$s_{1,31}$
评价指标 2	$s_{2,1}$	$s_{2,2}$	…	$s_{2,31}$
⋮	⋮	⋮	⋱	⋮
评价指标 29	$s_{29,1}$	$s_{29,2}$	…	$s_{29,31}$

二、评价指标权重的确定方法

指标权重是指标在评价过程中不同重要程度的反映，在指标体系确定之后，必须对各指标赋予不同的权重系数。对原始数据进行标准化处理后，编制我国各省区市各年创新驱动转型发展评价指数的关键是确定评价指标的权重系数，因为权重的合理性与准确性将直接影响到评价结果的可靠性。概括而言，权重的确定方法有主观赋权法和客观赋权法，具体可分为三类：一是按照评价者的主观偏好进行赋权，主要有德尔菲法(Delphi，即专家法)、层次分析法(Analytic Hierarchy Process，AHP)等；二是考量指标的变异程度进行赋权，即指标能分辨出评价对象之间差异能力的大小，变异程度高的指标权重大，反之则权重小，主要有变异系数法(Coefficient of Variation，CV)、熵值法(Entropy Method，EM)等；三是依照指标的独立性进行赋权，即与其他指标的相关性大小，相关性高，信息重复量大，分配权重小，反之则权重大，主要有复相关系数法、主成分分析法(Principal Component Analysis，PCA)等。

由上述分析可见，单一赋权方法很难全面兼顾评价体系的特性要求，因此，有必要选取多种单一赋权方法确定权重，以尽可能消除单一赋权方法产生的系统性偏差。基于这一思想，在本书中，首先使用了四种单一赋权方法(AHP、CV、EM、PCA)确定权重，然后采用了四种方案对这四种单一权重进行组合，基于组合权重编制了 2009—2016 年我国各省区市创新驱动转型发展评价指数及其分类指数。

(一)单一权重构造方法

1. 层次分析法(AHP)

层次分析法是按照评价者的主观偏好进行赋权,定性分析与定量分析结合使用的一种系统分析方法,具体流程如下:

第一步:建立评价指标体系的层次结构。

在本书中,根据我国创新驱动转型发展评价指标体系,总指数(创新驱动转型发展评价指数)为总目标层(Y),总目标层下有四个子目标[准则层(C)]为支撑,分别为创新驱动分类指数 X_1、转型发展分类指数 X_2、生态文明建设分类指数 X_3 和民生改善分类指数 X_4,各分类指数又由其相应的评价指标来表征。

第二步:根据评分情况构建判断矩阵。

比较各子目标对于总目标的重要性,进行两两比较,并给予评分,然后根据评分情况构建判断矩阵。判断矩阵必须满足以下条件:

$$C_i : C_j \rightarrow \alpha_{ij}, \mathbf{A}=(\alpha_{ij}), \alpha_{ij}>0, \alpha_{ii}=1, \alpha_{ji}=\frac{1}{\alpha_{ij}} \tag{3.26}$$

在数学上,称满足上述条件的矩阵为正互反矩阵。

关于判断矩阵元素 α_{ij} 的确定,目前广泛采用的是美国运筹学家托马斯·塞蒂(T. L. Saaty)的 1—9 标度方法,α_{ij} 表示指标 X_i 与指标 X_j 关于某评价目标的相对重要性程度之比的赋值(或估计值)。例如,$\alpha_{ij}=1$ 表示指标 X_i 与指标 X_j 同等重要;$\alpha_{ij}=9$ 表示指标 X_i 比指标 X_j 极端重要;$\alpha_{ij}=\frac{1}{9}$,即 $\alpha_{ji}=9$ 表示指标 X_j 比指标 X_i 极端重要。具体如表 3.5 所示。

表 3.5　标度参考表

赋值 α_{ij} (X_i/X_j)	指标 X_i 与指标 X_j 相比的重要程度(相对上一层因素)
1	同等重要
3	稍微重要
5	明显重要
7	强烈重要

续表

赋值$\alpha_{ij}(X_i/X_j)$	指标X_i 与指标X_j 相比的重要程度(相对上一层因素)
9	极端重要
2、4、6、8	对应以上两相邻判断的中间情况
上述标度的倒数	指标X_i 与指标X_j 比较得判断α_{ij}， 则指标X_j 与指标X_i 比较得判断$\alpha_{ji}=\frac{1}{\alpha_{ij}}$

在本研究中，邀请了20位专家。首先，请各位专家根据创新驱动、转型发展、生态文明建设与民生改善这4个子目标关于总目标的重要性程度，两两进行比较，并赋值；其次，请各位专家根据各子目标下各个具体评价指标关于该子目标的重要性程度，两两进行比较，并赋值。一位专家对应5个判断矩阵：子目标关于总目标的判断矩阵1个，各子目标下各个具体评价指标关于该子目标的判断矩阵4个，共获得100个(20×5)判断矩阵。

第三步：对判断矩阵进行一致性检验。

对判断矩阵进行一致性检验，主要是检查专家在评价指标重要性时是否存在内在矛盾。若判断矩阵$\mathbf{A}$(不妨设为n阶)的元素α_{ij}具备以下三条性质，则称为完全一致性判断矩阵(以下简称“一致矩阵”)：

(1)$\alpha_{ii}=1$，

(2)$\alpha_{ji}=\frac{1}{\alpha_{ij}}$，

(3)$\alpha_{ij}=\frac{\alpha_{ik}}{\alpha_{jk}}$或$\alpha_{ik}=\alpha_{ij}\alpha_{jk}$，　$i,j,k=1,2,\cdots,n$

然而，在实际情况中，由于各位专家的知识水平和个人偏好的不同，性质(3)往往很难得到满足，特别是当n较大时，更是如此。因此，在构造好判断矩阵之后，为保证其赋值结果的可信度和准确性，要对判断矩阵的一致性进行检验。

定理3.3.1　若$\mathbf{A}$是n阶一致矩阵，则最大特征值为：

$$\lambda_{\max}(\mathbf{A})=n \tag{3.27}$$

定理 3.3.2　若λ_{max}是 n 阶正互反矩阵 **A** 的最大特征值，则：

$$\lambda_{max} \geqslant n \tag{3.28}$$

由定理 3.3.1 和定理 3.3.2 可知，n 阶判断矩阵 **A** 的最大特征值λ_{max}比 n 大得越多，其不一致性程度就越高，赋值结果的可信度和准确性也就越低；相反，λ_{max}越接近于 n，其一致性程度就越高，赋值结果的可信度和准确性也就越高。一致性指标 CI（Consistent Index）是用于衡量不一致性程度的常用数量指标之一，Saaty 将其定义为：

$$CI=\frac{\lambda_{max}-n}{n-1} \tag{3.29}$$

若 $CI=0$，则有完全的一致性；CI 越大，不一致性越大。

实际情况下，随着判断矩阵 **A** 的阶数 n 的增大，元素间两两比较进行赋值得到的判断矩阵的不一致性就越大。因此，为了得到一个通用的一致性检验的临界值，需要根据判断矩阵 **A** 的阶数 n 对一致性指标 CI 进行修正。为了建立衡量一致性指标 CI 的标准，Saaty 提出用平均随机一致性指标 RI 来修正 CI。RI 随着矩阵阶数的上升而逐渐增大（见表 3.6）。

表 3.6　　平均随机一致性指标 *RI* 值

n	1	2	3	4	5	6	7	8	9	10
RI	0	0	0.514 9	0.893 1	1.118 5	1.249 4	1.345 0	1.420 0	1.461 6	1.487 4
n	11	12	13	14	15	16	17	18	19	20
RI	1.515 6	1.540 5	1.558 3	1.577 9	1.589 4	1.594 3	1.606 4	1.613 3	1.620 7	1.629 2

定义随机一致性比率 $CR=CI/RI$，当 $CR<0.10$ 时，判断矩阵通过一致性检验。关于 20 位专家对应的 100 个判断矩阵，我们一一进行检验，其中，20 个子目标关于总目标的判断矩阵中有 6 个没有通过一致性检验，20 个创新驱动子目标下各个具体评价指标关于该子目标的判断矩阵中有 7 个没有通过一致性检验，20 个转型发展子目标下各个具体评价指标关于该子目标的判断矩阵中有 6 个没有通过一致性检验，20 个生态文明建设子目标下各个具体评价指标关于该子目标的判断矩阵中有 4 个

没有通过一致性检验，20 个民生改善子目标下各个具体评价指标关于该子目标的判断矩阵中有 5 个没有通过一致性检验，剔除没有通过一致性检验的判断矩阵。

第四步：确定准则层权重。

在子目标关于总目标的判断矩阵中，对于通过一致性检验的判断矩阵，将判断矩阵的最大特征值 λ_{max} 所对应的特征向量进行归一化处理，即为权向量(四维列向量，每一分量为相应子目标权重)，所有权向量取均值，得到各个子目标的权重。

在本研究中，我们共求得 14 个权向量(一个判断矩阵对应一个权向量)，将其取均值，我们确定了各个子目标的权重，如表 3.7 所示。

表 3.7　　子目标权重

分类指数	权重(%)
创新驱动 X_1	44.65
转型发展 X_2	23.11
生态文明建设 X_3	16.47
民生改善 X_4	15.78

第五步：确定指标层权重。

方法与准则层权重的确定方法一致。分别在创新驱动、转型发展、生态文明建设和民生改善四个子目标下各个具体评价指标关于该子目标的判断矩阵中，对于通过一致性检验的判断矩阵，将判断矩阵的最大特征值 λ_{max} 所对应的特征向量归一化处理后即为权向量(创新驱动、转型发展、生态文明建设和民生改善四个子目标的权向量分别是七维列向量、九维列向量、七维列向量和六维列向量，每一分量乘以对应子目标的权重即为各子目标下相应的具体评价指标的权重)。

在本书中，创新驱动、转型发展、生态文明建设和民生改善四个子目标下我们分别求得 13、14、16 和 15 个权向量(一个判断矩阵对应一个权向量)，分别取其均值，再乘以对应子目标的权重，就可以确定各个具体评价指标的权重。

AHP 确定的各年权重向量 W^1 具体如表 3.8 所示。

表 3.8　在 AHP 法下评价指标的权重系数 $W^1=(\omega_1,\omega_2,\cdots,\omega_n)^T$

分类指数	分类指数权重(%)	评价指标	评价指标权重ω_i(%)
创新驱动 X_1	44.65	X_{11}:人均受教育年限	6.93
		X_{12}:研发经费支出占地区 GDP 的比重	7.78
		X_{13}:每百万人国内发明专利申请授权量	5.81
		X_{14}:技术市场合同成交额	5.46
		X_{15}:全员劳动生产率	6.17
		X_{16}:地均产出	4.62
		X_{17}:高技术产品出口额占总出口额的比重	7.88
转型发展 X_2	23.11	X_{21}:居民消费占地区 GDP 的比重	2.61
		X_{22}:商品销售总额占全国销售总额的比重	1.17
		X_{23}:一般贸易出口额占地区 GDP 的比重	1.51
		X_{24}:第三产业增加值占地区 GDP 的比重	3.33
		X_{25}:金融业增加值占全国金融业增加值的比重	2.84
		X_{26}:非国有工业企业工业产值占工业总产值的比重	2.69
		X_{27}:三次产业间发展速度协调度	2.75
		X_{28}:二、三产业生产效率协调度	2.73
		X_{29}:地区 GDP 与居民收入增长协调度	3.49
生态文明建设 X_3	16.47	X_{31}:万元地区 GDP 能耗降低	2.59
		X_{32}:一般工业固体废物综合利用率	1.61
		X_{33}:环境质量指数	3.97
		X_{34}:主要污染物排放量减少系数	2.25
		X_{35}:城市污水处理率	1.61
		X_{36}:城市生活垃圾无害化处理率	1.68
		X_{37}:环境污染治理投资占地区 GDP 的比重	2.75

续表

分类指数	分类指数权重(%)	评价指标	评价指标权重ω_i(%)
民生改善 X_4	15.78	X_{41}:人均基本公共服务支出	3.11
		X_{42}:基本社会保障覆盖面	3.32
		X_{43}:城镇登记失业率	2.14
		X_{44}:城镇人口占总人口的比重	1.24
		X_{45}:城乡居民生活质量协调度	2.86
		X_{46}:社会安全指数	3.10

2. 变异系数法(CV)

变异系数是统计学中常用来衡量数据差异的一个归一化统计量。若某一指标的变异系数越小,说明数据间的差异性越小,从而认为该指标对综合评价的影响也就越小。反之,若某一指标的变异系数越大,说明数据间的差异性越大,从而认为该指标对综合评价的影响也就越大。变异系数法确定指标权重系数就是根据各个指标观测值的变异系数的大小来对其赋权。具体过程如下:

第一步:计算各个评价指标的标准差 SD_i,反映各指标的绝对变异程度。

$$SD_i = \sqrt{\sum_{j=1}^{m} (s_{ij} - \bar{s}_i)^2 / m}, \quad i = 1,2,\cdots,n;\ j = 1,2,\cdots,m \tag{3.30}$$

其中,n 代表指标个数,m 代表每个指标的观测数,$\bar{s}_i$ 为第 i 个指标的样本均值,SD_i 为第 i 个指标的标准差。

第二步:计算各个评价指标的变异系数 CV_i,反映各指标的相对变异程度。

$$CV_i = \frac{SD_i}{\bar{s}_i}, \quad i = 1,2,\cdots,n \tag{3.31}$$

第三步:对各指标的变异系数 CV_i 进行归一化处理,得到各个评价指标的权重系数。

$$\omega_i=\frac{CV_i}{\sum_{i=1}^{n} CV_i},\quad i=1,2,\cdots,n \tag{3.32}$$

将各指标权重系数依次排列组成权重向量：

$$W^2=(\omega_1,\omega_2,\cdots,\omega_n)^T \tag{3.33}$$

在变异系数法下确定的 2009－2016 年权重向量 W^2 具体如表 3.9 所示。

表 3.9　在变异系数法下评价指标的权重系数 $W^2=(\omega_1,\omega_2,\cdots,\omega_n)^T$

（2009—2016 年）

分类指数	评价指标	各年评价指标权重 ω_i（%）							
		2009 年	2010 年	2011 年	2012 年	2013 年	2014 年	2015 年	2016 年
创新驱动 X_1	X_{11}：人均受教育年限	0.96	0.93	0.83	1.00	1.05	1.10	1.03	1.13
	X_{12}：研发经费支出占地区 GDP 的比重	3.92	4.06	4.30	4.61	4.57	4.74	4.86	4.99
	X_{13}：每百万人国内发明专利申请授权量	13.25	12.68	12.62	13.35	13.21	13.64	11.48	11.47
	X_{14}：技术市场合同成交额	13.29	11.63	10.91	9.97	9.89	9.99	10.08	9.82
	X_{15}：全员劳动生产率	3.94	3.83	3.84	4.04	3.94	3.82	3.91	4.13
	X_{16}：地均产出	2.23	2.15	2.19	2.46	2.50	2.61	2.70	2.88
	X_{17}：高技术产品出口额占总出口额的比重	5.71	5.69	5.69	6.19	5.86	5.97	5.68	5.65
创新驱动分类指数权重		43.29	40.98	40.37	41.62	41.01	41.87	39.74	40.08
转型发展 X_2	X_{21}：居民消费占地区 GDP 的比重	1.20	1.19	1.21	1.26	1.15	1.16	1.14	1.24
	X_{22}：商品销售总额占全国销售总额的比重	8.08	8.12	8.20	8.75	8.86	9.38	9.45	10.02
	X_{23}：一般贸易出口额占地区 GDP 的比重	7.60	7.46	7.59	7.58	7.32	7.94	8.36	9.61
	X_{24}：第三产业增加值占地区 GDP 的比重	1.33	1.44	1.54	1.63	1.49	1.47	1.36	1.36
	X_{25}：金融业增加值占全国金融业增加值的比重	7.32	7.30	7.25	7.39	7.04	7.19	7.39	7.69
	X_{26}：非国有工业企业工业产值占工业总产值的比重	1.95	1.91	2.10	2.09	1.86	1.83	1.74	1.71
	X_{27}：三次产业间发展速度协调度	2.61	2.87	2.51	1.50	1.57	1.24	3.44	2.51
	X_{28}：二、三产业生产效率协调度	1.51	2.04	2.25	2.34	1.95	2.01	2.00	2.15
	X_{29}：地区 GDP 与居民收入增长协调度	0.67	0.87	1.09	0.60	2.04	0.55	0.47	0.62
转型发展分类指数权重		32.27	33.20	33.74	33.13	33.30	32.78	35.34	36.91
生态文明建设 X_3	X_{31}：万元地区 GDP 能耗降低	1.59	2.34	3.37	2.35	2.13	2.43	2.56	2.28
	X_{32}：一般工业固体废物综合利用率	2.35	2.26	2.29	2.50	2.52	2.66	2.77	2.99
	X_{33}：环境质量指数	1.07	1.08	1.08	1.12	1.32	1.25	1.25	1.32
	X_{34}：主要污染物排放量减少系数	3.25	3.95	3.32	2.84	2.73	2.87	2.04	1.28
	X_{35}：城市污水处理率	1.81	1.68	1.60	1.67	1.61	1.43	1.40	0.44
	X_{36}：城市生活垃圾无害化处理率	2.32	2.02	2.00	2.11	1.94	1.85	1.75	0.61
	X_{37}：环境污染治理投资占地区 GDP 的比重	2.45	3.13	3.34	3.71	3.58	3.92	4.31	5.11
生态文明建设分类指数权重		14.83	16.45	16.99	16.30	15.84	16.42	16.07	14.02

续表

分类指数	评价指标	各年评价指标权重ω_i(%)							
		2009 年	2010 年	2011 年	2012 年	2013 年	2014 年	2015 年	2016 年
民生改善 X_4	X_{41}:人均基本公共服务支出	3.35	3.43	3.62	3.72	3.44	3.39	3.22	3.41
	X_{42}:基本社会保障覆盖面	1.63	1.42	1.03	0.82	0.79	0.88	1.04	0.96
	X_{43}:城镇登记失业率	0.20	0.20	0.15	0.11	0.15	0.18	0.17	0.13
	X_{44}:城镇人口占总人口的比重	2.09	2.04	2.01	2.12	2.03	2.00	1.92	1.92
	X_{45}:城乡居民生活质量协调度	1.15	1.23	1.16	1.13	2.24	1.20	1.28	1.46
	X_{46}:社会安全指数	1.18	1.05	0.93	1.06	1.20	1.28	1.23	1.11
民生改善分类指数权重		9.60	9.38	8.90	8.95	9.85	8.93	8.85	8.98

3. 熵值法(EM)

在信息论中,熵被称为平均信息量,是对不确定性的一种度量。信息量越小,不确定性就越小,熵也就越小;信息量越大,不确定性就越大,熵也就越大。在一个信息通道中传输的第 i 个信号的信息量 I_i 为:

$$I_i = -\ln p_i \tag{3.34}$$

其中,p_i 为该信号出现的概率。若有 n 个信号,其出现的概率分别为 $p_1, p_2, \cdots, p_n$,则这 n 个信号的平均信息量,即熵为:

$$E(I) = -\sum_{i=1}^{n} p_i \ln p_i \tag{3.35}$$

熵值法是一种根据各项指标数据所提供的信息量的大小来确定指标权重的方法。在本书中,$s_{ij}(i=1,2,\cdots,n;j=1,2,\cdots,m)$为第 i 项评价指标中的第 j 个省区市的评价值得分。对于某项给定的指标,若数据之间的差异越小,该项指标对综合评价的影响(权重)就越小,亦即该项指标所包含和传输的平均信息量就越多,信息的增加意味着熵的增大;反之,若数据之间的差异越大,该项指标对综合评价的影响(权重)就越大,亦即该项指标所包含和传输的平均信息量就越少,信息的减少意味着熵的减少。熵可以用来度量这种信息量的大小。采用熵值法确定指标权重系数的步骤如下:

第一步:计算第 i 项评价指标下,第 j 个省区市的特征比重,公式为:

$$p_{ij} = s_{ij} \Big/ \sum_{j=1}^{m} s_{ij} \tag{3.36}$$

第二步:计算第 i 项评价指标的熵值,公式为:

$$e_i = -k\sum_{j=1}^{m} p_{ij}\ln p_{ij} \tag{3.37}$$

其中，$k>0$，$e_i>0$。如果在第 i 项评价指标下，各个省区市的评价值得分都一样，即 s_{ij} 对于给定的 i 都相等，则 $p_{ij}=\frac{1}{m}$，此时 $e_i=k\ln m$。

第三步：计算第 i 项评价指标的差异性系数 d_i，公式为：

$$d_i = 1 - e_i \tag{3.38}$$

对于给定的 i，s_{ij} 的差异越小，e_i 的值就越大，当 s_{ij} 全都相等时，e_i 取最大值 1（$k=1/\ln m$），此时第 i 项评价指标对综合评价没有影响；s_{ij} 的差异越大，e_i 的值就越小，此时第 i 项评价指标对综合评价的影响越大。因此，差异性系数 d_i 越大，相应的第 i 项评价指标对综合评价的影响（权重）也就越大。

第四步：对各项指标的差异性系数 d_i 进行归一化处理，计算第 i 项评价指标的权重系数，公式为：

$$\omega_i = d_i \Big/ \sum_{i=1}^{n} d_i, \quad i=1,2,\cdots,n \tag{3.39}$$

熵值法是一种客观赋权法，避免了人为因素所造成的偏差，然而由于忽视了指标本身的重要性，有时确定的指标权重将远远不及预期的结果，而且熵值法不能减少评价指标的维数。

在熵值法下确定的 2009—2016 年权重向量 W^3 具体如表 3.10 所示。

表 3.10　　在熵值法下评价指标的权重系数 $W^3=(\omega_1,\omega_2,\cdots,\omega_n)^T$

（2009—2016 年）

分类指数	评价指标	各年评价指标权重 ω_i（%）							
		2009 年	2010 年	2011 年	2012 年	2013 年	2014 年	2015 年	2016 年
创新驱动 X_1	X_{11}：人均受教育年限	0.20	0.19	0.15	0.20	0.24	0.25	0.20	0.24
	X_{12}：研发经费支出占地区 GDP 的比重	3.01	3.25	3.58	3.91	4.01	4.15	4.29	4.42
	X_{13}：每百万人国内发明专利申请授权量	19.37	17.92	17.50	18.68	18.38	18.74	15.64	15.79
	X_{14}：技术市场合同成交额	20.37	17.99	17.22	16.29	16.87	17.31	17.56	16.49
	X_{15}：全员劳动生产率	2.78	2.68	2.66	2.82	2.75	2.53	2.60	2.75
	X_{16}：地均产出	1.02	0.96	0.98	1.18	1.23	1.27	1.34	1.46
	X_{17}：高技术产品出口额占总出口额的比重	7.05	7.16	7.23	8.04	7.36	7.38	6.56	6.32
创新驱动分类指数权重		53.80	50.15	49.32	51.11	50.84	51.63	48.20	47.47

续表

分类指数	评价指标	各年评价指标权重ω_i(%)							
		2009 年	2010 年	2011 年	2012 年	2013 年	2014 年	2015 年	2016 年
转型发展X_2	X_{21}:居民消费占地区 GDP 的比重	0.30	0.29	0.30	0.31	0.27	0.26	0.24	0.28
	X_{22}:商品销售总额占全国销售总额的比重	11.07	11.29	11.50	12.39	13.01	13.72	13.75	14.67
	X_{23}:一般贸易出口额占地区 GDP 的比重	9.06	8.79	9.06	9.21	8.70	9.60	10.60	12.98
	X_{24}:第三产业增加值占地区 GDP 的比重	0.34	0.40	0.44	0.47	0.41	0.38	0.32	0.31
	X_{25}:金融业增加值占全国金融业增加值的比重	9.18	9.31	9.20	9.39	8.74	8.67	8.88	9.25
	X_{26}:非国有工业企业工业产值占工业总产值的比重	0.86	0.83	1.00	0.92	0.75	0.69	0.61	0.55
	X_{27}:三次产业间发展速度协调度	1.63	1.91	1.34	0.45	0.60	0.31	3.30	1.63
	X_{28}:二、三产业生产效率协调度	0.51	0.98	1.13	1.13	0.82	0.84	0.83	0.91
	X_{29}:地区 GDP 与居民收入增长协调度	0.09	0.17	0.26	0.07	0.96	0.06	0.04	0.07
转型发展分类指数权重		33.03	33.96	34.24	34.33	34.27	34.52	38.58	40.65
生态文明建设X_3	X_{31}:万元地区 GDP 能耗降低	0.90	1.71	4.12	1.93	1.74	1.78	2.16	1.61
	X_{32}:一般工业固体废物综合利用率	1.42	1.33	1.36	1.54	1.60	1.67	1.71	1.87
	X_{33}:环境质量指数	0.26	0.26	0.25	0.26	0.36	0.31	0.30	0.32
	X_{34}:主要污染物排放量减少系数	2.84	4.28	2.65	2.23	2.14	2.27	1.24	0.40
	X_{35}:城市污水处理率	1.02	0.95	0.89	0.95	0.93	0.54	0.50	0.04
	X_{36}:城市生活垃圾无害化处理率	1.50	1.23	1.22	1.31	1.20	1.09	1.01	0.07
	X_{37}:环境污染治理投资占地区 GDP 的比重	1.27	2.22	2.22	2.63	2.49	2.77	3.12	4.32
生态文明建设分类指数权重		9.20	11.99	12.71	10.85	10.47	10.44	10.04	8.62
民生改善X_4	X_{41}:人均基本公共服务支出	1.96	2.08	2.22	2.23	2.00	1.89	1.70	1.83
	X_{42}:基本社会保障覆盖面	0.55	0.41	0.22	0.13	0.12	0.14	0.19	0.16
	X_{43}:城镇登记失业率	0.01	0.01	0.00	0.00	0.00	0.01	0.01	0.00
	X_{44}:城镇人口占总人口的比重	0.86	0.83	0.81	0.85	0.81	0.75	0.67	0.64
	X_{45}:城乡居民生活质量协调度	0.29	0.32	0.29	0.26	1.18	0.29	0.31	0.39
	X_{46}:社会安全指数	0.31	0.25	0.20	0.24	0.31	0.34	0.30	0.23
民生改善分类指数权重		3.97	3.90	3.73	3.71	4.43	3.41	3.19	3.26

4. 主成分分析法(PCA)

主成分分析法是一种降维技术,利用数学变换的方法,它将原来众多具有一定相关性的一组指标重新组合成另一组新的相对较少数量且互不相关的综合指标,这组新的综合指标按照方差依次递减的顺序排列,且保留了原始指标的绝大部分信息,比原始指标具有更优越的性质。采用主成分分析法确定指标权重系数的步骤如下:

第一步：提取主成分。

根据标准化后的矩阵 **S**，先求得矩阵 **S** 的协方差矩阵 $\sum$，再计算出协方差矩阵 $\sum$ 的特征值及其所对应的特征向量。其中，选择主成分的原则是将特征值 λ_i 按从大到小的顺序排列，根据累计贡献率达到 90%（通常 80%—90%）的要求选取前 k 个特征值对应的主成分。

不妨设前 k 个特征值为 $\lambda_1 \geqslant \lambda_2 \geqslant \cdots \geqslant \lambda_k$，将这 k 个特征值所对应的特征向量分别与评价指标向量 s 组合，形成各个主成分（λ_1 所对应的特征向量组成第一主成分 PC_1，λ_2 所对应的特征向量组成第二主成分 PC_2，以此类推，λ_i 所对应的特征向量组成第 i 主成分 PC_i），这 k 个主成分的贡献率分别记为 $\omega_1, \omega_2, \cdots, \omega_k \left(\omega_i = \lambda_i \Big/ \sum_{i=1}^{n} \lambda_i, \sum_{i=1}^{k} \omega_i \geqslant 90\%\right)$。综上，主成分可表示为：

$$
\begin{aligned}
PC_1 &= a_{11}s_1 + a_{12}s_2 + \cdots + a_{1n}s_n \\
\cdots & \qquad \cdots \qquad \cdots \\
PC_k &= a_{k1}s_1 + a_{k2}s_2 + \cdots + a_{kn}s_n
\end{aligned}
\tag{3.40}
$$

上述方程组可简记为 $\boldsymbol{PC} = \boldsymbol{A}s$，其中，$\boldsymbol{PC} = (PC_1, PC_2, \cdots, PC_k)^T$，主成分与评价指标之间的系数矩阵 **A**：

$$
\boldsymbol{A} = \begin{pmatrix} a_{11} & \cdots & a_{1n} \\ \vdots & \ddots & \vdots \\ a_{k1} & \cdots & a_{kn} \end{pmatrix}
\tag{3.41}
$$

第二步：由主成分与评价指标之间的系数矩阵 **A**，计算主成分与评价指标之间线性组合系数的绝对值矩阵 **B**，公式为：

$$
\boldsymbol{B} = \begin{pmatrix} \dfrac{|a_{11}|}{\sqrt{\lambda_1}} & \cdots & \dfrac{|a_{1n}|}{\sqrt{\lambda_1}} \\ \vdots & \ddots & \vdots \\ \dfrac{|a_{k1}|}{\sqrt{\lambda_k}} & \cdots & \dfrac{|a_{kn}|}{\sqrt{\lambda_k}} \end{pmatrix}
\tag{3.42}
$$

第三步：计算权重向量，公式为：

$$W=\frac{((\omega_1,\omega_2,\cdots,\omega_k)\boldsymbol{B})^T}{\sum_{i=1}^{k}\omega_i} \tag{3.43}$$

进一步将权重向量 W 中的元素进行归一化处理得到最终权重向量 W^4。

在主成分分析法下确定的 2009—2016 年权重向量 W^4 具体如表 3.11 所示。

表 3.11 在主成分分析法下评价指标的权重系数 $W^4=(\omega_1,\omega_2,\cdots,\omega_n)^T$

（2009—2016 年）

分类指数	评价指标	各年评价指标权重 ω_i（%）							
		2009 年	2010 年	2011 年	2012 年	2013 年	2014 年	2015 年	2016 年
创新驱动 X_1	X_{11}：人均受教育年限	1.94	1.77	1.51	1.55	1.75	1.89	1.78	2.25
	X_{12}：研发经费支出占地区 GDP 的比重	3.78	3.76	3.79	4.05	3.79	3.66	3.52	3.83
	X_{13}：每百万人国内发明专利申请授权量	1.78	2.00	2.54	3.09	2.78	3.48	3.71	3.96
	X_{14}：技术市场合同成交额	4.57	4.46	4.67	5.33	5.32	6.51	7.31	7.50
	X_{15}：全员劳动生产率	2.69	2.79	2.88	3.38	3.08	3.15	3.55	3.97
	X_{16}：地均产出	2.30	1.91	1.93	2.68	2.72	3.05	2.75	3.54
	X_{17}：高技术产品出口额占总出口额的比重	6.04	6.20	7.37	6.87	6.54	6.99	7.40	8.08
创新驱动分类指数权重		23.11	22.89	24.70	26.96	25.99	28.73	30.02	33.14
转型发展 X_2	X_{21}：居民消费占地区 GDP 的比重	2.12	1.96	2.06	1.67	1.23	1.76	1.41	1.48
	X_{22}：商品销售总额占全国销售总额的比重	4.73	4.23	4.38	4.71	4.78	4.89	4.50	5.45
	X_{23}：一般贸易出口额占地区 GDP 的比重	4.19	4.52	5.39	5.05	3.87	4.40	3.99	4.52
	X_{24}：第三产业增加值占地区 GDP 的比重	2.35	2.50	2.15	2.16	2.08	2.30	2.37	2.46
	X_{25}：金融业增加值占全国金融业增加值的比重	3.20	3.29	3.26	3.20	3.12	2.93	2.64	2.92
	X_{26}：非国有工业企业工业产值占工业总产值的比重	5.66	4.90	5.44	5.30	4.11	3.93	4.22	3.93
	X_{27}：三次产业间发展速度协调度	4.67	4.26	3.36	1.81	2.45	1.61	4.42	3.84
	X_{28}：二、三产业生产效率协调度	3.30	4.07	3.88	3.93	2.91	3.96	3.77	3.89
	X_{29}：地区 GDP 与居民收入增长协调度	1.47	1.64	2.36	1.11	4.39	1.04	0.59	1.11
转型发展分类指数权重		31.68	31.35	32.27	28.93	28.94	26.82	27.93	29.61
生态文明建设 X_3	X_{31}：万元地区 GDP 能耗降低	5.03	5.65	6.80	5.37	4.98	5.93	6.29	5.63
	X_{32}：一般工业固体废物综合利用率	4.87	5.19	4.11	4.77	3.98	4.49	3.72	3.94
	X_{33}：环境质量指数	2.39	2.20	2.39	2.43	1.93	1.95	1.68	1.73
	X_{34}：主要污染物排放量减少系数	5.51	5.52	3.53	5.68	6.02	6.04	5.10	3.47
	X_{35}：城市污水处理率	4.50	3.84	3.88	4.30	4.00	3.13	3.19	0.65
	X_{36}：城市生活垃圾无害化处理率	5.43	4.66	5.13	4.87	4.31	4.63	3.80	1.10
	X_{37}：环境污染治理投资占地区 GDP 的比重	3.93	5.30	5.41	4.87	5.84	5.28	4.97	6.71
生态文明建设分类指数权重		31.66	32.36	31.24	32.29	31.05	31.45	28.76	23.23

续表

分类指数	评价指标	各年评价指标权重ω_i(%)							
		2009 年	2010 年	2011 年	2012 年	2013 年	2014 年	2015 年	2016 年
民生改善 X_4	X_{41}:人均基本公共服务支出	1.57	2.51	2.81	3.32	3.19	3.38	3.82	4.31
	X_{42}:基本社会保障覆盖面	2.28	2.22	1.64	1.01	0.94	1.03	1.38	1.31
	X_{43}:城镇登记失业率	0.28	0.24	0.16	0.16	0.20	0.15	0.25	0.14
	X_{44}:城镇人口占总人口的比重	3.25	2.99	2.73	3.16	2.73	2.64	2.78	2.86
	X_{45}:城乡居民生活质量协调度	2.98	2.47	2.03	1.74	4.52	2.22	2.66	2.88
	X_{46}:社会安全指数	3.19	2.96	2.41	2.43	2.44	3.58	2.40	2.52
民生改善分类指数权重		13.55	13.39	11.79	11.82	14.02	13.00	13.29	14.03

(二)组合权重构造方法

1. 简单平均组合法(方案一)

用简单平均组合法构造组合权重的原理如下：

假设我们一共得到 k 种单一赋权方法计算得出的权重向量，其中，第 k 种方法所构造的权重向量为：

$$W^k=(\omega_1(k),\omega_2(k),\cdots,\omega_n(k))^T \tag{3.44}$$

则简单平均组合权重向量为：

$$W=(\omega_1,\omega_2,\cdots,\omega_n)^T \tag{3.45}$$

其中，

$$\omega_i=\frac{\sum_{j=1}^{k}\omega_i(j)}{k} \tag{3.46}$$

2. 基于偏差平方和最小原理的主观-客观的简单平均组合法(方案二)

如果我们先将三种客观赋权法(CV、EM 和 PCA)确定的权重进行简单平均组合成客观权重，然后再与主观赋权方法(AHP)确定的主观权重进行组合，那么在组合权重与主、客观权重偏差平方和最小的条件下，组合权重的构成比例是 50%的主观权重和 50%的客观权重。

第一步，先将三种单一客观赋权法(CV、EM 和 PCA)计算得出的权重向量 W^2、W^3 和 W^4 ($W^k=(\omega_1(k),\omega_2(k),\cdots,\omega_n(k))^T$)进行简单平均，得客观组合权重向量为：

$$\overline{W}=(\overline{\omega}_1,\overline{\omega}_2,\cdots,\overline{\omega}_n)^T \tag{3.47}$$

其中，
$$\bar{\omega}_i=\frac{\sum_{j=2}^{4}\omega_i(j)}{3} \tag{3.48}$$

第二步，再将客观组合权重向量 $\bar{W}$ 与主观赋权方法（AHP）计算得出的主观权重向量 $W^1=(\omega_1(1),\omega_2(1),\cdots,\omega_n(1))^T$ 进行组合，得最终的简单平均组合权重向量为：

$$W=(\omega_1,\omega_2,\cdots,\omega_n)^T \tag{3.49}$$

其中，
$$\omega_i=50\%\times\omega_i(1)+50\%\times\bar{\omega}_i \tag{3.50}$$

3. 基于级差最大化评价原理的加权平均组合法（方案三）

基于级差最大化评价原理，对不同赋权法计算得出的不同权重进行调整，以保证不同赋权法所得结果的一致性。以创新驱动转型发展评价指数为例，用加权平均法构造组合权重的计算步骤如下：

第一步，根据前面详述的四种单一赋权法（AHP、CV、EM 和 PCA），分别计算出评价指标体系的权重向量 W^1、W^2、W^3 和 W^4。

第二步，根据这四种单一赋权方法的权重向量（W^1,W^2,W^3,W^4）和标准化变换数据矩阵$\boldsymbol{S}_{29\times31}$，代入(3.51)式计算得出这四种单一赋权方法对应的全国 31 个省区市创新驱动转型发展评价指数向量 Z^1、Z^2、Z^3 和 Z^4：

$$(Z^1,Z^2,Z^3,Z^4)=\boldsymbol{S}^T(W^1,W^2,W^3,W^4) \tag{3.51}$$

第三步，计算（Z^1,Z^2,Z^3,Z^4）的协方差矩阵 $\boldsymbol{H}$，通过计算协方差矩阵 $\boldsymbol{H}$ 的最大特征根所对应的特征向量，并将特征向量归一化处理，得到权重调整系数（即归一化后的特征向量）$\alpha=(\alpha^1,\alpha^2,\alpha^3,\alpha^4)$。

第四步，根据权重调整系数 $\alpha=(\alpha^1,\alpha^2,\alpha^3,\alpha^4)$ 以及四种单一赋权方法得到的权重向量 W^1、W^2、W^3 和 W^4，计算加权平均组合权重向量：

$$W=(W^1,W^2,W^3,W^4)(\alpha^1,\alpha^2,\alpha^3,\alpha^4)^T \tag{3.52}$$

4. 基于级差最大化评价原理的主观-客观的加权平均组合法（方案四）

基于级差最大化评价原理，我们先将三种客观赋权法（CV、EM 和

PCA)确定的权重进行调整(加权平均),然后再与主观赋权法(AHP)确定的主观权重进行调整(加权平均)。

第一步,根据前面详述的三种单一客观赋权法(CV、EM 和 PCA)计算得出的评价指标体系的权重向量和标准化变换数据矩阵$\boldsymbol{S}_{29\times 31}$,代入(3.53)式计算得出这三种单一赋权法对应的全国 31 个省区市创新驱动转型发展评价指数向量 Z^2、Z^3 和 Z^4:

$$(Z^2, Z^3, Z^4) = \boldsymbol{S}^T (W^2, W^3, W^4) \tag{3.53}$$

第二步,计算(Z^2, Z^3, Z^4)的协方差矩阵$\boldsymbol{H}_1$,通过求矩阵$\boldsymbol{H}_1$ 的最大特征根所对应的特征向量,并将特征向量归一化处理,得到权重调整系数(即归一化后的特征向量的各分量)α_1^2、α_1^3 和 α_1^4。

第三步,根据权重调整系数 α_1^2、α_1^3 和 α_1^4 以及三种单一客观赋权法得到的权重向量 W^2、W^3 和 W^4,计算一次加权平均组合权重向量:

$$W^w = (W^2, W^3, W^4)(\alpha_1^2, \alpha_1^3, \alpha_1^4)^T \tag{3.54}$$

第四步,再将一次加权平均组合权重向量 W^w 与主观赋权法(AHP)计算得出的权重向量 $W^1 = (\omega_1(1), \omega_2(1), \cdots, \omega_n(1))^T$ 按上述第一至第三步进行二次加权平均:

①将 W^1、W^w 和标准化变换数据矩阵$\boldsymbol{S}_{29\times 31}$,代入(3.55)式计算得出这两类主客观赋权法对应的全国 31 个省区市创新驱动转型发展评价指数向量 Z^1、Z^w:

$$(Z^1, Z^w) = \boldsymbol{S}^T (W^1, W^w) \tag{3.55}$$

②计算(Z^1, Z^w)的协方差矩阵$\boldsymbol{H}_2$,通过求矩阵$\boldsymbol{H}_2$ 的最大特征根所对应的特征向量,并将特征向量归一化处理,得到权重调整系数(即归一化后的特征向量的各分量)α_2^1、α_2^w.

③根据权重调整系数 α_2^1、α_2^w 以及主客观赋权方法得到的权重向量 W^1、W^w,计算二次加权平均组合权重向量:

$$W = (W^1, W^w)(\alpha_2^1, \alpha_2^w)^T \tag{3.56}$$

第三节 我国各省区市创新驱动转型发展评价指数及其分类指数的四种计算方案分析

根据上述详细介绍的方法，本书为 2009—2016 年全国各省区市创新驱动转型发展评价指数及其四个分类指数的计算设计了四种方案，具体介绍如下：

一、方案一——简单平均组合法

第一步，根据四种单一赋权法（AHP、CV、EM 和 PCA）计算得出的四种单一权重 W^1、W^2、W^3 和 W^4，通过简单平均组合法计算 2009—2016 年组合权重 W。

方案一确定的 2009—2016 年组合权重向量 W 具体如表 3.12 所示。

表 3.12　　方案一组合权重 W

（2009—2016 年）

分类指数	评价指标	各年组合权重 W(%)							
		2009 年	2010 年	2011 年	2012 年	2013 年	2014 年	2015 年	2016 年
创新驱动 X_1	X_{11}：人均受教育年限	2.51	2.46	2.35	2.42	2.49	2.54	2.49	2.64
	X_{12}：研发经费支出占地区 GDP 的比重	4.62	4.71	4.86	5.09	5.04	5.08	5.11	5.26
	X_{13}：每百万人国内发明专利申请授权量	10.05	9.60	9.62	10.23	10.05	10.41	9.16	9.26
	X_{14}：技术市场合同成交额	10.92	9.88	9.56	9.26	9.39	9.82	10.10	9.82
	X_{15}：全员劳动生产率	3.89	3.87	3.89	4.10	3.98	3.92	4.06	4.26
	X_{16}：地均产出	2.54	2.41	2.43	2.73	2.77	2.89	2.85	3.12
	X_{17}：高技术产品出口额占总出口额的比重	6.67	6.73	7.04	7.25	6.91	7.06	6.88	6.99
创新驱动分类指数权重		41.21	39.67	39.76	41.08	40.62	41.72	40.65	41.33
转型发展 X_2	X_{21}：居民消费占地区 GDP 的比重	1.55	1.51	1.54	1.46	1.31	1.45	1.35	1.40
	X_{22}：商品销售总额占全国销售总额的比重	6.26	6.20	6.31	6.75	6.95	7.29	7.22	7.82
	X_{23}：一般贸易出口额占地区 GDP 的比重	5.59	5.57	5.89	5.84	5.35	5.86	6.11	7.16
	X_{24}：第三产业增加值占地区 GDP 的比重	1.84	1.92	1.86	1.90	1.83	1.87	1.85	1.86
	X_{25}：金融业增加值占全国金融业增加值的比重	5.63	5.69	5.64	5.70	5.44	5.41	5.44	5.68
	X_{26}：非国有工业企业工业产值占工业总产值的比重	2.79	2.58	2.81	2.75	2.35	2.28	2.31	2.22

续表

分类指数	评价指标	各年组合权重 W(%)							
		2009 年	2010 年	2011 年	2012 年	2013 年	2014 年	2015 年	2016 年
转型发展 X_2	X_{27}:三次产业间发展速度协调度	2.92	2.95	2.49	1.63	1.84	1.48	3.48	2.68
	X_{28}:二、三产业生产效率协调度	2.01	2.46	2.50	2.53	2.10	2.38	2.33	2.42
	X_{29}:地区 GDP 与居民收入增长协调度	1.43	1.54	1.80	1.32	2.72	1.29	1.15	1.32
转型发展分类指数权重		30.02	30.40	30.84	29.87	29.90	29.31	31.24	32.57
生态文明建设 X_3	X_{31}:万元地区 GDP 能耗降低	2.53	3.07	4.22	3.06	2.86	3.18	3.40	3.03
	X_{32}:一般工业固体废物综合利用率	2.56	2.60	2.34	2.60	2.43	2.61	2.45	2.60
	X_{33}:环境质量指数	1.92	1.88	1.92	1.95	1.90	1.87	1.80	1.83
	X_{34}:主要污染物排放量减少系数	3.46	4.00	2.94	3.25	3.28	3.36	2.66	1.85
	X_{35}:城市污水处理率	2.23	2.02	1.99	2.13	2.04	1.68	1.67	0.68
	X_{36}:城市生活垃圾无害化处理率	2.73	2.40	2.51	2.49	2.28	2.31	2.06	0.86
	X_{37}:环境污染治理投资占地区 GDP 的比重	2.60	3.35	3.43	3.49	3.67	3.68	3.79	4.72
生态文明建设分类指数权重		18.04	19.32	19.35	18.98	18.46	18.70	17.83	15.58
民生改善 X_4	X_{41}:人均基本公共服务支出	2.50	2.78	2.94	3.09	2.94	2.94	2.96	3.17
	X_{42}:基本社会保障覆盖面	1.95	1.84	1.55	1.32	1.29	1.34	1.48	1.44
	X_{43}:城镇登记失业率	0.66	0.65	0.62	0.60	0.62	0.62	0.64	0.60
	X_{44}:城镇人口占总人口的比重	1.86	1.78	1.70	1.84	1.70	1.66	1.65	1.67
	X_{45}:城乡居民生活质量协调度	1.82	1.72	1.58	1.49	2.70	1.64	1.78	1.90
	X_{46}:社会安全指数	1.94	1.84	1.66	1.71	1.76	2.08	1.76	1.74
民生改善分类指数权重		10.72	10.61	10.05	10.06	11.02	10.28	10.28	10.51

第二步，根据标准化变换矩阵 $\boldsymbol{S}$ 和组合权重 W，通过公式$\boldsymbol{S}^T W$ 计算得出 2009—2016 年全国各省区市创新驱动转型发展评价指数。

第三步，根据组合权重 W 和标准化变换矩阵 $\boldsymbol{S}$ 计算四个分类指数。

创新驱动转型发展评价指标体系包含四个子目标，分别是“创新驱动”子目标、“转型发展”子目标、“生态文明建设”子目标和“民生改善”子目标，每个子目标对应一个分类指数，分别为创新驱动分类指数、转型发展分类指数、生态文明建设分类指数和民生改善分类指数。根据每个子目标中评价指标对应的权重和标准化变换矩阵 $\boldsymbol{S}$，可以计算出各个分类指数。具体计算过程如下：

(1)“创新驱动”子目标包含 7 个评价指标，这 7 个评价指标对应的权重为$(\omega_1,\omega_2,\cdots,\omega_7)^T$，对应的标准化变换矩阵为$\begin{pmatrix} s_{1,1} & \cdots & s_{1,31} \\ \vdots & \ddots & \vdots \\ s_{7,1} & \cdots & s_{7,31} \end{pmatrix}$，因此，

$$\text{创新驱动分类指数} = \frac{1}{\sum_{i=1}^{7}\omega_i}\begin{pmatrix} s_{1,1} & \cdots & s_{1,31} \\ \vdots & \ddots & \vdots \\ s_{7,1} & \cdots & s_{7,31} \end{pmatrix}^T (\omega_1,\omega_2,\cdots,\omega_7)^T \tag{3.57}$$

(2)"转型发展"子目标包含9个评价指标，这9个评价指标对应的权重为$(\omega_8,\omega_9,\cdots,\omega_{16})^T$，对应的标准化变换矩阵为$\begin{pmatrix} s_{8,1} & \cdots & s_{8,31} \\ \vdots & \ddots & \vdots \\ s_{16,1} & \cdots & s_{16,31} \end{pmatrix}$，因此，

$$\text{转型发展分类指数} = \frac{1}{\sum_{i=8}^{16}\omega_i}\begin{pmatrix} s_{8,1} & \cdots & s_{8,31} \\ \vdots & \ddots & \vdots \\ s_{16,1} & \cdots & s_{16,31} \end{pmatrix}^T (\omega_8,\omega_9,\cdots,\omega_{16})^T \tag{3.58}$$

(3)"生态文明建设"子目标包含7个评价指标，这7个评价指标对应的权重为$(\omega_{17},\omega_{18},\cdots,\omega_{23})^T$，对应的标准化变换矩阵为$\begin{pmatrix} s_{17,1} & \cdots & s_{17,31} \\ \vdots & \ddots & \vdots \\ s_{23,1} & \cdots & s_{23,31} \end{pmatrix}$，因此，

$$\text{生态文明建设分类指数} = \frac{1}{\sum_{i=17}^{23}\omega_i}\begin{pmatrix} s_{17,1} & \cdots & s_{17,31} \\ \vdots & \ddots & \vdots \\ s_{23,1} & \cdots & s_{23,31} \end{pmatrix}^T (\omega_{17},\omega_{18},\cdots,\omega_{23})^T \tag{3.59}$$

(4)"民生改善"子目标包含6个评价指标，这6个评价指标对应的权重为$(\omega_{24},\omega_{25},\cdots,\omega_{29})^T$，对应的标准化变换矩阵为$\begin{pmatrix} s_{24,1} & \cdots & s_{24,31} \\ \vdots & \ddots & \vdots \\ s_{29,1} & \cdots & s_{29,31} \end{pmatrix}$，因此，

$$\text{民生改善分类指数} = \frac{1}{\sum_{i=24}^{29}\omega_i}\begin{pmatrix} s_{24,1} & \cdots & s_{24,31} \\ \vdots & \ddots & \vdots \\ s_{29,1} & \cdots & s_{29,31} \end{pmatrix}^T (\omega_{24},\omega_{25},\cdots,\omega_{29})^T \qquad (3.60)$$

二、方案二——基于偏差平方和最小原理的主观-客观的简单平均组合法

第一步，根据四种单一赋权法（AHP、CV、EM 和 PCA）计算得出的四种单一权重 W^1、W^2、W^3 和 W^4，先将三种单一客观权重 W^2、W^3 和 W^4 进行简单平均组合成客观权重，然后再与主观权重 W^1 进行组合，根据组合权重与主、客观权重的偏差平方和最小原理，计算 2009—2016 年组合权重 W。

方案二确定的 2009—2016 年组合权重向量 W 具体如表 3.13 所示。

表 3.13　　方案二组合权重 W

（2009—2016 年）

分类指数	评价指标	各年组合权重 W(%)							
		2009 年	2010 年	2011 年	2012 年	2013 年	2014 年	2015 年	2016 年
创新驱动 X_1	X_{11}：人均受教育年限	3.98	3.95	3.88	3.92	3.97	4.01	3.97	4.07
	X_{12}：研发经费支出占地区 GDP 的比重	5.68	5.74	5.84	5.98	5.95	5.98	6.00	6.10
	X_{13}：每百万人国内发明专利申请授权量	8.64	8.34	8.35	8.76	8.63	8.88	8.04	8.11
	X_{14}：技术市场合同成交额	9.10	8.41	8.20	8.00	8.08	8.36	8.56	8.37
	X_{15}：全员劳动生产率	4.65	4.64	4.65	4.79	4.71	4.67	4.76	4.89
	X_{16}：地均产出	3.23	3.15	3.16	3.36	3.38	3.46	3.44	3.62
	X_{17}：高技术产品出口额占总出口额的比重	7.07	7.12	7.32	7.46	7.23	7.33	7.21	7.28
创新驱动分类指数权重		42.36	41.33	41.39	42.27	41.97	42.70	41.98	42.44
转型发展 X_2	X_{21}：居民消费占地区 GDP 的比重	1.91	1.88	1.90	1.84	1.74	1.83	1.77	1.80
	X_{22}：商品销售总额占全国销售总额的比重	4.56	4.52	4.60	4.89	5.02	5.25	5.20	5.61
	X_{23}：一般贸易出口额占地区 GDP 的比重	4.23	4.22	4.43	4.39	4.07	4.41	4.58	5.27
	X_{24}：第三产业增加值占地区 GDP 的比重	2.33	2.39	2.35	2.37	2.33	2.36	2.34	2.35
	X_{25}：金融业增加值占全国金融业增加值的比重	4.70	4.74	4.70	4.75	4.57	4.55	4.57	4.73
	X_{26}：非国有工业企业工业产值占工业总产值的比重	2.75	2.61	2.77	2.73	2.46	2.42	2.44	2.38
	X_{27}：三次产业间发展速度协调度	2.86	2.88	2.58	2.00	2.15	1.90	3.24	2.71
	X_{28}：二、三产业生产效率协调度	2.25	2.55	2.58	2.60	2.31	2.50	2.47	2.52
	X_{29}：地区 GDP 与居民收入增长协调度	2.12	2.19	2.36	2.04	2.98	2.02	1.93	2.04

续表

分类指数	评价指标	各年组合权重 W(%)							
		2009 年	2010 年	2011 年	2012 年	2013 年	2014 年	2015 年	2016 年
转型发展分类指数权重		27.72	27.97	28.26	27.62	27.64	27.24	28.53	29.41
生态文明建设 X_3	X_{31}:万元地区 GDP 能耗降低	2.55	2.91	3.68	2.90	2.77	2.99	3.13	2.88
	X_{32}:一般工业固体废物综合利用率	2.24	2.27	2.10	2.27	2.16	2.27	2.17	2.27
	X_{33}:环境质量指数	2.61	2.57	2.61	2.62	2.59	2.57	2.53	2.55
	X_{34}:主要污染物排放量减少系数	3.06	3.42	2.71	2.92	2.94	2.99	2.52	1.99
	X_{35}:城市污水处理率	2.02	1.88	1.86	1.96	1.89	1.65	1.65	0.99
	X_{36}:城市生活垃圾无害化处理率	2.38	2.16	2.23	2.22	2.08	2.10	1.93	1.14
	X_{37}:环境污染治理投资占地区 GDP 的比重	2.65	3.15	3.20	3.24	3.36	3.37	3.44	4.07
生态文明建设分类指数权重		17.52	18.37	18.39	18.14	17.79	17.95	17.38	15.88
民生改善 X_4	X_{41}:人均基本公共服务支出	2.70	2.89	3.00	3.10	3.00	3.00	3.01	3.15
	X_{42}:基本社会保障覆盖面	2.41	2.34	2.14	1.99	1.97	2.00	2.10	2.07
	X_{43}:城镇登记失业率	1.15	1.15	1.12	1.12	1.13	1.13	1.14	1.12
	X_{44}:城镇人口占总人口的比重	1.65	1.60	1.55	1.64	1.55	1.52	1.52	1.52
	X_{45}:城乡居民生活质量协调度	2.16	2.10	2.01	1.95	2.75	2.05	2.14	2.22
	X_{46}:社会安全指数	2.33	2.26	2.14	2.17	2.21	2.42	2.21	2.19
民生改善分类指数权重		12.41	12.33	11.96	11.97	12.61	12.11	12.11	12.27

第二步,根据标准化变换矩阵 $\boldsymbol{S}$ 和组合权重 W,通过公式$\boldsymbol{S}^T W$ 计算得出 2009—2016 年全国各省区市创新驱动转型发展评价指数(计算方法同方案一)。

第三步,根据组合权重 W 和标准化变换矩阵 $\boldsymbol{S}$ 计算四个分类指数(计算方法同方案一)。

三、方案三——基于级差最大化评价原理的加权平均组合法

第一步,根据四种单一赋权法(AHP、CV、EM 和 PCA)计算得出的四种单一权重 W^1、W^2、W^3 和 W^4,以及标准化变换数据矩阵$\boldsymbol{S}_{29\times31}$,通过(3.51)式计算得($Z^1,Z^2,Z^3,Z^4$),并计算($Z^1,Z^2,Z^3,Z^4$)的协方差矩阵 $\boldsymbol{H}$,继而求出协方差矩阵 $\boldsymbol{H}$ 的最大特征根所对应的特征向量 $U=(U^1,U^2,U^3,U^4)$(见表 3.14),通过对特征向量 U 进行归一化处理,得到权重调整系数 $\alpha=(\alpha^1,\alpha^2,\alpha^3,\alpha^4)$(见表 3.14),基于级差最大化评价原理,根据(3.52)式,计算 2009—2016 年组合权重 W。

表 3.14　协方差矩阵 H 的最大特征根所对应的特征向量 U 和权重调整系数 α

（2009—2016 年）

年份	协方差矩阵 H 的最大特征根所对应的特征向量 $U=(U^1,U^2,U^3,U^4)$	权重调整系数 $\alpha=(\alpha^1,\alpha^2,\alpha^3,\alpha^4)$
2009	(0.399 6,0.526 1,0.608 4,0.439 9)	(0.202 5,0.266 5,0.308 2,0.222 8)
2010	(0.402 4,0.526 5,0.614 6,0.428 0)	(0.204 1,0.267 1,0.311 8,0.217 1)
2011	(0.402 6,0.519 6,0.609 3,0.443 5)	(0.203 8,0.263 1,0.308 5,0.224 6)
2012	(0.398 2,0.517 4,0.616 9,0.439 5)	(0.201 9,0.262 4,0.312 9,0.222 9)
2013	(0.398 9,0.519 2,0.646 6,0.391 5)	(0.203 9,0.265 4,0.330 5,0.200 1)
2014	(0.391 2,0.516 0,0.630 7,0.427 7)	(0.199 0,0.262 5,0.320 9,0.217 6)
2015	(0.387 6,0.516 4,0.644 2,0.410 0)	(0.197 9,0.263 7,0.329 0,0.209 4)
2016	(0.373 2,0.521 9,0.654 5,0.399 9)	(0.191 4,0.267 7,0.335 7,0.205 1)

方案三确定的 2009—2016 年组合权重向量 W 具体如表 3.15 所示。

表 3.15　方案三组合权重 W

（2009—2016 年）

分类指数	评价指标	各年组合权重 W(%)							
		2009 年	2010 年	2011 年	2012 年	2013 年	2014 年	2015 年	2016 年
创新驱动 X_1	X_{11}:人均受教育年限	2.15	2.11	2.02	2.07	2.12	2.16	2.08	2.17
	X_{12}:研发经费支出占地区 GDP 的比重	4.39	4.50	4.67	4.90	4.88	4.92	4.97	5.10
	X_{13}:每百万人国内发明专利申请授权量	11.07	10.59	10.47	11.21	11.32	11.50	10.10	10.30
	X_{14}:技术市场合同成交额	11.94	10.80	10.34	10.00	10.38	10.68	11.05	10.75
	X_{15}:全员劳动生产率	3.75	3.72	3.74	3.94	3.83	3.73	3.85	4.03
	X_{16}:地均产出	2.36	2.23	2.25	2.54	2.56	2.68	2.64	2.87
	X_{17}:高技术产品出口额占总出口额的比重	6.63	6.71	6.99	7.26	6.90	7.03	6.76	6.80
创新驱动分类指数权重		42.31	40.66	40.48	41.93	42.00	42.69	41.46	42.01
转型发展 X_2	X_{21}:居民消费占地区 GDP 的比重	1.41	1.37	1.41	1.33	1.17	1.29	1.19	1.23
	X_{22}:商品销售总额占全国销售总额的比重	6.85	6.84	6.93	7.46	7.84	8.16	8.19	8.95
	X_{23}:一般贸易出口额占地区 GDP 的比重	6.06	6.02	6.31	6.30	5.90	6.42	6.83	8.15
	X_{24}:第三产业增加值占地区 GDP 的比重	1.66	1.73	1.70	1.73	1.62	1.67	1.62	1.61

续表

分类指数	评价指标	各年组合权重 W(%)							
		2009 年	2010 年	2011 年	2012 年	2013 年	2014 年	2015 年	2016 年
转型发展 X_2	X_{25}:金融业增加值占全国金融业增加值的比重	6.07	6.15	6.06	6.16	5.96	5.87	5.99	6.31
	X_{26}:非国有工业企业工业产值占工业总产值的比重	2.59	2.38	2.63	2.56	2.11	2.09	2.08	1.96
	X_{27}:三次产业间发展速度协调度	2.80	2.85	2.39	1.49	1.67	1.32	3.46	2.54
	X_{28}:二、三产业生产效率协调度	1.85	2.29	2.37	2.39	1.93	2.20	2.13	2.20
	X_{29}:地区 GDP 与居民收入增长协调度	1.24	1.35	1.61	1.13	2.45	1.08	0.95	1.08
转型发展分类指数权重		30.52	30.98	31.40	30.54	30.67	30.12	32.43	34.02
生态文明建设 X_3	X_{31}:万元地区 GDP 能耗降低	2.35	2.91	4.21	2.94	2.67	3.02	3.22	2.80
	X_{32}:一般工业固体废物综合利用率	2.47	2.47	2.27	2.52	2.32	2.53	2.39	2.55
	X_{33}:环境质量指数	1.70	1.66	1.71	1.72	1.67	1.64	1.57	1.57
	X_{34}:主要污染物排放量减少系数	3.42	4.05	2.94	3.16	3.09	3.25	2.46	1.62
	X_{35}:城市污水处理率	2.12	1.91	1.89	2.02	1.86	1.55	1.52	0.57
	X_{36}:城市生活垃圾无害化处理率	2.63	2.28	2.40	2.39	2.12	2.18	1.92	0.73
	X_{37}:环境污染治理投资占地区 GDP 的比重	2.48	3.24	3.34	3.44	3.50	3.62	3.75	4.72
生态文明建设分类指数权重		17.18	18.52	18.76	18.19	17.24	17.78	16.82	14.57
民生改善 X_4	X_{41}:人均基本公共服务支出	2.47	2.75	2.90	3.04	2.85	2.85	2.82	3.01
	X_{42}:基本社会保障覆盖面	1.79	1.66	1.38	1.15	1.12	1.16	1.28	1.22
	X_{43}:城镇登记失业率	0.55	0.54	0.51	0.50	0.52	0.51	0.52	0.48
	X_{44}:城镇人口占总人口的比重	1.80	1.71	1.65	1.78	1.61	1.59	1.55	1.55
	X_{45}:城乡居民生活质量协调度	1.64	1.55	1.43	1.34	2.47	1.46	1.56	1.66
	X_{46}:社会安全指数	1.75	1.64	1.48	1.52	1.54	1.84	1.54	1.48
民生改善分类指数权重		9.99	9.85	9.36	9.33	10.10	9.41	9.29	9.40

第二步，根据标准化变换矩阵 $\boldsymbol{S}$ 和组合权重 W，通过公式 $\boldsymbol{S}^TW$ 计算得出 2009—2016 年全国各省区市创新驱动转型发展评价指数（计算方法同方案一）。

第三步，根据组合权重 W 和标准化变换矩阵 $\boldsymbol{S}$ 计算四个分类指数（计算方法同方案一）。

四、方案四——基于级差最大化评价原理的主观-客观的加权平均组合法

第一步，根据三种单一的客观赋权法（CV、EM 和 PCA）计算得出的

三种单一客观权重 W^2、W^3 和 W^4，以及标准化变换数据矩阵$\boldsymbol{S}_{29\times31}$，通过(3.53)式计算得($Z^2$，$Z^3$，$Z^4$)，并计算($Z^2$，$Z^3$，$Z^4$)的协方差矩阵$\boldsymbol{H}_1$，继而求出协方差矩阵 $\boldsymbol{H}_1$ 的最大特征根所对应的特征向量 $U_1=(U_1^2,U_1^3,U_1^4)$(见表 3.16)，通过对特征向量 U_1 进行归一化处理，得到权重调整系数 $\alpha_1=(\alpha_1^2,\alpha_1^3,\alpha_1^4)$(见表 3.16)，基于级差最大化评价原理，根据(3.54)式，计算 2009—2016 年三种客观权重的一次加权平均组合权重向量 W^w。

表 3.16　协方差矩阵 $\boldsymbol{H}_1$ 的最大特征根所对应的特征向量U_1 和权重调整系数$\boldsymbol{\alpha}_1$

(2009—2016 年)

年份	协方差矩阵$\boldsymbol{H}_1$ 的最大特征根所对应的特征向量$U_1=(U_1^2,U_1^3,U_1^4)$	权重调整系数$\alpha_1=(\alpha_1^2,\alpha_1^3,\alpha_1^4)$
2009	(0.574 2,0.664 9,0.477 6)	(0.334 5,0.387 3,0.278 2)
2010	(0.575 4,0.672 1,0.466 1)	(0.335 8,0.392 2,0.272 0)
2011	(0.568 0,0.666 5,0.482 9)	(0.330 8,0.388 1,0.281 2)
2012	(0.564 4,0.673 9,0.476 7)	(0.329 1,0.392 9,0.278 0)
2013	(0.566 5,0.706 5,0.424 2)	(0.333 8,0.416 3,0.249 9)
2014	(0.561 1,0.686 7,0.462 1)	(0.328 1,0.401 6,0.270 3)
2015	(0.560 4,0.700 3,0.442 1)	(0.329 1,0.411 3,0.259 6)
2016	(0.562 8,0.706 8,0.428 6)	(0.331 4,0.416 2,0.252 4)

第二步，再将一次加权平均组合权重向量 W^w 与主观赋权法(AHP)计算得出的主观权重向量 $W^1=(\omega_1(1),\omega_2(1),\cdots,\omega_n(1))^T$ 按上述计算过程进行二次加权平均：根据 W^1、W^w 和标准化变换数据矩阵$\boldsymbol{S}_{29\times31}$，以及(3.55)式计算得($Z^1$，$Z^w$)，并计算($Z^1$，$Z^w$)的协方差矩阵$\boldsymbol{H}_2$，继而求出协方差矩阵$\boldsymbol{H}_2$ 的最大特征根所对应的特征向量 $U_2=(U_2^1,U_2^w)$(见表 3.17)，通过对特征向量 U_2 进行归一化处理，得到权重调整系数 $\alpha_2=(\alpha_2^1,\alpha_2^w)$(见表 3.17)，基于级差最大化评价原理，根据(3.56)式，计算 2009—2016 年主、客观权重的加权平均综合赋权法的组合权重 W。

表 3.17　协方差矩阵 H_2 的最大特征根所对应的特征向量 U_2 和权重调整系数 α_2

（2009—2016 年）

年份	协方差矩阵 H_2 的最大特征根所对应的特征向量 $U_2=(U_2^1,U_2^w)$	权重调整系数 $\alpha_2=(\alpha_2^1,\alpha_2^w)$
2009	(0.602 4,0.798 2)	(0.430 1,0.569 9)
2010	(0.604 6,0.796 5)	(0.431 5,0.568 5)
2011	(0.604 9,0.796 3)	(0.431 7,0.568 3)
2012	(0.599 8,0.800 2)	(0.428 4,0.571 6)
2013	(0.597 2,0.802 1)	(0.426 8,0.573 2)
2014	(0.590 7,0.806 9)	(0.422 6,0.577 4)
2015	(0.585 3,0.810 8)	(0.419 2,0.580 8)
2016	(0.567 7,0.823 2)	(0.408 1,0.591 9)

方案四确定的 2009—2016 年组合权重向量 W 具体如表 3.18 所示。

表 3.18　方案四组合权重 W

（2009—2016 年）

分类指数	评价指标	各年组合权重 W(%)							
		2009 年	2010 年	2011 年	2012 年	2013 年	2014 年	2015 年	2016 年
创新驱动 X_1	X_{11}:人均受教育年限	3.52	3.48	3.42	3.45	3.47	3.49	3.42	3.44
	X_{12}:研发经费支出占地区 GDP 的比重	5.36	5.44	5.56	5.72	5.69	5.72	5.74	5.82
	X_{13}:每百万人国内发明专利申请授权量	9.58	9.23	9.15	9.69	9.79	9.93	8.93	9.10
	X_{14}:技术市场合同成交额	10.10	9.28	8.95	8.72	9.01	9.23	9.51	9.34
	X_{15}:全员劳动生产率	4.44	4.42	4.43	4.57	4.48	4.41	4.49	4.60
	X_{16}:地均产出	3.00	2.91	2.93	3.13	3.13	3.22	3.19	3.34
	X_{17}:高技术产品出口额占总出口额的比重	6.99	7.04	7.24	7.44	7.18	7.26	7.07	7.09
创新驱动分类指数权重		42.99	41.81	41.69	42.72	42.76	43.26	42.35	42.73
转型发展 X_2	X_{21}:居民消费占地区 GDP 的比重	1.75	1.72	1.75	1.69	1.57	1.66	1.58	1.60
	X_{22}:商品销售总额占全国销售总额的比重	5.23	5.22	5.28	5.68	5.98	6.21	6.26	6.87
	X_{23}:一般贸易出口额占地区 GDP 的比重	4.76	4.73	4.94	4.94	4.68	5.06	5.36	6.37
	X_{24}:第三产业增加值占地区 GDP 的比重	2.13	2.19	2.17	2.18	2.10	2.13	2.09	2.07

续表

分类指数	评价指标	各年组合权重 W(%)							
		2009年	2010年	2011年	2012年	2013年	2014年	2015年	2016年
转型发展 X_2	X_{25}:金融业增加值占全国金融业增加值的比重	5.15	5.20	5.14	5.22	5.09	5.03	5.12	5.38
	X_{26}:非国有工业企业工业产值占工业总产值的比重	2.61	2.46	2.64	2.59	2.27	2.25	2.24	2.16
	X_{27}:三次产业间发展速度协调度	2.78	2.82	2.49	1.85	1.97	1.72	3.27	2.59
	X_{28}:二、三产业生产效率协调度	2.10	2.42	2.47	2.49	2.15	2.35	2.30	2.34
	X_{29}:地区 GDP 与居民收入增长协调度	1.88	1.96	2.14	1.80	2.74	1.75	1.65	1.73
转型发展分类指数权重		28.40	28.73	29.02	28.44	28.55	28.17	29.87	31.11
生态文明建设 X_3	X_{31}:万元地区 GDP 能耗降低	2.42	2.82	3.75	2.84	2.64	2.89	3.04	2.74
	X_{32}:一般工业固体废物综合利用率	2.22	2.22	2.08	2.26	2.12	2.27	2.17	2.29
	X_{33}:环境质量指数	2.35	2.32	2.36	2.36	2.31	2.29	2.23	2.22
	X_{34}:主要污染物排放量减少系数	3.09	3.54	2.74	2.90	2.86	2.97	2.40	1.79
	X_{35}:城市污水处理率	1.97	1.82	1.81	1.90	1.79	1.57	1.54	0.85
	X_{36}:城市生活垃圾无害化处理率	2.36	2.11	2.19	2.19	1.99	2.04	1.85	0.99
	X_{37}:环境污染治理投资占地区 GDP 的比重	2.56	3.10	3.17	3.24	3.29	3.37	3.47	4.19
生态文明建设分类指数权重		16.96	17.92	18.10	17.69	17.01	17.40	16.71	15.06
民生改善 X_4	X_{41}:人均基本公共服务支出	2.66	2.85	2.96	3.06	2.92	2.92	2.90	3.03
	X_{42}:基本社会保障覆盖面	2.22	2.14	1.94	1.77	1.73	1.76	1.85	1.78
	X_{43}:城镇登记失业率	1.01	1.00	0.98	0.96	0.97	0.96	0.97	0.92
	X_{44}:城镇人口占总人口的比重	1.64	1.57	1.53	1.62	1.50	1.49	1.47	1.47
	X_{45}:城乡居民生活质量协调度	1.98	1.92	1.84	1.77	2.58	1.85	1.92	1.98
	X_{46}:社会安全指数	2.13	2.05	1.94	1.97	1.98	2.19	1.97	1.92
民生改善分类指数权重		11.64	11.54	11.19	11.15	11.68	11.18	11.07	11.10

第三步，根据标准化变换矩阵 $\boldsymbol{S}$ 和组合权重 W，通过公式$\boldsymbol{S}^{T}W$ 计算得出 2009—2016 年全国各省区市创新驱动转型发展评价指数(计算方法同方案一)。

第四步，根据组合权重 W 和标准化变换矩阵 $\boldsymbol{S}$ 计算四个分类指数(计算方法同方案一)。

第四章　创新驱动转型发展评价指数及其分类指数的实证检验和结果分析

根据创新驱动转型发展评价指标体系的构建原则，指数的取值范围介于 0～100 点，指数值为 0 代表该地区在创新驱动、转型发展、生态文明建设和民生改善四个方面的实现为 0，指数值为 100 点代表该地区在创新驱动、转型发展、生态文明建设和民生改善四个方面均达到了相应的目标值。

创新驱动转型发展评价指数值越大，则表明该地区在创新驱动、转型发展、生态文明建设和民生改善四个方面的水平越高，在追求经济"数量"扩张的同时，经济社会的整体运行"质量"亦得到了改善和提升，即创新驱动力更强、结构（产业结构、经济结构和社会结构等）不断优化和升级、环境质量不断优化、城镇化水平不断提升、人口素质不断增强、人民生活不断改善以及人民生活方式更加文明和健康，进而实现经济的内生增长和可持续发展。

根据前述的四种方案（详见第三章），依次计算出 2009—2016 年全国各省区市创新驱动转型发展评价指数及其分类指数，通过对比分析可知，在四种方案下，2009—2016 年全国各省区市创新驱动转型发展评价指数及其分类指数，无论是从指数的数值结果上看还是从指数的排名上看，相似度均较高。限于篇幅，本书不一一呈现在四种方案下 2009—2016 年全国各省区市创新驱动转型发展评价指数及其分类指数的具体结果。

第一节　四种方案下指数相关性分析及一致性检验

从理论上讲，前述的四种方案均是对主、客观赋权法的综合运用，各有优势，各年各省区市创新驱动转型发展评价指数及其分类指数的数值结果与排名在四种方案下的相似度均较高。为检验四种方案的计算结果是否具有一致性，书中首先对四种方案计算得出的指数值进行相关性分析，然后对我国各省区市指数排序进行一致性检验。如果四种方案计算得出的指数值之间的相关性很高，且我国各省区市指数排序具有一致性，则说明四种方案是一致的，否则四种方案的计算结果不一致。

一、指数的相关性分析

对指数进行相关性检验，计算 2009—2016 年四种方案下同一指数的相关矩阵（Pearson 相关矩阵）$\boldsymbol{R}$：

$$\boldsymbol{R}=\begin{bmatrix} r_{11} & \cdots & r_{14} \\ \vdots & \ddots & \vdots \\ r_{41} & \cdots & r_{44} \end{bmatrix} \tag{4.1}$$

本研究包含 1 个总指数和 4 个分类指数，故各年均有 5 个相关矩阵。其中，指数在第 j 种方案下与第 k 种方案下的相关系数 r_{jk} 的计算公式为：

$$\begin{aligned} r_{jk} &= \frac{\mathrm{Cov}(x(j),x(k))}{\sqrt{\mathrm{Var}(x(j))}\sqrt{\mathrm{Var}(x(k))}} \\ &= \frac{\frac{1}{n}\sum_{i=1}^{n}(x(j)_i-\overline{x(j)})(x(k)_i-\overline{x(k)})}{\sqrt{\frac{1}{n}\sum_{i=1}^{n}(x(j)_i-\overline{x(j)})^2}\sqrt{\frac{1}{n}\sum_{i=1}^{n}(x(k)_i-\overline{x(k)})^2}} \\ &= \frac{\sum_{i=1}^{n}(x(j)_i-\overline{x(j)})(x(k)_i-\overline{x(k)})}{\sqrt{\sum_{i=1}^{n}(x(j)_i-\overline{x(j)})^2}\sqrt{\sum_{i=1}^{n}(x(k)_i-\overline{x(k)})^2}},\quad j,k=1,2,3,4 \end{aligned} \tag{4.2}$$

其中，$x(j)$代表基于第 j 种方案计算的指数值，$x(k)$代表基于第 k 种方案计算的指数值。相关系数 r_{jk} 的取值范围是$[-1,1]$，r_{jk} 为正，则为正相关，r_{jk} 为负，则为负相关。若相关系数 r_{jk} 的绝对值越大，越接近于 1，

则说明第 j 种方案与第 k 种方案计算得出的指数值的相关性较强；反之，相关系数 r_{jk} 的绝对值越小，越接近于 0，则说明第 j 种方案与第 k 种方案计算得出的指数值的相关性较差。

表 4.1 为 2016 年四种方案下计算的创新驱动转型发展评价指数及其分类指数的相关矩阵联合表。2009—2015 年的情况类似，限于篇幅，书中不再呈现。四种方案计算的 2009—2016 年创新驱动转型发展评价指数及其分类指数的相关系数均接近于 1，说明创新驱动转型发展评价指数及其分类指数在四种方案下的计算结果相关性非常高，且为正相关。此外，Pearson 相关性检验表明创新驱动转型发展评价指数及其分类指数在四种方案下的计算结果高度相关。

表 4.1　四种方案下 2016 年我国 31 个省区市创新驱动转型发展评价指数及其分类指数的相关矩阵联合表

总指数	方案一	方案二	方案三	方案四
方案一	1	0.998 9	0.999 6	0.999 8
方案二	0.998 9	1	0.997 3	0.999 5
方案三	0.999 6	0.997 3	1	0.999 2
方案四	0.999 8	0.999 5	0.999 2	1
创新驱动分类指数	方案一	方案二	方案三	方案四
方案一	1	0.999 4	0.999 8	0.999 9
方案二	0.999 4	1	0.998 7	0.999 8
方案三	0.999 8	0.998 7	1	0.999 5
方案四	0.999 9	0.999 8	0.999 5	1
转型发展分类指数	方案一	方案二	方案三	方案四
方案一	1	0.998 8	0.999 7	0.999 9
方案二	0.998 8	1	0.997 5	0.999 4
方案三	0.999 7	0.997 5	1	0.999 4
方案四	0.999 9	0.999 4	0.999 4	1

续表

生态文明建设分类指数	方案一	方案二	方案三	方案四
方案一	1	0.995 1	0.999 1	0.998 6
方案二	0.995 1	1	0.990 3	0.998 7
方案三	0.999 1	0.990 3	1	0.996 0
方案四	0.998 6	0.998 7	0.996 0	1
民生改善分类指数	方案一	方案二	方案三	方案四
方案一	1	0.995 2	0.999 2	0.998 3
方案二	0.995 2	1	0.990 8	0.999 1
方案三	0.999 2	0.990 8	1	0.995 6
方案四	0.998 3	0.999 1	0.995 6	1

二、指数排序的一致性检验

如果利用上述四种方案计算创新驱动转型发展评价指数及其分类指数,我国 31 个省区市的指数排名完全相同,则说明四种方案计算各省区市指数的排序结果完全一致。但事实上,四种方案计算的各省区市指数的排名不尽相同,所以以下将对四种方案计算的各省区市指数排序的一致性进行检验。一致性检验时,原假设和备择假设为:

H_0:四种方案下,各省区市指数的排序不具有一致性。

H_1:四种方案下,各省区市指数的排序具有一致性。

本研究利用 Kendall 协同系数 W 检验对四种方案下各省区市创新驱动转型发展评价指数及其分类指数排序的一致性进行检验。假设 m 种方案(书中为四种方案)对 n 个个体(书中为我国 31 个省区市)的指数排序情况如表 4.2 所示,y_{ij} 表示方案 i 给个体 j 的指数的排序值,$1 \leqslant y_{ij} \leqslant n, i=1,2,\cdots,m; j=1,2,\cdots,n$。

表 4.2　　m 种方案下对 n 个个体的指数排序值矩阵

方案	个体 1	个体 2	…	个体 n
方案 1	y_{11}	y_{12}	…	y_{1n}
方案 2	y_{21}	y_{22}	…	y_{2n}
⋮	⋮	⋮	⋱	⋮
方案 m	y_{m1}	y_{m2}	…	y_{mn}

每种方案对 n 个参与排序的个体有一个从 1 到 n 的秩，秩的和为 $\frac{n(n+1)}{2}$，每个个体有 m 个秩，那么 m 种方案对这 n 个个体的总秩为 $m\cdot\frac{n(n+1)}{2}$，于是这 n 个个体的平均秩为 $\frac{m(n+1)}{2}$。记 $R_{j\cdot}=\sum_{i=1}^{m}y_{ij}(j=1,2,\cdots,n)$，$R_{j\cdot}$ 即第 j 个个体的 m 个秩的和；记 $S=\sum_{j=1}^{n}\left(R_{j\cdot}-\frac{m(n+1)}{2}\right)^2=\sum_{j=1}^{n}\left(R_{j\cdot}-\frac{\sum_{j=1}^{n}R_{j\cdot}}{n}\right)^2=\sum_{j=1}^{n}R_{j\cdot}^2-\frac{(\sum_{j=1}^{n}R_{j\cdot})^2}{n}$，$S$ 即 $R_{j\cdot}$ 与平均秩的偏差平方和。

如果 m 种方案的排序是随机的，那么这些 $R_{j\cdot}$ 与平均秩的差别不会很大，相应地，$R_{j\cdot}$ 与平均秩的偏差平方和 S 也不会很大(在完全不一致时，S 右趋于 0)；反之，当 m 种方案排序一致时，$R_{j\cdot}$ 与平均秩的差别达到最大，相应地，$R_{j\cdot}$ 与平均秩的偏差平方和 S 也达到最大，$S=\sum_{j=1}^{n}R_{j\cdot}^2-\frac{(\sum_{j=1}^{n}R_{j\cdot})^2}{n}=\frac{m^2n(n+1)(2n+1)}{6}-\frac{m^2n(n+1)^2}{4}=\frac{m^2n(n^2-1)}{12}$。

定义 Kendall 协同系数 W 为：

$$W=\frac{12S}{m^2n(n^2-1)} \tag{4.3}$$

因此，$W\in[0,1]$ 可以用来度量一致性，W 值越大(显著)，则 m 种方案对 n 个个体排序的一致性越强，此时，越应拒绝原假设 H_0 而接受备择假设

H_1；反之，W 值越小（不显著），则 m 种方案对 n 个个体的排序很不一致，此时，应接受原假设 H_0 而拒绝备择假设 H_1。

Kendall 协同系数 W 也可变换为：

$$W=\frac{12S}{m^2n(n^2-1)}=\frac{12}{m^2n(n^2-1)}\sum_{j=1}^{n}\left(R_{j\cdot}-\frac{m(n+1)}{2}\right)^2$$
$$=\frac{12\sum_{j=1}^{n}R_{j\cdot}^2}{m^2n(n^2-1)}-\frac{3(n+1)}{n-1} \tag{4.4}$$

关于显著性检验结果的判定：

（1）当 n 较小（$n\leqslant7$）时，可查"Kendall 协同系数 W 显著性临界值表"，检验 W 是否达到显著性水平：如果 $W\leqslant W_\alpha$，则接受原假设 H_0，m 种方案计算得出的各省区市指数排序不具有一致性；反之，则接受备择假设 H_1，m 种方案计算得出的各省区市指数排序具有一致性。

（2）当 n 较大（$n>7$）时，可用如下的 χ^2 统计量对 W 是否达到显著性水平做检验：依大样本性质，有：在原假设 H_0 下，对于固定的 m，当 n 趋于无穷大时，$\chi^2=m(n-1)W=\frac{12S}{mn(n+1)}\rightarrow\chi_\alpha^2(n-1)$。如果 $\chi^2<\chi_\alpha^2(n-1)$，则接受原假设 H_0，m 种方案下计算得出的各省区市指数排序不具有一致性；反之，则接受备择假设 H_1，m 种方案下计算得出的各省区市指数排序具有一致性。

Kendall 协同系数 W 检验对四种方案下我国各省区市创新驱动转型发展评价指数及其分类指数排序的一致性检验结果如表 4.3 所示。

表 4.3　　四种方案下 2009—2016 年我国 31 个省区市创新驱动转型发展评价指数及其分类指数排序的一致性检验结果

		总指数	创新驱动分类指数	转型发展分类指数	生态文明建设分类指数	民生改善分类指数
2009 年	P 值	$1.06E-12$	$1.06E-12$	$1.31E-12$	$1.10E-12$	$1.20E-12$
	卡方值	119.89	119.90	119.35	119.81	119.58

续表

		总指数	创新驱动分类指数	转型发展分类指数	生态文明建设分类指数	民生改善分类指数
2010 年	P 值	1.08E－12	1.04E－12	1.40E－12	1.15E－12	1.24E－12
	卡方值	119.85	119.95	119.18	119.70	119.50
2011 年	P 值	1.09E－12	1.04E－12	1.28E－12	1.11E－12	1.28E－12
	卡方值	119.84	119.96	119.42	119.77	119.41
2012 年	P 值	1.04E－12	1.05E－12	1.17E－12	1.10E－12	1.34E－12
	卡方值	119.95	119.93	119.64	119.80	119.29
2013 年	P 值	1.14E－12	1.08E－12	1.17E－12	1.16E－12	1.80E－12
	卡方值	119.71	119.86	119.65	119.67	118.53
2014 年	P 值	1.16E－12	1.08E－12	1.15E－12	1.15E－12	1.40E－12
	卡方值	119.66	119.85	119.68	119.68	119.18
2015 年	P 值	1.07E－12	1.15E－12	1.27E－12	1.40E－12	1.65E－12
	卡方值	119.87	119.68	119.43	119.17	118.75
2016 年	P 值	1.13E－12	1.04E－12	1.19E－12	1.49E－12	1.28E－12
	卡方值	119.73	119.95	119.61	119.02	119.41

从表 4.3 可以看出，在 99%的置信水平下，四种方案下计算的 2009—2016 年创新驱动转型发展评价指数及其分类指数的 χ^2 统计量数值均远远超过临界值 $\chi^2_{0.01}(31-1)=50.89$，因此，我们接受备择假设$H_1$，四种方案下计算得出的我国各省区市总指数及其分类指数的排序均具有一致性。

第二节　四种方案下计算结果的异同性分析

一、四种方案下计算结果的相同点分析

通过比较，我们发现前述四种方案计算得出的 2009—2016 年我国各省区市创新驱动转型发展评价指数及其分类指数，无论是从指数的数值结果上看还是从指数的排名上看，相似度均较高。具体而言：

(1)从总指数来看，四种方案下，北京、上海、江苏和广东包揽了

2009—2016 年我国各省区市创新驱动转型发展评价指数排名前四位，且北京、上海的总指数值要比江苏、广东的总指数值高 5 个点以上，表明这四个省市的创新驱动发展、经济转型升级的水平领先于其他省区市，且北京、上海尤为突出。

(2)就创新驱动分类指数而言，四种方案下计算得出的 2009 年我国各省区市创新驱动分类指数排名前三位，均依次为北京、上海和天津，且北京、上海的分类指数值要比天津的分类指数值高 18 个点以上；2010—2016 年我国各省区市创新驱动分类指数的排名前三位，均依次为北京、上海和江苏(仅方案二计算得出的 2010 年排名前三位为北京、上海和天津，2016 年排名前三位为上海、北京和天津)，江苏反超天津跃居第三，且北京、上海的分类指数值要比江苏的分类指数值高 12 个点以上。此外，2009—2016 年北京的分类指数值比上海的分类指数值均高 4 个点以上，2016 年差距有所减小，为 2 个点以内。这表明北京和上海在创新驱动方面取得了较大成绩，与其他各省区市相比，其优势非常明显，且北京的创新驱动程度更为强势。

(3)就转型发展分类指数而言，广东、浙江、北京、上海和江苏包揽了四种方案下 2009—2016 年我国各省区市转型发展分类指数的前五位，且 2009—2016 年第五名要高于第六名 4 个点以上。具体而言，2009 年、2012—2016 年广东基本位居第一(仅方案二计算得出的 2013 年上海位居第一)，2010—2011 年浙江均位居第一，上海的排名则随着时间的推移均逐步上升(由 2009 年的第四升至 2016 年的第二)。这表明上海在转型发展方面取得了很大的进步，且广东、浙江、北京、上海和江苏这五个省市与其他各省区市相比，领先优势非常明显。

(4)就生态文明建设分类指数而言，四种方案下计算得出的 2009—2015 年我国各省区市分类指数值的排名变化均较大，如 2009 年，四种方案的结果均由上海、山东、广西包揽了前三名，但 2010—2016 年上海位居第八名及其之后；2009 年，北京位居第九，但自 2010 年以来北京却步步高升，2010—2014 年、2016 年始终位于前两名，2015 年位居第四。

具体而言，四种方案下计算得出的2009年我国各省区市生态文明建设分类指数排名前三位，均由上海、山东和广西包揽，且这三个省区市的差距很小；2010年我国各省区市生态文明建设分类指数排名前三位，均由重庆、山西和北京包揽，重庆要高于山西8个点以上，山西和北京的差距很小(1个点以内)；2011年我国各省区市生态文明建设分类指数排名前四位，均由重庆、北京、安徽和天津包揽，且位于第二的北京要高于位于安徽、天津4个点以上；2012年我国各省区市生态文明建设分类指数排名前三位，均由北京、重庆和山西包揽，且这三个省市的差距很小；2013年我国各省区市生态文明建设分类指数排名前三位，均依次为安徽、北京和宁夏；2014年我国各省区市生态文明建设分类指数排名前三位，均依次为北京、内蒙古和宁夏；2015年我国各省区市生态文明建设分类指数排名前四位，均依次为内蒙古、安徽、江苏和北京；2016年我国各省区市生态文明建设分类指数排名前四位的是北京、宁夏、山西和安徽。这表明北京在生态文明建设方面取得了巨大的进步，而上海在生态文明建设方面仍需加强改善。

(5)就民生改善分类指数而言，四种方案下计算得出的2009年我国各省区市民生改善分类指数排名前三位，均依次为北京、上海和辽宁，且这三个省市的差距很小；2010年我国各省区市民生改善分类指数排名前三位，均依次为北京、上海和青海，北京遥遥领先，高于第二名5个点以上；2011年我国各省区市民生改善分类指数排名前三位，均由北京、西藏和青海包揽，且这三个省区市的差距很小，在方案一、方案三的结果下，上海位于第四，在方案二、方案四的结果下，上海位于第五；2012年我国各省区市民生改善分类指数排名前四位，均依次为北京、青海、西藏和上海；2013年我国各省区市民生改善分类指数排名前两位，均依次为西藏和北京，西藏领先北京6个点以上，四种方案下计算得出的上海的排名均在第20左右；2014年我国各省区市民生改善分类指数排名前三位，均依次为青海、北京和天津，北京和青海的差距很小(1个点以内)，北京则领先于天津4个点以上，四种方案下计算得出的上海的排名均在第11左右；2015年我国各省区市民生改善分类指数排名前两位，均依次为北京和青海，青海和北京的差距很小（2个点左右），四种方案下计算得出的上海的排名均在第8左右；2016年我国各省区市民生改善分类指数排名前四位，均为北京、青海、天津和上海，青海和北京的差距很小（1个点以内），四种方案下计算得出的上海的排名这几年有所提升。这表明北京近几年一直都很注重民生改善，排名始终位于前两位，上海在民生改善方面每年逐步提升，有望进一步加强。

（6）从各年创新驱动转型发展评价指数及其分类指数的31个省区市均值来看，四种方案下计算结果均显示，分类指数按均值高低依次为：生态文明建设、民生改善、转型发展、创新驱动。

二、四种方案下计算结果的不同点分析

通过比较，我们发现前述四种方案下计算得出的2009—2016年我国各省区市创新驱动转型发展评价指数及其分类指数，在指数的具体数值结果上仍然存在差异。

第一，从创新驱动转型发展评价指数及其分类指数的均值大小来看，四种方案下计算结果显示，2009—2016年总指数、创新驱动分类指数、转型发展分类指数、生态文明建设分类指数、民生改善分类指数，其平均值的结果均为方案二＞方案四＞方案一＞方案三（仅生态文明建设分类指数的平均值，2013年为方案一＞方案二＞方案四＞方案三，2015年为方案二＞方案一＞方案四＞方案三），具体如表4.4所示。

表4.4 四种方案下2009—2016年我国31个省区市创新驱动转型发展评价指数及其分类指数的均值

		2009年	2010年	2011年	2012年	2013年	2014年	2015年	2016年
总指数	方案一	40.23	40.80	43.02	45.98	47.56	47.49	49.06	48.64
	方案二	43.38	43.63	46.01	49.27	50.46	50.88	52.40	52.68
	方案三	38.39	39.08	41.48	44.23	45.34	45.50	46.96	46.18
	方案四	41.59	41.99	44.48	47.51	48.38	48.88	50.29	50.07

续表

		2009年	2010年	2011年	2012年	2013年	2014年	2015年	2016年
创新驱动分类指数	方案一	23.67	25.57	28.46	31.39	32.88	34.35	37.59	39.95
	方案二	27.18	28.90	31.86	34.56	36.08	37.42	40.27	42.38
	方案三	22.37	24.29	27.24	30.22	31.43	33.08	36.41	38.67
	方案四	25.71	27.50	30.51	33.23	34.48	35.97	38.94	40.96
转型发展分类指数	方案一	39.74	38.66	40.21	40.90	42.45	41.28	41.70	40.70
	方案二	44.42	42.47	44.15	45.93	46.85	46.97	47.05	46.45
	方案三	37.86	37.00	38.62	38.98	40.07	38.94	39.23	37.78
	方案四	42.19	40.55	42.26	43.57	44.17	44.06	43.97	42.71
生态文明建设分类指数	方案一	68.60	65.78	67.12	75.24	76.56	74.74	75.54	72.56
	方案二	69.32	66.85	67.65	75.63	76.54	74.96	75.94	74.99
	方案三	68.32	65.31	66.88	75.04	76.42	74.50	75.06	71.42
	方案四	69.03	66.36	67.40	75.43	76.44	74.75	75.52	73.81
民生改善分类指数	方案一	57.49	58.40	62.85	65.39	66.94	68.98	70.86	71.92
	方案二	59.68	61.08	66.14	68.97	69.41	71.45	73.30	74.38
	方案三	56.38	57.32	61.77	64.30	66.11	68.10	70.12	71.10
	方案四	58.80	60.19	65.22	68.01	68.66	70.68	72.62	73.59

就2016年的具体情况来看：

（1）在创新驱动分类指数下，“人均受教育年限”“研发经费支出占地区GDP的比重”“全员劳动生产率”“地均产出”和“高技术产品出口额占总出口额的比重”这五个评价指标的权重均是方案二>方案四>方案一>方案三，仅“每百万人国内发明专利申请授权量”和“技术市场合同成交额”这两个评价指标的权重是方案三>方案一>方案四>方案二，且其权重很大，但是其全国31个省区市（标准化后的数据）的均值很小，因此，创新驱动分类指数平均值的结果为方案二>方案四>方案一>方案三。

（2）在转型发展分类指数下，“居民消费占地区GDP的比重”“第三产业增加值占地区 GDP 的比重”和“地区 GDP 与居民收入增长协调度”这三个评价指标的权重均是方案二＞方案四＞方案一＞方案三，且其全国 31 个省区市（标准化后的数据）的均值很大，仅“商品销售总额占全国销售总额的比重”“一般贸易出口额占地区 GDP 的比重”和“金融业增加值占全国金融业增加值的比重”这三个评价指标的权重是方案三＞方案一＞方案四＞方案二，且其全国 31 个省区市（标准化后的数据）的均值很小，而“非国有工业企业工业产值占工业总产值的比重”“三次产业间发展速度协调度”和“二、三产业生产效率协调度”这三个评价指标的权重在四种方案中相仿，因此，转型发展分类指数平均值的结果为方案二＞方案四＞方案一＞方案三。

（3）在生态文明建设分类指数下，“环境质量指数”评价指标的权重是方案二＞方案四＞方案一＞方案三，且其全国 31 个省区市（标准化后的数据）的均值很大，仅“环境污染治理投资占地区 GDP 的比重”评价指标的权重是方案三＞方案一＞方案四＞方案二，且其全国 31 个省区市（标准化后的数据）的均值不大，而“万元地区 GDP 能耗降低”“一般工业固体废物综合利用率”“主要污染物排放量减少系数”“城市污水处理率”和“城市生活垃圾无害化处理率”这五个评价指标的权重在四种方案中相差不大，因此，生态文明建设分类指数平均值的结果为方案二＞方案四＞方案一＞方案三。

（4）在民生改善分类指数下，“基本社会保障覆盖面”“城镇登记失业率”“城乡居民生活质量协调度”和“社会安全指数”这四个评价指标的权重是方案二＞方案四＞方案一＞方案三，且其全国 31 个省区市（标准化后的数据）的均值很大，仅“人均基本公共服务支出”和“城镇人口占总人口的比重”这两个评价指标的权重在四种方案中相差不大，且其全国 31 个省区市（标准化后的数据）的均值不大，因此，民生改善分类指数平均值的结果为方案二＞方案四＞方案一＞方案三。

综上，2016 年创新驱动转型发展评价指数总指数的平均值的结果为方案二＞方案四＞方案一＞方案三。具体如表 4.5 所示，其余年份可按此分析。

表 4.5　　四种方案下 2016 年评价指标权重的比较分析

分类指数	评价指标	2016 年评价指标权重(%)				2016 年我国 31 个省区市评价指标得分均值(分)
		方案一	方案二	方案三	方案四	
创新驱动 X_1	X_{11}:人均受教育年限	2.64	4.07	2.17	3.44	75.72
	X_{12}:研发经费支出占地区 GDP 的比重	5.26	6.10	5.10	5.82	46.28
	X_{13}:每百万人国内发明专利申请授权量	9.26	8.11	10.30	9.10	16.57
	X_{14}:技术市场合同成交额	9.82	8.37	10.75	9.34	33.86
	X_{15}:全员劳动生产率	4.26	4.89	4.03	4.60	38.12
	X_{16}:地均产出	3.12	3.62	2.87	3.34	54.45
	X_{17}:高技术产品出口额占总出口额的比重	6.99	7.28	6.80	7.09	55.84
转型发展 X_2	X_{21}:居民消费占地区 GDP 的比重	1.40	1.80	1.23	1.60	63.35
	X_{22}:商品销售总额占全国销售总额的比重	7.82	5.61	8.95	6.87	24.66
	X_{23}:一般贸易出口额占地区 GDP 的比重	7.16	5.27	8.15	6.37	18.31
	X_{24}:第三产业增加值占地区 GDP 的比重	1.86	2.35	1.61	2.07	69.26
	X_{25}:金融业增加值占全国金融业增加值的比重	5.68	4.73	6.31	5.38	20.19
	X_{26}:非国有工业企业工业产值占工业总产值的比重	2.22	2.38	1.96	2.16	84.64
	X_{27}:三次产业间发展速度协调度	2.68	2.71	2.54	2.59	62.66
	X_{28}:二、三产业生产效率协调度	2.42	2.52	2.20	2.34	78.60
	X_{29}:地区 GDP 与居民收入增长协调度	1.32	2.04	1.08	1.73	92.90
生态文明建设 X_3	X_{31}:万元地区 GDP 能耗降低	3.03	2.88	2.80	2.74	92.04
	X_{32}:一般工业固体废物综合利用率	2.60	2.27	2.55	2.29	63.65
	X_{33}:环境质量指数	1.83	2.55	1.57	2.22	78.19
	X_{34}:主要污染物排放量减少系数	1.85	1.99	1.62	1.79	96.89
	X_{35}:城市污水处理率	0.68	0.99	0.57	0.85	96.45

续表

分类指数	评价指标	2016年评价指标权重(%)				2016年我国31个省区市评价指标得分均值(分)
		方案一	方案二	方案三	方案四	
生态文明建设 X_3	X_{36}:城市生活垃圾无害化处理率	0.86	1.14	0.73	0.99	95.32
	X_{37}:环境污染治理投资占地区GDP的比重	4.72	4.07	4.72	4.19	45.66
民生改善 X_4	X_{41}:人均基本公共服务支出	3.17	3.15	3.01	3.03	53.26
	X_{42}:基本社会保障覆盖面	1.44	2.07	1.22	1.78	74.69
	X_{43}:城镇登记失业率	0.60	1.12	0.48	0.92	99.46
	X_{44}:城镇人口占总人口的比重	1.67	1.52	1.55	1.47	62.20
	X_{45}:城乡居民生活质量协调度	1.90	2.22	1.66	1.98	81.67
	X_{46}:社会安全指数	1.74	2.19	1.48	1.92	92.71

第二，从创新驱动转型发展评价指数及其分类指数的最大值(即排名第一的数值)来看，四种方案下的计算结果显示：

(1)就总指数而言，2009—2016年均为方案二＞方案四＞方案一＞方案三。

(2)就创新驱动分类指数而言，2009年、2010年为方案二＞方案四＞方案一＞方案三，2011年为方案四＞方案三＞方案二＞方案一，2012－2016年为方案三＞方案一＞方案四＞方案二。

(3)就转型发展分类指数而言，2009年、2012年、2014年、2015年为方案二＞方案四＞方案一＞方案三，2010年为方案一＞方案三＞方案二＞方案四，2011年、2016年为方案二＞方案一＞方案四＞方案三，2013年为方案三＞方案一＞方案四＞方案二。

(4)就生态文明建设分类指数而言，2009年、2014年为方案三＞方案一＞方案四＞方案二，2010年为方案二＞方案四＞方案一＞方案三，2011年为方案一＞方案二＞方案四＞方案三，2012年、2016年为方案二＞方案一＞方案四＞方案三，2013年为方案一＞方案三＞方案四＞方案二，2015年为方案一＞方案三＞方案二＞方案四。

(5)就民生改善分类指数而言，2009－2014年均为方案二＞方案四＞方案一＞方案三，2015年均为方案三＞方案四＞方案一＞方案二，

2016 年均为方案二>方案四>方案三>方案一。

具体如表 4.6 所示。

表 4.6　四种方案下 2009—2016 年我国 31 个省区市创新驱动转型发展评价指数及其分类指数的最大值

		2009 年	2010 年	2011 年	2012 年	2013 年	2014 年	2015 年	2016 年
总指数	方案一	74.22	74.70	77.54	81.82	79.79	83.70	80.39	80.70
	方案二	75.26	75.61	78.43	82.81	80.60	84.67	81.85	82.52
	方案三	73.74	74.32	77.27	81.54	79.58	83.30	79.88	80.26
	方案四	74.76	75.21	78.11	82.46	80.31	84.22	81.23	81.55
创新驱动分类指数	方案一	76.56	77.90	80.50	88.82	89.61	92.13	92.66	91.03
	方案二	77.06	78.27	80.51	88.54	89.44	91.62	91.89	91.07
	方案三	76.22	77.62	80.52	88.94	89.69	92.38	93.13	91.57
	方案四	76.74	78.02	80.53	88.67	89.53	91.88	92.37	90.94
转型发展分类指数	方案一	76.76	76.54	78.55	75.29	75.61	79.68	79.79	78.91
	方案二	77.46	76.22	78.75	76.26	75.06	80.07	80.03	79.21
	方案三	76.34	76.36	78.19	74.77	75.86	79.40	79.58	78.62
	方案四	77.01	76.13	78.44	75.69	75.16	79.78	79.80	78.90
生态文明建设分类指数	方案一	82.83	87.37	87.28	87.90	92.31	95.06	88.67	91.84
	方案二	82.06	87.78	87.27	87.97	91.63	94.42	88.59	91.96
	方案三	83.02	87.12	87.14	87.79	92.34	95.18	88.60	91.66
	方案四	82.08	87.54	87.16	87.87	91.74	94.59	88.55	91.81
民生改善分类指数	方案一	71.47	75.39	78.14	81.68	80.74	84.26	88.85	88.64
	方案二	72.00	76.38	79.23	82.57	82.46	85.08	88.75	89.18
	方案三	70.95	74.85	77.69	81.34	80.61	84.06	89.02	88.87
	方案四	71.63	75.96	78.87	82.29	82.22	84.88	88.87	89.05

第三节　创新驱动转型发展评价指数及其分类指数的最终结果

通过对四种方案下指数结果的相关性分析与指数排序的一致性检验，以及异同性分析，结果表明四种方案下对指数的构建并无显著性差异，说明本研究对权重系数的确定是合理的，四种方案能够互相佐证，采用任一种方案进行指数测算均能真实、较好地表征现实情况。为便于分析，本研究决定以方案二[基于偏差平方和最小原理的主观(AHP)-客观

(CV、EM、PCA)的简单平均组合法]作为2009—2016年我国各省区市创新驱动转型发展评价指数及其分类指数的最终权重方案，以方案二计算得出的指数结果作为最终结果。在得到各省区市指数的基础上，取平均得到东部、中部、西部和东北四大地区的指数值。

表4.7至表4.14报告了2009—2016年我国31个省区市和四大地区创新驱动转型发展评价指数及其分类指数，图4.1至图4.8分别对应于表4.7至表4.14，是我国31个省区市和四大地区创新驱动转型发展评价指数(按省区市排名)及其分类指数的对比图。

一、2009年我国各省区市和四大地区创新驱动转型发展评价指数及其分类指数

2009年，我国各省区市创新驱动发展、经济转型升级的整体水平有待进一步提高。四大地区中，创新驱动转型发展评价指数高低依次为：东部(54.90点)、中部(41.19点)、东北(40.20点)、西部(35.66点)；我国31个省区市中，北京(75.26点)、上海(71.02点)、广东(61.13点)、江苏(58.56点)的创新驱动转型发展评价指数位列前四，甘肃(33.18点)、青海(30.61点)、新疆(30.08点)、西藏(23.54点)位列末尾。

我国各省区市创新驱动转型发展评价指数的差异主要来源于创新驱动分类指数和转型发展分类指数的差距。东部地区的创新驱动分类指数和转型发展分类指数遥遥领先于其他省区市，各省区市在生态文明建设分类指数和民生改善分类指数上的差异均不是很明显(个别省区市除外)。

对比创新驱动、转型发展、生态文明建设和民生改善这四个分类指数，指数高低依次为：生态文明建设、民生改善、转型发展、创新驱动。这也说明我国各省区市在创新驱动方面还有很大的进步空间。

我国各省区市在创新驱动能力方面的差异最悬殊，在民生改善能力方面的差异最小，这说明我国各省区市民生工作的发展水平较为均衡，同步性较高，社会整体和谐程度较高，但是创新驱动、转型发展和生态文明建设三方面还需完善，尤其是创新驱动方面亟待加强。

表 4.7　　2009 年我国各省区市和四大地区创新驱动转型发展评价指数及其分类指数排名

排名	总指数		创新驱动分类指数		转型发展分类指数		生态文明建设分类指数		民生改善分类指数	
东部	54.90		40.78		60.40		75.91		61.20	
中部	41.19		24.04		38.62		73.97		59.23	
西部	35.66		18.51		35.66		61.88		57.15	
东北	40.20		22.87		37.81		67.83		65.64	
1	北京	75.26	北京	77.06	广东	77.46	山东	82.06	北京	72.00
2	上海	71.02	上海	66.95	浙江	73.87	上海	81.53	上海	69.58
3	广东	61.13	天津	48.88	北京	72.97	广西	81.37	辽宁	69.38
4	江苏	58.56	广东	45.49	上海	71.24	浙江	80.29	吉林	64.50
5	天津	54.77	江苏	43.13	江苏	66.44	江苏	79.41	江苏	64.19
6	浙江	53.24	陕西	35.86	福建	55.07	广东	78.06	黑龙江	63.05
7	山东	49.70	四川	32.74	山东	52.89	重庆	77.36	天津	63.03
8	福建	46.56	湖北	31.45	天津	49.24	安徽	77.16	陕西	61.50
9	辽宁	45.54	山东	31.02	河北	44.59	北京	76.84	山西	61.00
10	陕西	45.04	福建	29.68	辽宁	44.15	河北	76.56	西藏	60.74
11	湖北	44.62	辽宁	29.43	河南	42.69	江西	76.19	山东	60.64
12	四川	43.69	浙江	27.79	湖北	40.46	山西	75.83	湖北	60.57
13	河北	43.00	江西	26.87	海南	40.25	云南	73.60	安徽	60.25
14	江西	42.48	山西	25.42	四川	39.58	天津	71.91	四川	60.19
15	山西	40.69	河北	23.32	贵州	39.46	湖北	71.78	海南	59.52
16	安徽	39.95	湖南	22.23	安徽	39.14	河南	71.58	甘肃	59.41
17	重庆	39.86	吉林	20.43	湖南	39.14	湖南	71.26	河北	59.24
18	河南	39.75	重庆	20.27	广西	38.91	内蒙古	69.81	江西	59.22
19	湖南	39.65	安徽	19.14	重庆	38.83	辽宁	69.78	河南	58.71
20	广西	37.68	河南	19.12	云南	37.82	陕西	69.74	青海	57.76
21	黑龙江	37.66	黑龙江	18.76	江西	37.53	福建	68.79	宁夏	57.49
22	吉林	37.39	贵州	18.11	宁夏	37.47	贵州	68.35	内蒙古	56.85
23	贵州	37.17	内蒙古	17.81	黑龙江	37.06	吉林	67.38	重庆	56.10
24	宁夏	35.90	甘肃	17.77	陕西	36.07	宁夏	66.45	浙江	55.83
25	云南	35.82	宁夏	15.93	甘肃	34.37	黑龙江	66.33	新疆	55.80
26	海南	35.80	广西	14.51	山西	32.74	四川	64.98	湖南	55.63
27	内蒙古	35.30	海南	14.43	新疆	32.66	海南	63.64	云南	54.56
28	甘肃	33.18	青海	13.96	吉林	32.22	甘肃	49.97	广东	54.17
29	青海	30.61	新疆	13.43	青海	32.01	青海	49.40	福建	53.77
30	新疆	30.08	云南	13.40	内蒙古	30.58	新疆	48.05	贵州	53.12
31	西藏	23.54	西藏	8.30	西藏	30.21	西藏	23.48	广西	52.34
省区市平均	43.38		27.18		44.42		69.32		59.68	

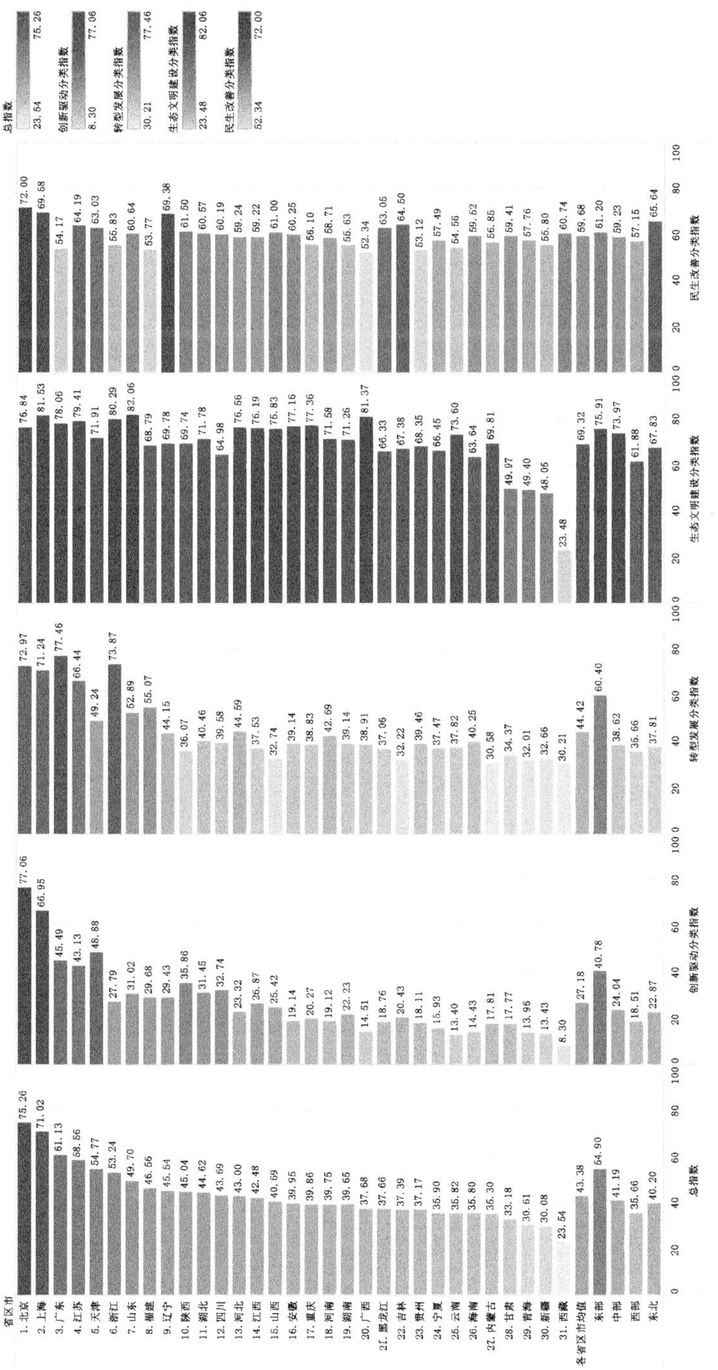

图 4.1 2009年我国各省区市和四大地区创新驱动转型发展评价指数（按省区市排名）及其分类指数对比

二、2010 年我国各省区市和四大地区创新驱动转型发展评价指数及其分类指数

2010 年，我国各省区市创新驱动发展、经济转型升级的整体水平有待进一步提高。四大地区中，创新驱动转型发展评价指数高低依次为：东部(55.44 点)、中部(40.80 点)、东北(40.45 点)、西部(36.01 点)；我国 31 个省区市中，北京(75.61 点)、上海(69.12 点)、江苏(61.92 点)、广东(60.64 点)的创新驱动转型发展评价指数位列前四，甘肃(32.94 点)、青海(31.13 点)、新疆(29.29 点)、西藏(23.47 点)位列末尾。

我国各省区市创新驱动转型发展评价指数的差异主要来源于创新驱动分类指数和转型发展分类指数的差距。东部地区的创新驱动分类指数和转型发展分类指数遥遥领先于其他省区市，各省区市在生态文明建设分类指数和民生改善分类指数上的差异均不是很明显(个别省区市除外)。

对比创新驱动、转型发展、生态文明建设和民生改善这四个分类指数，指数高低依次为：生态文明建设、民生改善、转型发展、创新驱动。并且相比 2009 年，我国各省区市在创新驱动方面有进步，2010 年我国各省区市创新驱动分类指数均值为 28.90 点，稍高于 2009 年的 27.18 点。

表 4.8　2010 年我国各省区市和四大地区创新驱动转型发展评价指数及其分类指数排名

排名	总指数		创新驱动分类指数		转型发展分类指数		生态文明建设分类指数		民生改善分类指数	
东部	55.44		43.38		59.09		71.80		63.20	
中部	40.80		25.02		36.72		70.76		58.36	
西部	36.01		20.06		33.06		60.60		59.52	
东北	40.45		23.78		36.20		67.50		65.67	
1	北京	75.61	北京	78.27	浙江	76.22	重庆	87.78	北京	76.38
2	上海	69.12	上海	69.35	广东	75.91	北京	79.39	上海	70.64
3	江苏	61.92	天津	51.47	上海	69.62	山西	78.86	青海	68.37

续表

排名	总指数		创新驱动分类指数		转型发展分类指数		生态文明建设分类指数		民生改善分类指数	
4	广东	60.64	江苏	50.92	北京	68.88	山东	78.47	天津	67.51
5	浙江	55.28	广东	47.04	江苏	68.25	浙江	77.57	西藏	66.61
6	天津	53.13	陕西	43.00	山东	54.55	安徽	76.48	辽宁	66.46
7	山东	50.75	湖北	36.45	福建	51.51	河北	75.35	黑龙江	65.48
8	陕西	47.97	山东	33.39	天津	47.67	江苏	75.13	吉林	65.08
9	辽宁	46.87	辽宁	32.12	辽宁	43.94	辽宁	71.37	江苏	64.78
10	福建	46.38	四川	31.51	河北	43.20	贵州	71.12	海南	64.70
11	湖北	45.06	福建	30.71	河南	40.59	陕西	71.03	陕西	62.24
12	重庆	44.65	浙江	30.03	四川	37.30	宁夏	70.98	新疆	61.11
13	河北	43.92	重庆	27.85	湖北	36.90	广东	70.98	宁夏	60.98
14	江西	41.86	江西	27.63	贵州	36.77	内蒙古	70.79	湖北	60.67
15	四川	41.33	河北	25.83	江西	36.64	江西	70.71	内蒙古	60.13
16	山西	41.13	山西	23.52	湖南	36.31	海南	70.09	安徽	59.71
17	安徽	39.28	湖南	23.15	黑龙江	35.65	云南	69.66	重庆	59.60
18	河南	38.92	内蒙古	21.54	安徽	35.29	福建	68.62	河北	59.39
19	湖南	38.58	吉林	20.19	云南	35.22	广西	67.66	浙江	59.21
20	内蒙古	38.23	河南	20.00	西藏	35.18	上海	66.81	山东	59.05
21	黑龙江	38.08	安徽	19.36	海南	35.11	湖北	66.37	山西	58.81
22	海南	37.62	黑龙江	19.03	山西	34.59	河南	66.26	江西	58.45
23	吉林	36.40	甘肃	18.16	重庆	34.55	黑龙江	66.23	河南	57.79
24	宁夏	36.38	广西	17.05	陕西	33.89	湖南	65.90	甘肃	57.43
25	贵州	36.03	海南	16.81	广西	33.84	吉林	64.89	四川	56.77
26	广西	35.43	宁夏	15.54	宁夏	33.60	四川	59.18	广东	56.18
27	云南	35.25	青海	14.83	内蒙古	31.84	天津	55.55	云南	55.06
28	甘肃	32.94	贵州	14.78	甘肃	30.36	甘肃	53.69	湖南	54.71
29	青海	31.13	云南	14.07	吉林	29.00	青海	50.29	福建	54.14
30	新疆	29.29	新疆	13.80	新疆	27.99	新疆	44.74	贵州	53.27
31	西藏	23.47	西藏	8.53	青海	26.21	西藏	10.26	广西	52.62
省区市平均	43.63		28.90		42.47		66.85		61.08	

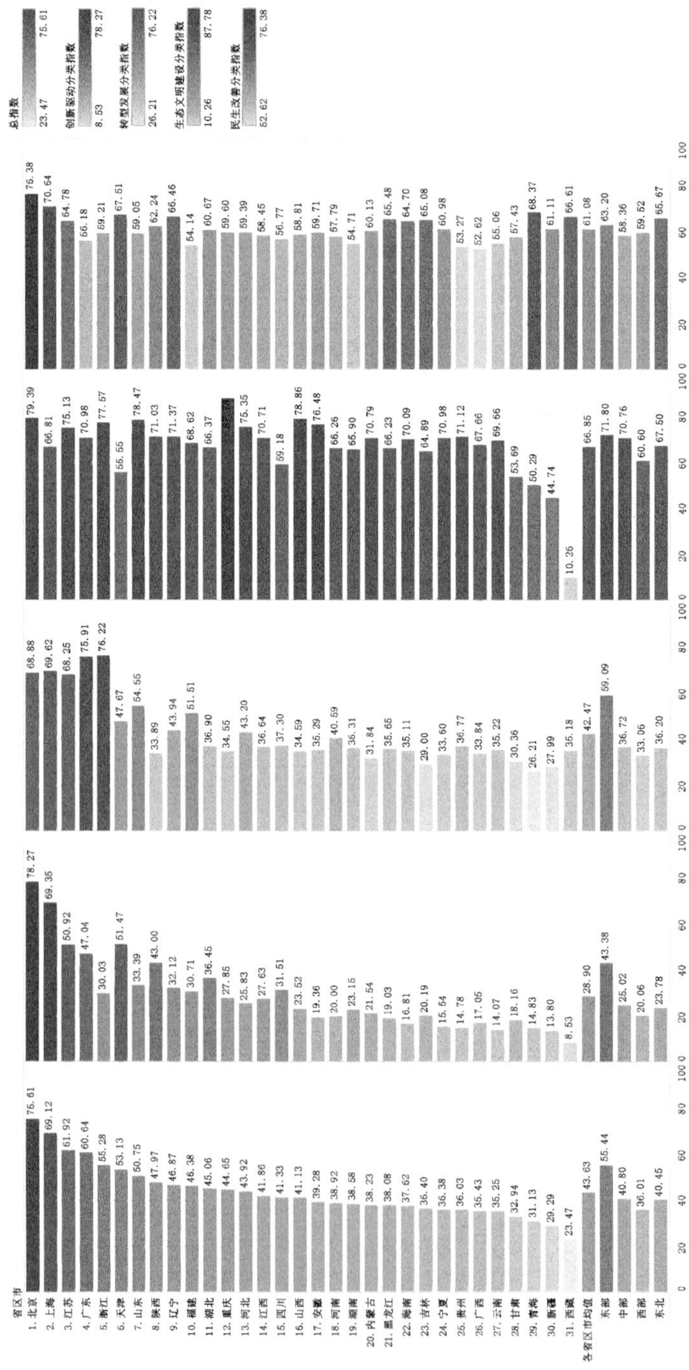

图 4.2 2010 年我国各省区市和四大地区创新驱动转型发展评价指数（按省区市排名）及其分类指数对比

三、2011年我国各省区市和四大地区创新驱动转型发展评价指数及其分类指数

2011年,我国各省区市创新驱动发展、经济转型升级的整体水平有待进一步提高。四大地区中,创新驱动转型发展评价指数高低依次为:东部(58.24点)、中部(44.13点)、东北(41.19点)、西部(37.98点);我国31个省区市中,北京(78.43点)、上海(75.46点)、江苏(65.94点)、广东(62.66点)的创新驱动转型发展评价指数位列前四,甘肃(33.80点)、青海(31.70点)、新疆(30.80点)、西藏(26.93点)位列末尾。

我国各省区市在创新驱动和转型发展方面,差距尤其悬殊。东部地区的创新驱动分类指数和转型发展分类指数遥遥领先于其他省区市,各省区市在生态文明建设分类指数和民生改善分类指数上的差异均不是很明显(个别省区市除外)。

对比创新驱动、转型发展、生态文明建设和民生改善这四个分类指数,指数高低依次为:生态文明建设、民生改善、转型发展、创新驱动。并且相比2010年,我国各省区市在创新驱动方面有进步,2011年我国各省区市创新驱动分类指数均值为31.86点,比2010年的28.90点要高2.96点。

表4.9　2011年我国各省区市和四大地区创新驱动转型发展评价指数及其分类指数排名

排名	总指数		创新驱动分类指数		转型发展分类指数		生态文明建设分类指数		民生改善分类指数	
东部	58.24		46.44		61.88		73.37		67.15	
中部	44.13		28.74		39.26		73.59		63.60	
西部	37.98		22.99		33.45		60.51		65.90	
东北	41.19		24.96		37.61		65.22		68.84	
1	北京	78.43	北京	80.51	浙江	78.75	重庆	87.27	北京	79.23
2	上海	75.46	上海	74.48	上海	78.36	北京	84.56	西藏	78.91
3	江苏	65.94	江苏	57.59	广东	76.56	安徽	79.38	青海	78.76

续表

排名	总指数		创新驱动分类指数		转型发展分类指数		生态文明建设分类指数		民生改善分类指数	
4	广东	62.66	天津	56.52	北京	71.06	天津	78.74	天津	74.36
5	天津	60.33	广东	51.31	江苏	69.86	山东	77.90	上海	73.93
6	浙江	56.16	陕西	47.19	山东	57.00	河北	76.55	辽宁	70.54
7	山东	52.03	重庆	39.26	福建	54.74	江苏	76.14	江苏	69.90
8	重庆	51.03	四川	37.94	天津	48.00	山西	74.59	吉林	69.34
9	陕西	50.48	湖北	36.71	辽宁	45.93	上海	74.19	宁夏	69.00
10	辽宁	48.81	河南	35.75	河北	44.20	福建	74.11	新疆	68.76
11	福建	48.76	辽宁	34.34	河南	42.56	浙江	73.44	重庆	68.25
12	河南	47.64	山东	33.23	江西	40.51	陕西	72.38	海南	66.93
13	湖北	47.23	浙江	32.09	海南	40.29	贵州	72.19	黑龙江	66.63
14	四川	46.75	福建	30.95	四川	39.91	河南	71.98	湖北	66.52
15	河北	45.20	江西	27.45	湖南	39.08	江西	71.97	山东	65.55
16	江西	43.64	河北	26.26	安徽	38.77	湖南	71.89	安徽	65.55
17	安徽	42.63	山西	25.44	湖北	38.54	湖北	71.75	河北	64.88
18	山西	41.92	湖南	24.74	重庆	37.40	辽宁	71.67	内蒙古	64.49
19	湖南	41.72	内蒙古	24.73	云南	37.35	广西	70.55	江西	63.45
20	内蒙古	39.17	安徽	22.33	贵州	37.07	广东	68.58	甘肃	63.41
21	广西	37.70	海南	21.51	山西	36.12	四川	67.44	河南	63.37
22	黑龙江	37.54	吉林	21.06	黑龙江	35.88	云南	67.33	陕西	62.89
23	海南	37.40	黑龙江	19.49	陕西	35.82	内蒙古	66.79	山西	62.37
24	吉林	37.21	甘肃	19.42	广西	35.07	吉林	62.17	四川	61.59
25	贵州	37.09	广西	19.06	内蒙古	31.63	黑龙江	61.81	湖南	60.35
26	云南	36.12	宁夏	16.87	甘肃	31.51	宁夏	55.45	广东	59.98
27	宁夏	34.14	青海	16.77	吉林	31.03	甘肃	50.44	浙江	59.49
28	甘肃	33.80	贵州	15.24	宁夏	30.83	海南	49.52	贵州	58.74
29	青海	31.70	新疆	15.13	新疆	29.64	新疆	43.16	云南	58.08
30	新疆	30.80	云南	15.07	西藏	28.62	青海	42.68	广西	57.87
31	西藏	26.93	西藏	9.19	青海	26.50	西藏	30.48	福建	57.30
省区市平均	46.01		31.86		44.15		67.65		66.14	

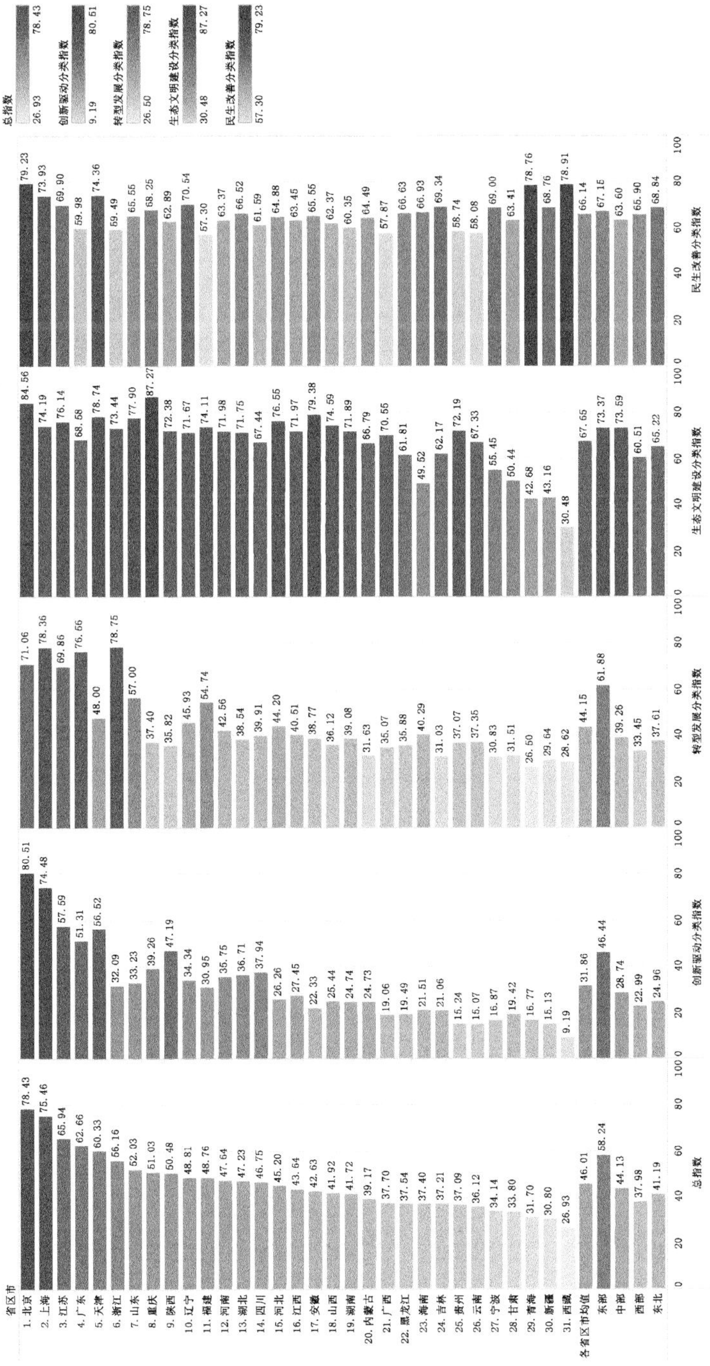

图 4.3　2011 年我国各省区市和四大地区创新驱动转型发展评价指数（按省区市排名）及其分类指数对比

四、2012 年我国各省区市和四大地区创新驱动转型发展评价指数及其分类指数

2012 年,我国各省区市创新驱动发展、经济转型升级的整体水平依旧有待进一步提高,但呈逐年递增态势。四大地区中,创新驱动转型发展评价指数高低依次为:东部(61.12 点)、中部(48.21 点)、东北(44.40 点)、西部(41.14 点);我国 31 个省区市中,北京(82.81 点)、上海(77.00 点)、江苏(68.91 点)、广东(65.98 点)的创新驱动转型发展评价指数位列前四,甘肃摆脱了倒数第四的地位,云南(37.96 点)、青海(34.56 点)、新疆(33.40 点)、西藏(27.91 点)位列末尾。

我国各省区市在创新驱动和转型发展方面,差距依旧悬殊。东部地区的创新驱动分类指数和转型发展分类指数遥遥领先于其他省区市,各省区市在生态文明建设分类指数和民生改善分类指数上的差异均不是很明显(个别省区市除外)。

对比创新驱动、转型发展、生态文明建设和民生改善这四个分类指数,指数高低依次为:生态文明建设、民生改善、转型发展、创新驱动。2012 年我国各省区市创新驱动分类指数均值为 34.56 点。

表 4.10　2012 年我国各省区市和四大地区创新驱动转型发展评价指数及其分类指数排名

排名	总指数		创新驱动分类指数		转型发展分类指数		生态文明建设分类指数		民生改善分类指数	
东部	61.12		49.82		61.52		81.36		69.43	
中部	48.21		32.22		42.05		82.21		67.42	
西部	41.14		24.90		36.60		67.52		69.00	
东北	44.40		27.01		39.11		75.77		70.43	
1	北京	82.81	北京	88.54	广东	76.26	北京	87.97	北京	82.57
2	上海	77.00	上海	78.53	浙江	74.90	重庆	87.79	青海	80.47
3	江苏	68.91	江苏	61.79	上海	73.95	山西	87.07	西藏	79.61
4	广东	65.98	天津	61.44	北京	70.76	安徽	86.46	上海	75.65

续表

排名	总指数		创新驱动分类指数		转型发展分类指数		生态文明建设分类指数		民生改善分类指数	
5	天津	63.72	广东	55.16	江苏	69.83	江西	86.33	天津	74.57
6	浙江	58.39	陕西	52.72	山东	57.87	山东	85.84	重庆	74.07
7	重庆	55.92	重庆	43.86	福建	55.21	辽宁	85.79	辽宁	72.85
8	山东	54.39	湖北	42.09	天津	50.49	浙江	85.16	宁夏	71.83
9	陕西	53.53	四川	40.40	辽宁	47.23	福建	84.84	江苏	70.62
10	辽宁	53.11	辽宁	37.34	河北	45.65	江苏	82.99	黑龙江	69.63
11	福建	51.80	河南	36.60	重庆	45.58	天津	82.04	海南	69.56
12	湖北	51.69	山西	36.36	河南	44.06	内蒙古	81.09	新疆	69.54
13	山西	50.68	浙江	34.79	四川	43.79	河北	79.55	安徽	69.52
14	四川	50.06	山东	34.64	江西	42.80	上海	78.99	内蒙古	69.13
15	河南	49.63	福建	32.71	湖北	42.31	湖南	78.76	吉林	68.81
16	江西	46.22	湖南	27.59	安徽	41.22	广东	78.48	山西	68.70
17	安徽	46.03	河北	25.81	湖南	40.98	湖北	77.91	山东	68.48
18	河北	45.97	江西	25.50	山西	40.91	陕西	77.80	湖北	67.55
19	湖南	45.03	安徽	25.17	海南	40.29	宁夏	77.59	河南	67.38
20	内蒙古	42.40	海南	24.81	贵州	39.68	河南	76.74	河北	67.04
21	海南	42.22	内蒙古	24.44	广西	37.91	广西	76.13	江西	66.50
22	广西	40.79	吉林	21.89	西藏	37.74	贵州	76.02	甘肃	66.04
23	黑龙江	40.46	黑龙江	21.81	黑龙江	37.04	四川	72.71	陕西	65.47
24	宁夏	39.66	广西	21.67	云南	36.55	吉林	71.65	湖南	64.85
25	吉林	39.62	甘肃	19.67	甘肃	34.74	甘肃	70.43	四川	64.32
26	贵州	38.91	云南	18.80	宁夏	33.88	黑龙江	69.87	贵州	63.20
27	甘肃	38.59	青海	18.39	陕西	33.64	云南	68.23	浙江	63.11
28	云南	37.96	宁夏	18.06	吉林	33.07	海南	67.70	云南	63.01
29	青海	34.56	新疆	15.81	内蒙古	32.88	新疆	51.71	广东	61.48
30	新疆	33.40	贵州	15.60	新疆	32.64	青海	48.75	广西	61.34
31	西藏	27.91	西藏	9.39	青海	30.11	西藏	22.02	福建	61.25
省区市平均	49.27		34.56		45.93		75.63		68.97	

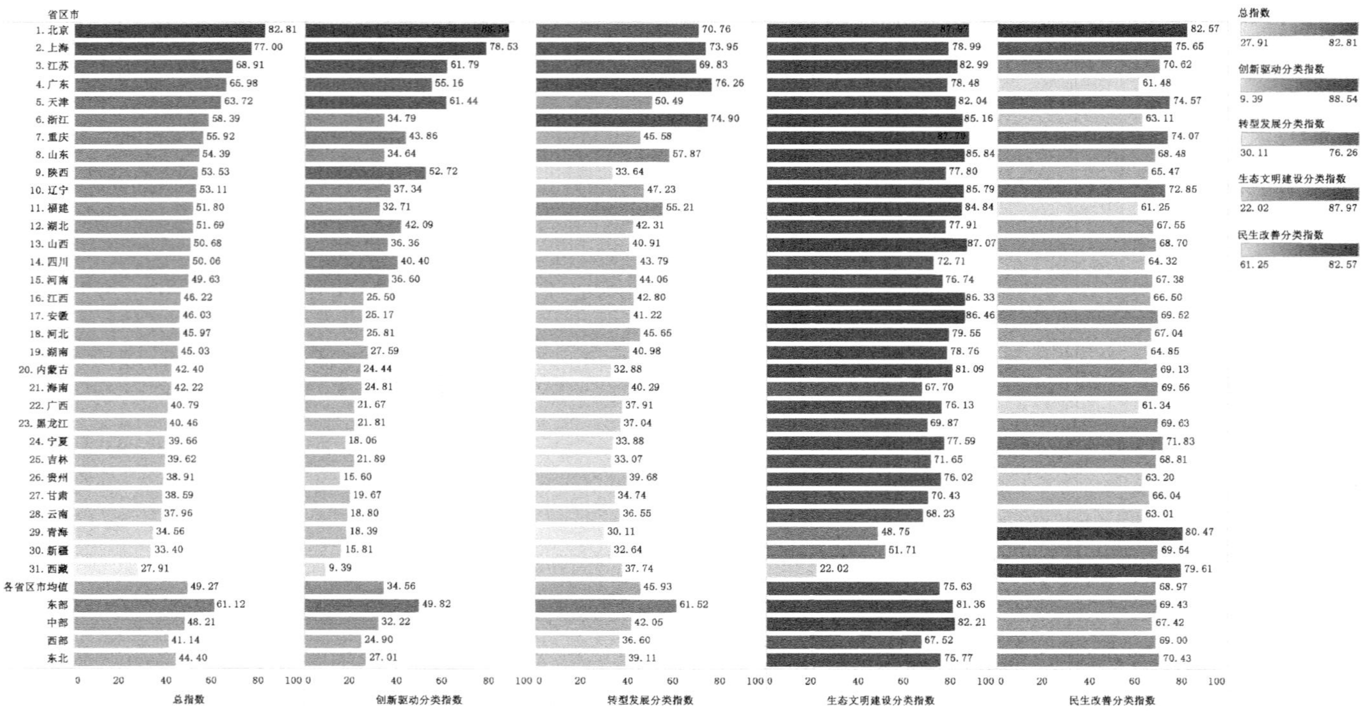

图 4.4　2012 年我国各省区市和四大地区创新驱动转型发展评价指数（按省区市排名）及其分类指数对比

五、2013 年我国各省区市和四大地区创新驱动转型发展评价指数及其分类指数

2013 年，我国各省区市创新驱动转型发展评价指数省区市均值首次突破 50 点，为 50.46 点。四大地区中，创新驱动转型发展评价指数高低依次为：东部（61.57 点）、中部（49.33 点）、东北（44.82 点）、西部（43.17 点）；我国 31 个省区市中，北京（80.60 点）、上海（76.84 点）、江苏（71.04 点）、广东（68.84 点）的创新驱动转型发展评价指数位列前四，贵州（39.98 点）、青海（36.71 点）、新疆（35.88 点）、西藏（29.70 点）位列末尾。

我国各省区市在创新驱动方面的差距依旧是最悬殊的，其次是在转型发展方面。东部地区的创新驱动分类指数和转型发展分类指数遥遥领先于其他省区市，各省区市在生态文明建设分类指数和民生改善分类指数上的差异均不是很明显（个别省区市除外）。

对比创新驱动、转型发展、生态文明建设和民生改善这四个分类指数，指数高低依次为：生态文明建设、民生改善、转型发展、创新驱动。2013 年我国各省区市创新驱动分类指数均值为 36.08 点，稍高于 2012 年的 34.56 点。

表 4.11　　2013 年我国各省区市和四大地区创新驱动转型发展评价指数及其分类指数排名

排名	总指数		创新驱动分类指数		转型发展分类指数		生态文明建设分类指数		民生改善分类指数	
东部	61.57		51.45		60.18		81.46		70.18	
中部	49.33		34.82		44.50		79.70		65.35	
西部	43.17		26.19		38.72		70.92		70.30	
东北	44.82		26.94		39.57		76.30		71.42	
1	北京	80.60	北京	89.44	上海	75.06	安徽	91.63	西藏	82.46
2	上海	76.84	上海	79.70	广东	74.82	北京	89.31	北京	76.02
3	江苏	71.04	江苏	64.65	浙江	71.87	宁夏	88.36	宁夏	75.21
4	广东	68.84	天津	63.94	江苏	70.48	山西	86.47	青海	74.33

续表

排名	总指数		创新驱动分类指数		转型发展分类指数		生态文明建设分类指数		民生改善分类指数	
5	天津	63.28	广东	59.96	北京	63.65	内蒙古	85.05	江苏	74.03
6	浙江	57.94	陕西	59.16	山东	57.29	江苏	84.87	内蒙古	73.96
7	陕西	56.89	湖北	46.78	福建	50.77	福建	84.51	新疆	72.43
8	山东	55.59	重庆	42.66	辽宁	48.28	山东	84.16	黑龙江	72.25
9	重庆	53.75	四川	42.08	河北	48.19	重庆	83.36	湖南	72.23
10	湖北	53.31	山西	39.04	天津	48.12	浙江	83.34	吉林	72.20
11	山西	52.52	山东	38.01	四川	47.34	天津	80.83	广东	71.64
12	四川	52.37	河南	37.14	河南	46.28	陕西	80.56	重庆	71.11
13	福建	51.70	浙江	35.27	湖北	45.85	黑龙江	79.58	海南	70.90
14	河南	50.41	辽宁	34.47	江西	45.52	上海	78.93	山东	70.10
15	辽宁	50.21	福建	33.39	重庆	43.60	广东	78.50	云南	69.94
16	安徽	48.00	安徽	30.15	山西	43.53	湖北	78.36	江西	69.87
17	河北	46.28	湖南	29.72	安徽	43.32	河北	77.93	辽宁	69.81
18	湖南	45.96	江西	26.07	湖南	42.54	广西	77.67	天津	69.52
19	江西	45.78	河北	25.70	贵州	41.87	甘肃	76.47	山西	69.17
20	内蒙古	43.96	海南	24.47	海南	41.58	辽宁	76.45	河南	68.69
21	海南	43.56	云南	23.49	广西	40.47	江西	75.60	福建	68.40
22	宁夏	43.09	吉林	23.45	云南	38.37	河南	75.15	上海	68.27
23	云南	42.36	黑龙江	22.90	甘肃	37.43	四川	73.53	贵州	68.26
24	黑龙江	42.20	内蒙古	22.87	西藏	37.26	云南	73.49	四川	67.78
25	吉林	42.05	广西	22.52	吉林	36.71	贵州	72.87	甘肃	67.68
26	广西	41.80	甘肃	21.63	新疆	36.60	吉林	72.87	浙江	67.02
27	甘肃	41.56	宁夏	18.83	宁夏	36.14	海南	72.26	河北	65.90
28	贵州	39.98	青海	18.81	内蒙古	35.86	湖南	70.97	陕西	62.17
29	青海	36.71	贵州	16.29	陕西	35.81	青海	56.68	广西	58.25
30	新疆	35.88	新疆	16.28	青海	33.89	新疆	55.08	安徽	56.09
31	西藏	29.70	西藏	9.65	黑龙江	33.73	西藏	27.89	湖北	56.05
省区市平均	50.46		36.08		46.85		76.54		69.41	

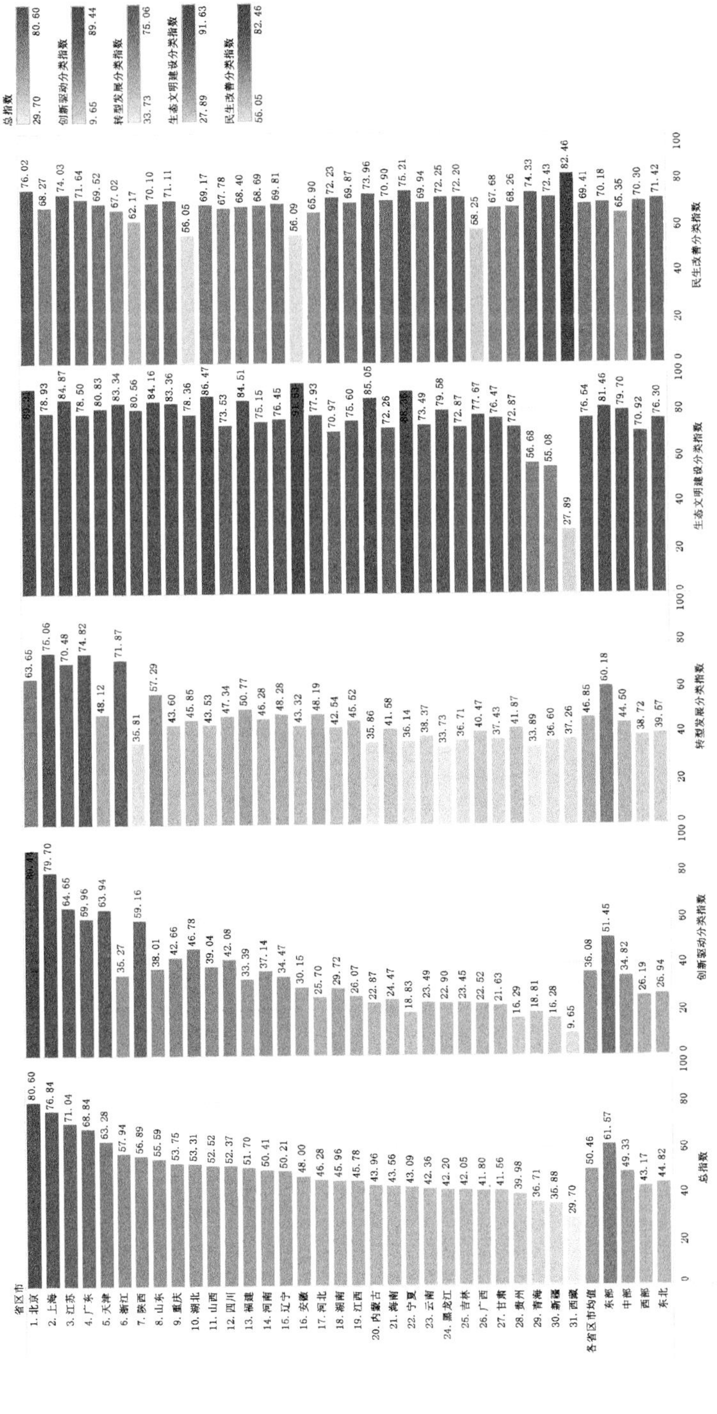

图 4.5　2013 年我国各省区市和四大地区创新驱动转型发展评价指数（按省区市排名）及其分类指数对比

六、2014 年我国各省区市和四大地区创新驱动转型发展评价指数及其分类指数

2014 年，我国各省区市创新驱动转型发展评价指数省区市均值为 50.88 点。四大地区中，创新驱动转型发展评价指数高低依次为：东部（62.16 点）、中部（50.71 点）、东北（44.20 点）、西部（42.23 点）；我国 31 个省区市中，北京（84.67 点）、上海（79.22 点）、江苏（71.97 点）、广东（69.93 点）的创新驱动转型发展评价指数位列前四，与 2013 年相比，北京、上海有显著提升，海南（38.07 点）、青海（36.43 点）、新疆（35.04 点）、西藏（25.97 点）位列末尾。

相比于 2013 年，2014 年北京、上海的显著提升，也表明我国各省区市创新驱动发展、经济转型升级的差距有所拉开，尤其是在创新驱动和转型发展方面的差距。东部地区的创新驱动分类指数和转型发展分类指数遥遥领先于其他省区市，各省区市在生态文明建设分类指数和民生改善分类指数上的差异均不是很明显（个别省区市除外）。

对比创新驱动、转型发展、生态文明建设和民生改善这四个分类指数，指数高低依次为：生态文明建设、民生改善、转型发展、创新驱动。2014 年我国各省区市创新驱动分类指数均值为 37.42 点，稍高于 2013 年的 36.08 点。

表 4.12　2014 年我国各省区市和四大地区创新驱动转型发展评价指数及其分类指数排名

排名	总指数		创新驱动分类指数		转型发展分类指数		生态文明建设分类指数		民生改善分类指数	
东部	62.16		52.59		62.02		78.97		71.33	
中部	50.71		37.83		43.25		79.67		69.98	
西部	43.23		27.05		38.28		70.03		71.68	
东北	44.20		27.47		38.97		71.89		73.86	
1	北京	84.67	北京	91.62	广东	80.07	北京	94.42	青海	85.08
2	上海	79.22	上海	81.17	上海	77.97	内蒙古	88.51	北京	84.09
3	江苏	71.97	江苏	67.82	浙江	73.69	宁夏	86.99	天津	79.67

续表

排名	总指数		创新驱动分类指数		转型发展分类指数		生态文明建设分类指数		民生改善分类指数	
4	广东	69.93	天津	67.32	江苏	69.69	山东	85.32	西藏	77.58
5	天津	67.69	陕西	62.35	北京	67.62	山西	85.29	辽宁	77.37
6	陕西	59.69	广东	61.21	山东	57.83	安徽	85.01	内蒙古	77.00
7	浙江	58.56	湖北	52.90	福建	54.08	江苏	84.27	陕西	74.38
8	湖北	57.60	四川	43.85	天津	53.75	浙江	84.00	宁夏	73.86
9	山东	57.57	重庆	43.41	四川	46.90	上海	82.24	江苏	73.50
10	重庆	54.06	山东	41.67	辽宁	46.88	天津	81.60	重庆	73.31
11	四川	52.45	山西	38.56	重庆	46.79	陕西	79.51	吉林	72.35
12	安徽	51.40	河南	37.73	河北	45.40	云南	79.42	湖北	72.19
13	山西	51.07	安徽	37.42	河南	45.38	湖北	78.22	山东	71.88
14	河南	50.89	浙江	36.56	湖北	44.91	贵州	77.89	黑龙江	71.87
15	辽宁	50.75	辽宁	35.79	江西	43.50	江西	77.82	上海	70.71
16	福建	48.78	福建	33.35	湖南	42.80	河北	77.82	安徽	70.40
17	湖南	46.76	湖南	31.55	安徽	42.71	河南	77.68	河南	69.96
18	江西	46.54	江西	28.80	贵州	41.01	重庆	77.41	海南	69.95
19	河北	45.16	河北	25.29	山西	40.22	广东	76.81	江西	69.59
20	内蒙古	45.03	内蒙古	24.38	云南	40.09	广西	75.17	甘肃	69.55
21	宁夏	44.44	广西	23.90	海南	40.06	辽宁	74.25	湖南	68.94
22	广西	42.15	吉林	23.69	广西	39.03	湖南	73.99	山西	68.84
23	云南	41.75	黑龙江	22.93	宁夏	38.78	黑龙江	71.65	四川	68.19
24	吉林	41.17	甘肃	22.08	甘肃	37.50	甘肃	71.13	贵州	67.77
25	贵州	40.93	宁夏	21.83	陕西	35.94	四川	70.72	广东	67.64
26	甘肃	40.83	云南	20.77	吉林	35.85	吉林	69.76	河北	66.27
27	黑龙江	40.67	海南	19.88	新疆	34.70	福建	66.36	新疆	65.33
28	海南	38.07	青海	18.30	内蒙古	34.52	新疆	58.33	福建	65.22
29	青海	36.43	贵州	17.71	黑龙江	34.19	海南	56.84	广西	64.58
30	新疆	35.04	新疆	16.86	青海	32.43	青海	52.80	浙江	64.38
31	西藏	25.97	西藏	9.18	西藏	31.63	西藏	22.48	云南	63.58
省区市平均	50.88		37.42		46.97		74.96		71.45	

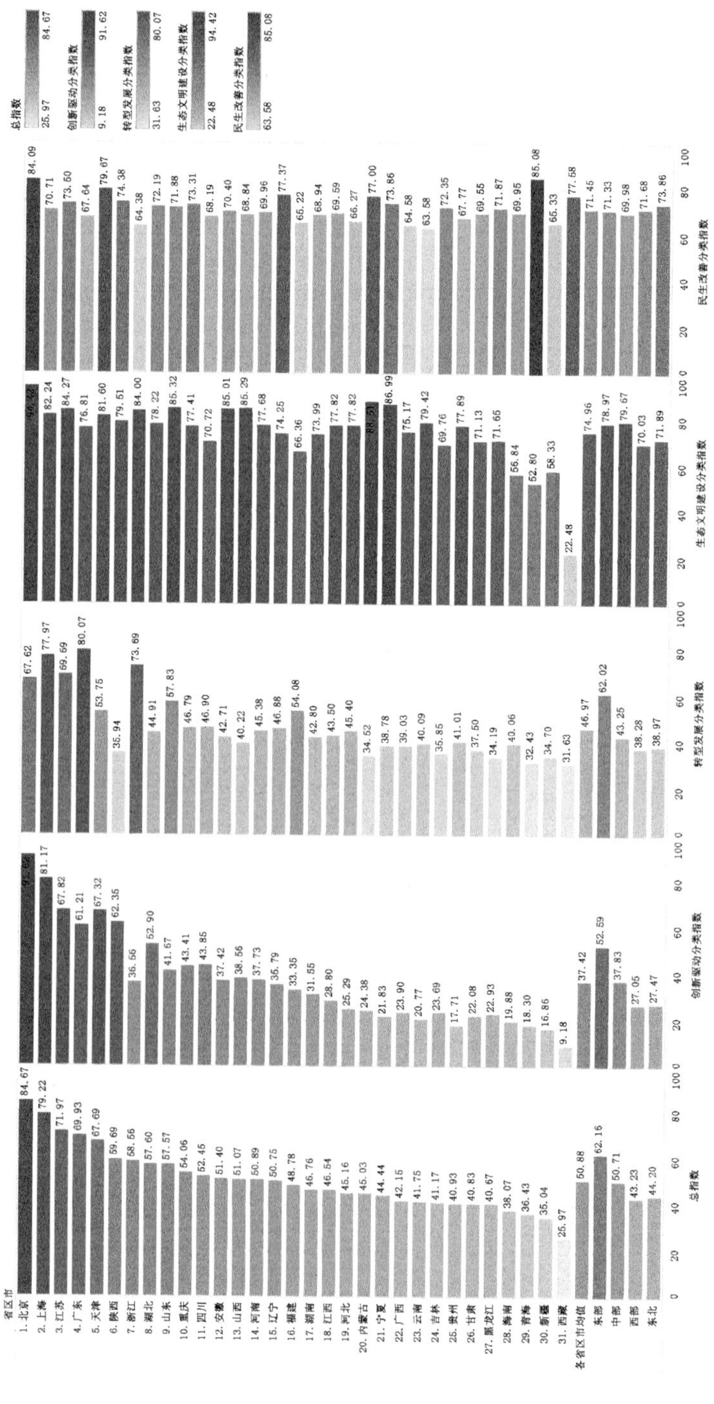

图 4.6 2014 年我国各省区市和四大地区创新驱动转型发展评价指数（按省区市排名）及其分类指数对比

七、2015 年我国各省区市和四大地区创新驱动转型发展评价指数及其分类指数

2015 年，我国各省区市创新驱动发展、经济转型升级的整体水平有所提升，创新驱动转型发展评价指数省区市均值从 2014 年的 50.88 点上升至 2015 年的 52.40 点。四大地区中，创新驱动转型发展评价指数高低依次为：东部（63.45 点）、中部（52.46 点）、西部（45.20 点）、东北（44.27 点）；我国 31 个省区市中，北京（81.85 点）、上海（79.86 点）、江苏（74.58 点）、广东（73.56 点）的创新驱动转型发展评价指数位列前四，青海（40.45 点）、海南（39.58 点）、新疆（39.31 点）、西藏（26.02 点）位列末尾。

我国各省区市在创新驱动方面的差距呈现更悬殊的态势。东部地区的创新驱动分类指数和转型发展分类指数遥遥领先于其他省区市，各省区市在生态文明建设分类指数和民生改善分类指数上的差异均不是很明显（个别省区市除外）。

对比创新驱动、转型发展、生态文明建设和民生改善这四个分类指数，指数高低依次为：生态文明建设、民生改善、转型发展、创新驱动。2015 年我国各省区市创新驱动分类指数均值为 40.27 点，与 2014 年（37.42 点）相比，有明显上升。

表 4.13　2015 年我国各省区市和四大地区创新驱动转型发展评价指数及其分类指数排名

排名	总指数		创新驱动分类指数		转型发展分类指数		生态文明建设分类指数		民生改善分类指数	
东部	63.45		56.36		60.34		78.59		73.63	
中部	52.46		41.26		44.00		80.50		70.97	
西部	45.20		29.15		40.25		72.22		73.75	
东北	44.27		29.15		36.09		72.82		74.98	
1	北京	81.85	北京	91.89	广东	80.03	内蒙古	88.59	北京	88.75
2	上海	79.86	上海	87.70	上海	70.75	安徽	86.90	青海	87.68
3	江苏	74.58	江苏	74.78	江苏	68.40	江苏	84.48	西藏	80.00

续表

排名	总指数		创新驱动分类指数		转型发展分类指数		生态文明建设分类指数		民生改善分类指数	
4	广东	73.56	天津	73.55	浙江	68.32	北京	84.39	天津	79.51
5	天津	70.01	广东	67.96	北京	62.61	湖南	83.78	内蒙古	79.20
6	陕西	61.67	陕西	66.72	山东	58.14	山西	83.25	辽宁	77.78
7	湖北	61.35	湖北	61.48	天津	56.08	广西	82.93	陕西	77.37
8	浙江	59.16	四川	47.79	福建	54.06	贵州	81.41	山东	75.29
9	山东	57.95	重庆	44.99	重庆	49.22	浙江	81.38	重庆	74.42
10	重庆	55.95	山东	44.81	四川	47.93	福建	81.34	上海	74.42
11	四川	55.01	安徽	41.23	河南	47.02	重庆	80.57	宁夏	74.36
12	安徽	53.94	浙江	41.13	湖北	46.98	河北	79.75	江苏	74.24
13	福建	52.32	山西	38.94	江西	46.24	上海	79.65	黑龙江	73.94
14	河南	51.58	河南	38.66	安徽	45.19	广东	79.23	吉林	73.24
15	湖南	51.42	辽宁	37.80	河北	43.51	新疆	78.33	湖南	72.46
16	山西	49.34	湖南	37.66	湖南	43.02	陕西	78.26	湖北	72.40
17	辽宁	48.90	福建	35.01	贵州	42.88	云南	77.91	甘肃	72.18
18	江西	47.14	江西	29.61	云南	41.85	天津	77.71	海南	71.67
19	内蒙古	46.61	内蒙古	26.63	海南	41.56	河南	77.34	安徽	71.27
20	河北	45.64	河北	26.52	甘肃	41.13	山东	77.29	贵州	70.58
21	贵州	44.98	广西	25.23	宁夏	40.99	湖北	76.96	江西	70.33
22	广西	44.64	吉林	25.08	广西	40.48	江西	74.79	河南	70.14
23	甘肃	43.26	黑龙江	24.56	辽宁	39.46	黑龙江	74.04	四川	69.98
24	吉林	42.66	甘肃	24.55	青海	38.04	四川	73.64	广东	69.57
25	云南	42.28	贵州	23.95	陕西	37.48	吉林	73.32	山西	69.22
26	宁夏	42.27	宁夏	22.11	吉林	36.88	甘肃	71.81	新疆	68.92
27	黑龙江	41.24	云南	21.68	内蒙古	36.59	辽宁	71.10	浙江	68.26
28	青海	40.45	海南	20.25	山西	35.56	宁夏	70.72	河北	68.01
29	海南	39.58	青海	18.71	新疆	35.35	青海	64.02	广西	66.77
30	新疆	39.31	新疆	17.30	黑龙江	31.93	海南	60.68	福建	66.62
31	西藏	26.02	西藏	10.15	西藏	31.05	西藏	18.49	云南	63.59
省区市平均	52.40		40.27		47.05		75.94		73.30	

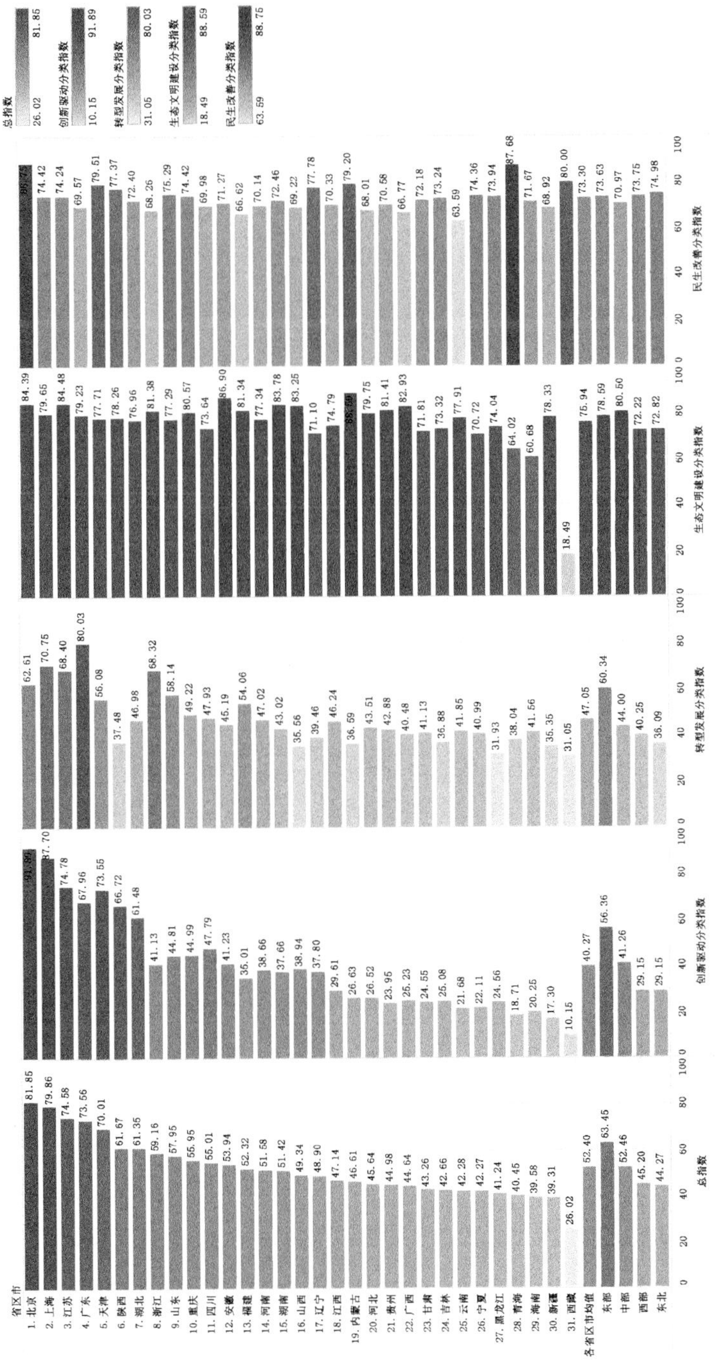

图 4.7　2015 年我国各省区市和四大地区创新驱动转型发展评价指数（按省区市排名）及其分类指数对比

八、2016 年我国各省区市和四大地区创新驱动转型发展评价指数及其分类指数

2016 年，我国各省区市创新驱动转型发展评价指数省区市均值从 2015 年的 52.40 点提升至 2016 年的 52.68 点。四大地区中，创新驱动转型发展评价指数高低依次为：东部（64.02 点）、中部（52.20 点）、西部（45.74 点）、东北（43.58 点）；我国 31 个省区市中，北京（82.52 点）、上海（81.85 点）、江苏（74.11 点）、广东（74.05 点）的创新驱动转型发展评价指数位列前四，黑龙江（41.52 点）、海南（41.03 点）、新疆（39.57 点）、西藏（29.68 点）位列末尾。

我国各省区市在创新驱动和转型发展方面的差距均比较悬殊，特别是在创新驱动方面。东部地区的创新驱动分类指数和转型发展分类指数遥遥领先于其他省区市，各省区市在生态文明建设分类指数和民生改善分类指数上的差异均不是很明显（个别省区市除外）。

对比创新驱动、转型发展、生态文明建设和民生改善这四个分类指数，指数高低依次为：生态文明建设、民生改善、转型发展、创新驱动。2016 年我国各省区市创新驱动分类指数均值为 42.38 点，高于 2015 年的 40.27 点。

表 4.14 2016 年我国各省区市和四大地区创新驱动转型发展评价指数及其分类指数排名

排名	总指数		创新驱动分类指数		转型发展分类指数		生态文明建设分类指数		民生改善分类指数	
东部	64.02		58.76		59.97		76.55		75.72	
中部	52.20		42.29		43.74		79.55		71.39	
西部	45.74		31.44		39.17		73.95		74.43	
东北	43.58		31.64		35.94		64.86		75.63	
1	北京	82.52	上海	91.07	广东	79.21	北京	91.96	青海	89.18
2	上海	81.85	北京	90.43	上海	72.72	山西	87.78	北京	88.55
3	江苏	74.11	江苏	77.11	浙江	69.73	宁夏	87.68	天津	85.04

续表

排名	总指数		创新驱动分类指数		转型发展分类指数		生态文明建设分类指数		民生改善分类指数	
4	广东	74.05	天津	76.05	江苏	66.95	安徽	87.21	上海	82.50
5	天津	69.94	广东	71.91	北京	63.50	内蒙古	85.30	西藏	81.60
6	陕西	61.93	陕西	67.74	山东	57.12	浙江	82.14	内蒙古	80.08
7	湖北	61.83	湖北	63.29	天津	54.92	陕西	80.49	辽宁	77.82
8	浙江	61.70	重庆	50.30	福建	53.37	新疆	79.85	宁夏	76.97
9	山东	58.08	四川	48.46	四川	47.83	江西	77.98	江苏	76.69
10	重庆	56.29	山东	47.36	湖北	46.52	江苏	77.37	陕西	75.60
11	四川	54.34	浙江	46.26	重庆	46.22	青海	77.09	重庆	75.45
12	安徽	53.78	安徽	43.62	河南	46.01	湖北	76.94	黑龙江	74.86
13	福建	51.90	辽宁	41.24	河北	44.69	山东	76.79	吉林	74.22
14	河南	51.13	河南	40.36	江西	44.53	重庆	76.18	湖北	73.89
15	山西	50.45	山西	39.04	安徽	43.19	广西	75.34	海南	73.85
16	湖南	48.67	福建	37.75	湖南	42.33	贵州	75.03	山东	73.24
17	江西	47.37	湖南	36.75	云南	40.54	河北	74.73	甘肃	73.13
18	辽宁	46.87	江西	30.69	甘肃	40.24	福建	74.53	湖南	72.59
19	内蒙古	45.89	贵州	28.97	贵州	39.93	湖南	73.78	江西	72.28
20	河北	45.06	甘肃	28.82	山西	39.88	河南	73.61	河南	71.56
21	甘肃	44.61	广西	28.52	辽宁	38.85	上海	73.60	新疆	71.07
22	贵州	44.16	内蒙古	28.51	广西	38.83	甘肃	72.87	安徽	71.05
23	广西	43.78	吉林	28.24	陕西	37.83	黑龙江	72.71	广东	70.90
24	宁夏	43.78	河北	27.29	海南	37.53	广东	72.64	四川	70.72
25	青海	42.55	云南	26.20	宁夏	37.42	海南	72.02	浙江	69.39
26	吉林	42.35	黑龙江	25.44	青海	37.09	云南	71.11	河北	69.01
27	云南	42.29	海南	22.38	新疆	36.08	天津	69.75	福建	68.05
28	黑龙江	41.52	宁夏	22.16	内蒙古	35.41	四川	69.46	广西	67.64
29	海南	41.03	青海	19.93	吉林	35.00	吉林	69.04	山西	66.98
30	新疆	39.57	新疆	17.81	黑龙江	33.98	辽宁	52.83	贵州	66.88
31	西藏	29.68	西藏	9.92	西藏	32.59	西藏	37.02	云南	64.89
省区市平均	52.68		42.38		46.45		74.99		74.38	

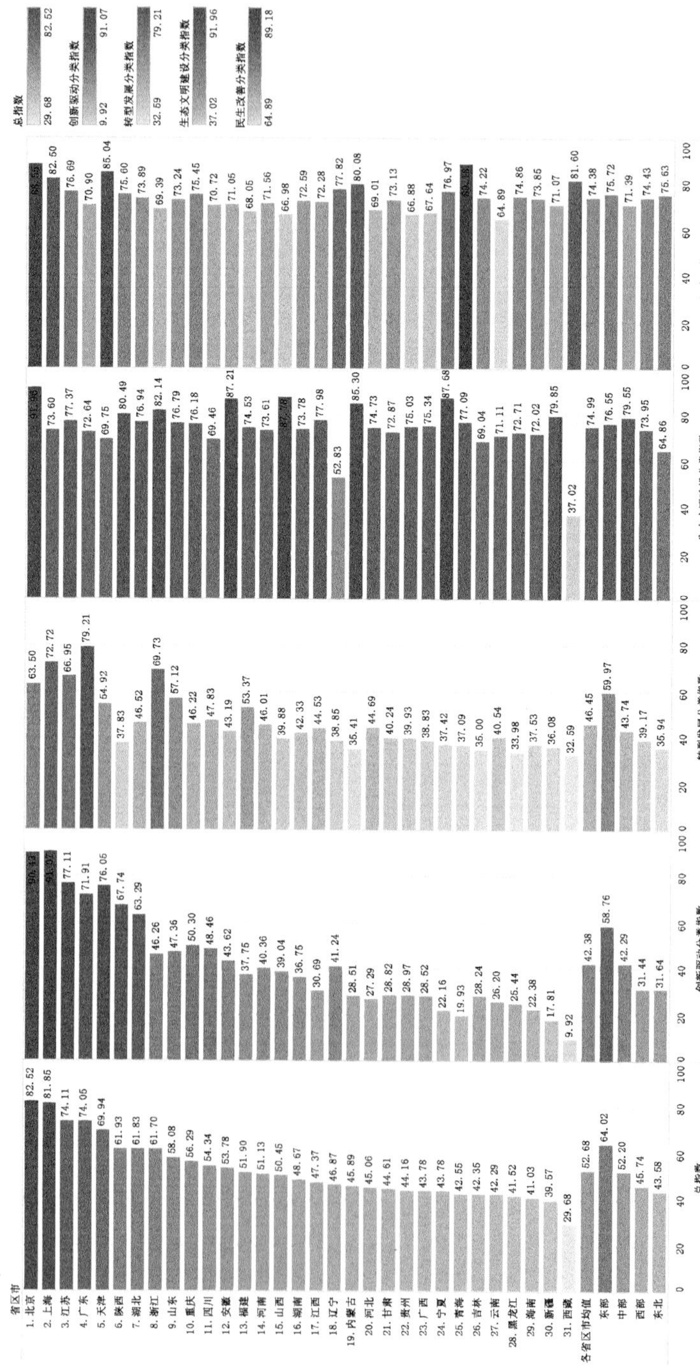

图 4.8　2016 年我国各省区市和四大地区创新驱动转型发展评价指数（按省区市排名）及其分类指数对比

第四节　创新驱动转型发展评价指数的测算结果分析

一、我国各省区市创新驱动转型发展评价指数及其分类指数整体呈逐年递增态势

表 4.15 汇总了 2009—2016 年我国 31 个省区市创新驱动转型发展评价指数及其分类指数基本统计量。由表中数据可知，就集中趋势而言，我国各省区市创新驱动转型发展评价指数的平均值和中位数、最大值、最小值整体上呈逐年递增趋势，其中创新驱动分类指数的平均值和中位数最小；就离散趋势而言，我国各省区市创新驱动转型发展评价指数的变异系数整体上呈逐年递减趋势，表明我国各省区市创新驱动发展、经济转型升级的能力逐年有所提高，且我国不同省区市间的差异逐年有所减小，但还有很大的进步空间，尤其是创新驱动方面仍需完善的空间还很大。

对比创新驱动、转型发展、生态文明建设和民生改善四个分类指数的平均值和中位数可知，均值和中位数的高低依次为：生态文明建设、民生改善、转型发展、创新驱动，生态文明建设成效显著。

对比创新驱动、转型发展、生态文明建设和民生改善四个分类指数的标准差、极差和变异系数可知，创新驱动能力的地区差异最悬殊，民生改善能力的地区差异最小，这说明我国各省区市民生工作的发展水平较为均衡，同步性较高，社会整体和谐程度较高，但是其他三个方面还需完善，尤其是创新驱动方面亟待加强。

表 4.15　　2009—2016 年我国 31 个省区市创新驱动转型发展评价指数及其分类指数基本统计量汇总

		2009 年	2010 年	2011 年	2012 年	2013 年	2014 年	2015 年	2016 年
总指数	最大值	75.26	75.61	78.43	82.81	80.60	84.67	81.85	82.52
	最小值	23.54	23.47	26.93	27.91	29.70	25.97	26.02	29.68
	中位数	39.95	41.13	43.64	46.22	48.00	48.78	49.34	48.67
	均值	43.38	43.63	46.01	49.27	50.46	50.88	52.40	52.68
	标准差	11.19	11.32	12.26	12.34	11.63	12.98	12.78	12.72
	极差	51.72	52.15	51.50	54.90	50.89	58.71	55.83	52.84
	变异系数	0.26	0.26	0.27	0.25	0.23	0.26	0.24	0.24
创新驱动分类指数	最大值	77.06	78.27	80.51	88.54	89.44	91.62	91.89	91.07
	最小值	8.30	8.53	9.19	9.39	9.65	9.18	10.15	9.92
	中位数	22.23	23.52	26.26	27.59	30.15	33.35	37.66	37.75
	均值	27.18	28.90	31.86	34.56	36.08	37.42	40.27	42.38
	标准差	15.28	16.07	17.03	18.48	19.02	19.89	21.22	21.26
	极差	68.75	69.73	71.33	79.15	79.79	82.45	81.74	81.15
	变异系数	0.56	0.56	0.53	0.53	0.53	0.53	0.53	0.50
转型发展分类指数	最大值	77.46	76.22	78.75	76.26	75.06	80.07	80.03	79.21
	最小值	30.21	26.21	26.50	30.11	33.73	31.63	31.05	32.59
	中位数	39.14	36.31	38.77	41.22	43.53	42.80	43.02	42.33
	均值	44.42	42.47	44.15	45.93	46.85	46.97	47.05	46.45
	标准差	13.59	14.26	15.12	13.49	12.02	13.37	12.02	12.17
	极差	47.25	50.01	52.25	46.15	41.33	48.44	48.97	46.62
	变异系数	0.31	0.34	0.34	0.29	0.26	0.28	0.26	0.26
生态文明建设分类指数	最大值	82.06	87.78	87.27	87.97	91.63	94.42	88.59	91.96
	最小值	23.48	10.26	30.48	22.02	27.89	22.48	18.49	37.02
	中位数	71.58	70.09	71.89	78.48	78.36	77.82	78.26	75.03
	均值	69.32	66.85	67.65	75.63	76.54	74.96	75.94	74.99
	标准差	12.07	13.56	12.62	13.44	11.87	13.17	12.08	9.95
	极差	58.58	77.51	56.79	65.95	63.74	71.94	70.10	54.94
	变异系数	0.17	0.20	0.19	0.18	0.16	0.18	0.16	0.13

续表

		2009 年	2010 年	2011 年	2012 年	2013 年	2014 年	2015 年	2016 年
民生改善分类指数	最大值	72.00	76.38	79.23	82.57	82.46	85.08	88.75	89.18
	最小值	52.34	52.62	57.30	61.25	56.05	63.58	63.59	64.89
	中位数	59.41	59.71	65.55	68.70	69.87	70.40	72.40	73.24
	均值	59.68	61.08	66.14	68.97	69.41	71.45	73.30	74.38
	标准差	4.70	5.37	6.07	5.42	5.44	5.29	5.51	6.01
	极差	19.66	23.76	21.93	21.32	26.40	21.51	25.17	24.29
	变异系数	0.08	0.09	0.09	0.08	0.08	0.07	0.08	0.08

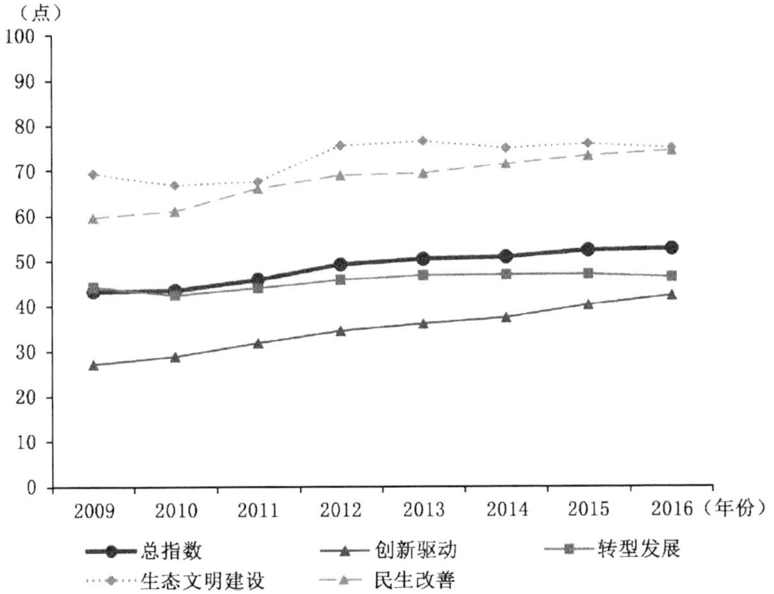

图 4.9　2009—2016 年我国各省区市指数均值时序图

如图 4.9 所示，2009—2016 年我国各省区市创新驱动转型发展评价指数及其分类指数的省区市均值整体呈逐年递增的趋势，总指数的省区市均值由 2009 年的 43.38 点上升至 2016 年的 52.68 点，创新驱动分类指数的省区市均值由 27.18 点上升至 42.38 点，转型发展分类指数的省区市均值由 44.42 点波动上升至 46.45 点，生态文明建设分类指数的省区市均值由 69.32 点震荡上升至 74.99 点，民生改善分类指数的省区市均值由 59.68 点上升至 74.38 点，总指数的增加主要来源于创新驱动和民生改善分类指数的上升，且创新驱动分类指数的增幅最大。但是，创新驱动分类指数的上升空间仍然很大，因为“每百万人国内发明专利申请授权量”“技术市场合同成交额”和“全员劳动生产率”这三个指标的标准化数值的上升空间很大且权重很高，尤其是“每百万人国内发明专利申请授权量”这一评价指标。这表明，我国科技创新能力显著提升，但仍需进一步强化专利量质齐升的态势，加大对各省区市专利考核力度，提升科技成果转化率。

二、我国东部、中部、西部和东北地区创新驱动转型发展评价指数呈现出很明显的地域差别

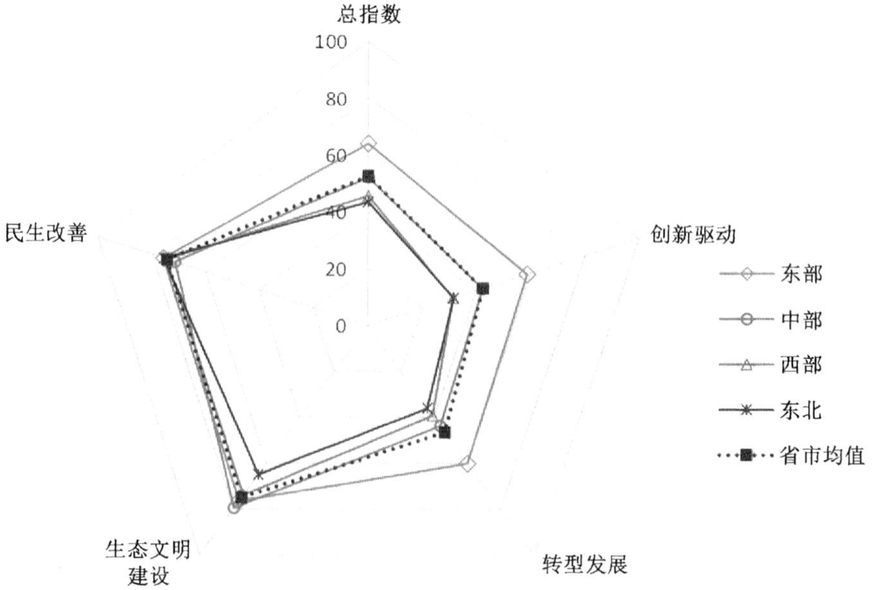

图 4.10　2016 年四大地区指数雷达图

从四大经济板块来看，如图 4.10 所示，就 2016 年而言，东、中、西和东北四大地区的民生改善分类指数的差异很小，东、中和西部地区的生态文明建设分类指数差异也很小，且指数值高于东北地区，总指数的差异主要来源于创新驱动和转型发展分类指数的差距，且从指数值来看，东部高于中部、中部高于西部和东北，呈现出很明显的地域差别。

2009—2016 年各省区市创新驱动转型发展评价指数及其四个分类指数时序图如图 4.11、4.12 所示，X 轴代表年度，由内至外依次是 2009—2016 年；Y 轴代表 31 个省区市，由外至内依次是东、中、西和东北四大地区，即京、津、冀、沪……晋……蒙……辽……；Z 轴代表指数值。

从我国 31 个省区市来看，各省区市创新驱动分类指数和转型发展分类指数之间的差异很悬殊，东部地区各省市的创新驱动分类指数和转型发展分类指数均明显高于中、西和东北地区各省区市；东、中、西和东北四大地区各省区市的民生改善分类指数的差异很小；东、中和西部地区各省区市的生态文明建设分类指数差异也很小，但东北地区各省市的生态文明建设分类指数稍低。由此可见，总指数的差异主要来源于创新驱动和转型发展这两个分类指数的差距，指数呈现出很明显的地域差别。

三、北京和上海的创新驱动转型发展评价指数遥遥领先于我国其他省区市

由图 4.11 可知，从总指数方面来看，各省区市呈现逐年递增的趋势，省区市均值由 2009 年的 43.38 点逐步上升至 2016 年的 52.68 点，且东部地区存在明显优势，指数值高于其他三大地区，尤其是北京、上海、江苏和广东四省市，北京和上海的创新驱动转型发展评价指数遥遥领先于全国其他省区市，一直保持我国创新驱动转型发展的“排头兵”。

由图 4.12 可知，从分类指数方面来看，各省区市创新驱动和民生改善分类指数的年增速较迅速，而转型发展和生态文明建设分类指数的年增速有待进一步提高；东部省市的转型发展分类指数遥遥领先其他省区市；各省区市在生态文明建设分类指数和民生改善分类指数上的差异均

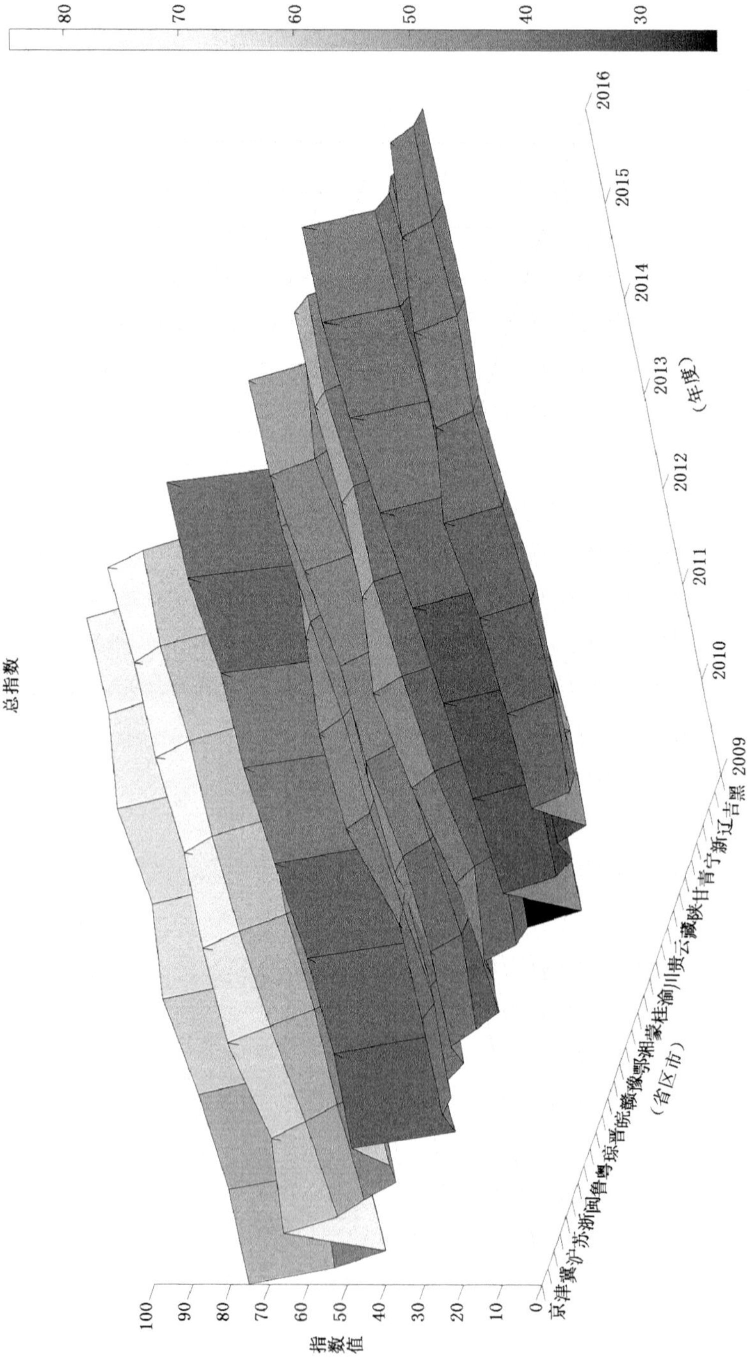

图 4.11　2009—2016 年我国各省区市创新驱动转型发展评价指数时序图

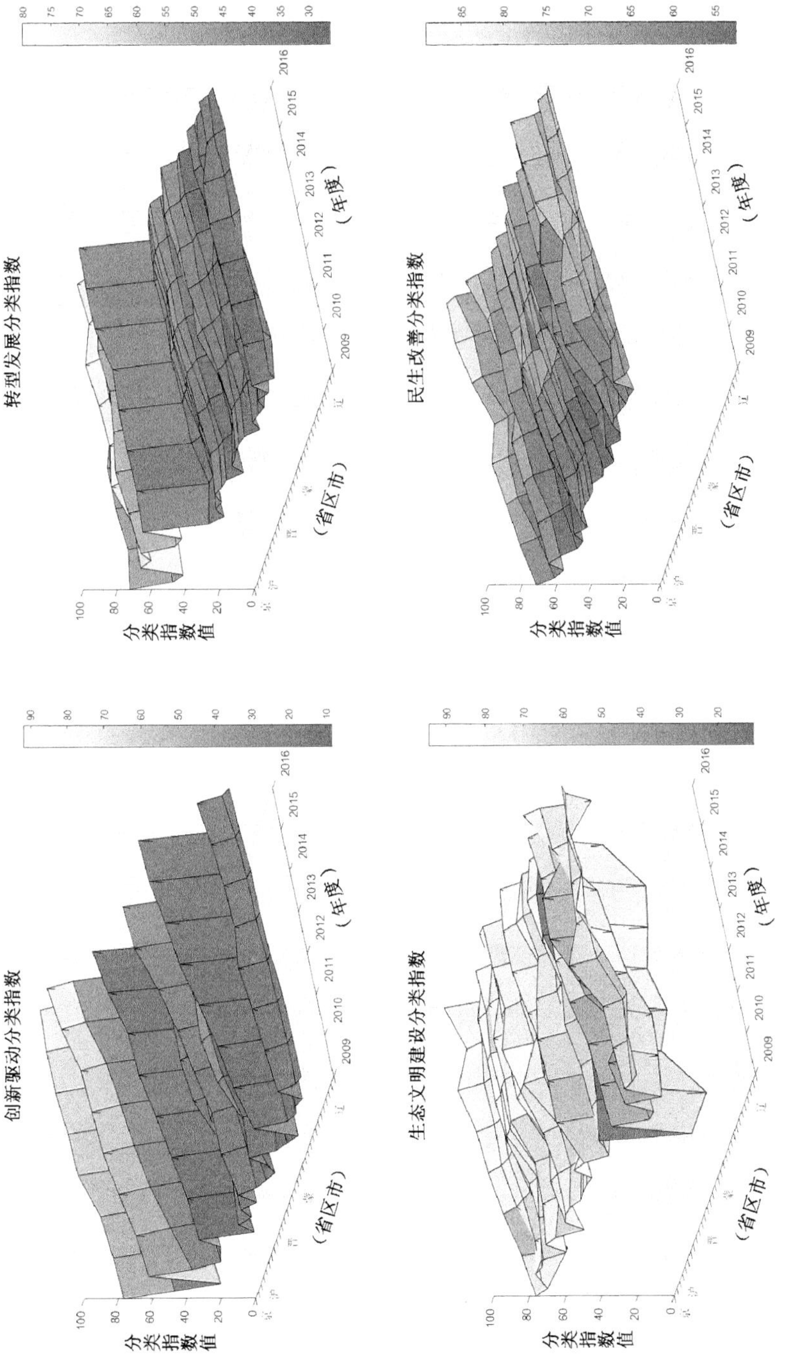

图 4.12 2009—2016 年我国各省区市创新驱动转型发展评价指数的四个分类指数时序图

不是很明显（个别省区市除外），且指数值普遍高于创新驱动分类指数和转型发展分类指数。

具体来看，北京和上海在创新驱动分类指数方面优势明显，自 2009 年以来该分类指数值逐年递增，连续八年蝉联全国前两位，尤其是上海，与北京的差距呈逐年递减趋势，在 2016 年反超北京跃居全国创新驱动首位。北京、上海不断深化供给侧结构性改革激活动力、加大科研投入强度，2009—2016 年北京的研发经费支出占地区生产总值的比重远超目标值 3.3%，高达 6%，已赶超排名全球前列的韩国；上海的研发经费投入强度逐年递增，虽不及北京那么高，且低于韩国，但是自 2012 年开始也已达到日本等创新型国家的水平，且超过目标值 3.3%，高于美、英、法、德等发达国家（见图 4.13）。

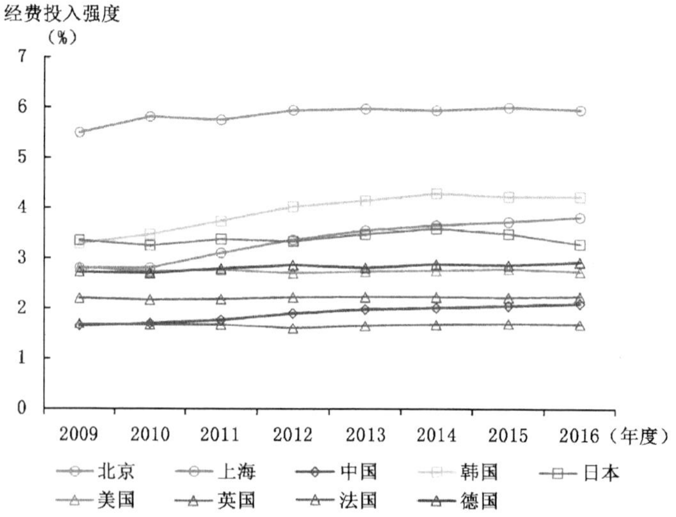

数据来源：《中国科技统计年鉴 2017》《中国科技统计年鉴 2018》。

图 4.13 2009—2016 年北京、上海的研发经费支出占地区 GDP 的比重(%)与韩、日、美、英、法、德的对比图

四、我国各省区市创新驱动转型发展评价指数呈“橄榄型”分布

对 2009—2016 年各省区市创新驱动转型发展评价指数进行聚类分

析，参照系统聚类分析的结果，本研究将总指数达到 70 点的归为Ⅰ类区域，总指数∈[50,70)的归为Ⅱ类区域，总指数∈[30,50)的归为Ⅲ类区域，总指数低于 30 点的归为Ⅳ类区域，各年Ⅰ-Ⅳ类区域的省区市情况如表 4.16 所示，2009 年和 2016 年各类区域所包含的省区市的具体情况如表 4.17 所示，各年分级统计如图 4.14 所示。

表 4.16　　2009—2016 年Ⅰ-Ⅳ类区域的省区市数据情况

	2009 年	2010 年	2011 年	2012 年	2013 年	2014 年	2015 年	2016 年
Ⅰ类:[70,100]	2	1	2	2	3	3	5	4
Ⅱ类:[50,70)	4	6	7	12	12	12	10	11
Ⅲ类:[30,50)	24	22	21	16	15	15	15	15
Ⅳ类:[0,30)	1	2	1	1	1	1	1	1

表 4.17　　2009 年和 2016 年Ⅰ-Ⅳ类区域所包含的具体省区市

	2009 年	2016 年
Ⅰ类:[70,100]	2 个:北京、上海	4 个:北京、上海、江苏、广东
Ⅱ类:[50,70)	4 个:广东、江苏、天津、浙江	11 个:天津、陕西、湖北、浙江、山东、重庆、四川、安徽、福建、河南、山西
Ⅲ类:[30,50)	24 个:山东、福建、辽宁、陕西、湖北、四川、河北、江西、山西、安徽、重庆、河南、湖南、广西、黑龙江、吉林、贵州、宁夏、云南、海南、内蒙古、甘肃、青海、新疆	15 个:湖南、江西、辽宁、内蒙古、河北、甘肃、贵州、广西、宁夏、青海、吉林、云南、黑龙江、海南、新疆
Ⅳ类:[0,30)	1 个:西藏	1 个:西藏

从表 4.16、表 4.17 可以看出，2009—2016 年，我国各省区市创新驱动转型发展评价指数分类呈"橄榄型"分布(见图 4.15)。结合各年分级统计地图，可知:北京常年位居榜首，上海持续蝉联第二，江苏、广东的创新驱动转型发展水平逐年提高，由Ⅱ类区域进入Ⅰ类区域，而西藏一直处于末位。Ⅲ类区域的省区市逐步进入Ⅱ类区域，Ⅱ类区域所包含的省市数在逐步扩大，Ⅲ类区域在逐步减小，但是常年至少有 25 个省区市均位于Ⅱ、Ⅲ类区域[总指数值位于[30,70)]，我国各省区市创新驱动发展、经济转型升级的整体水平有待进一步提高。直至 2016 年，东、中部地区绝大多数省市(海南、河北、湖南、江西除外)位于Ⅰ、Ⅱ类区域，呈现很强的地域性。

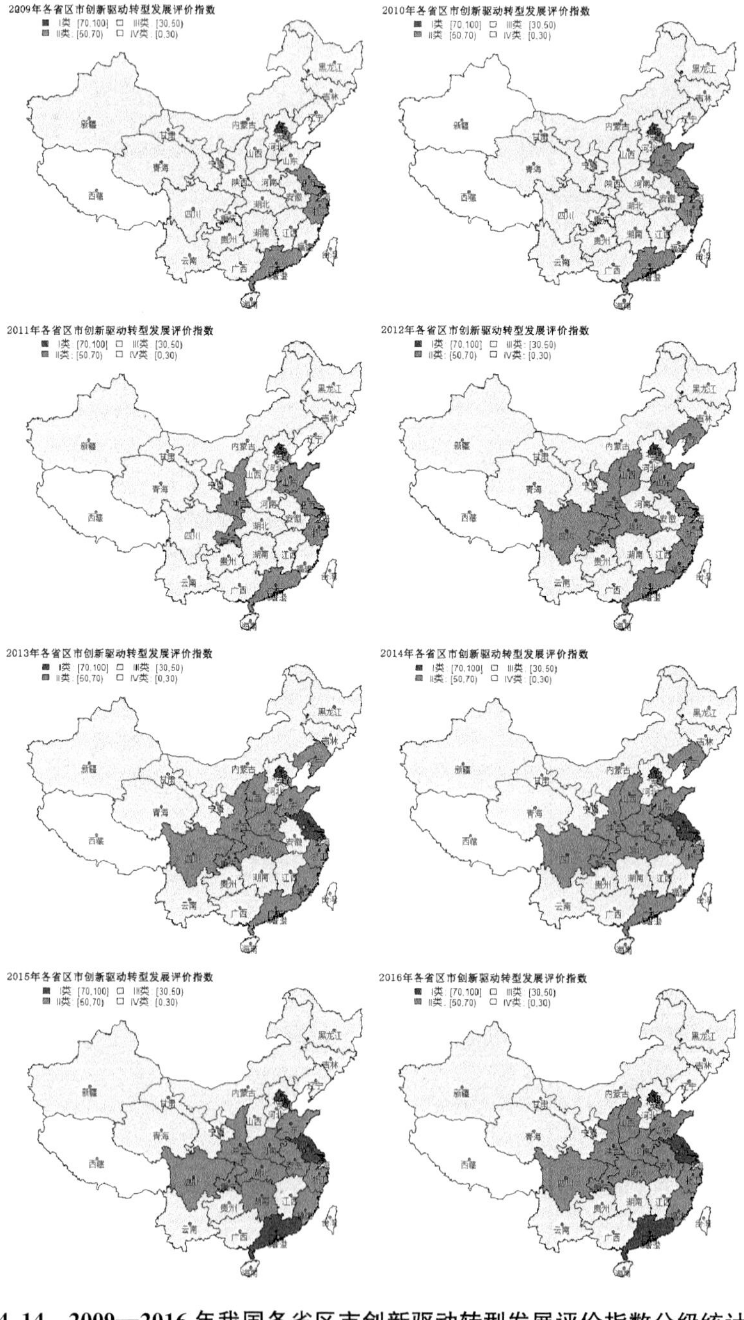

图 4.14　2009—2016 年我国各省区市创新驱动转型发展评价指数分级统计地图

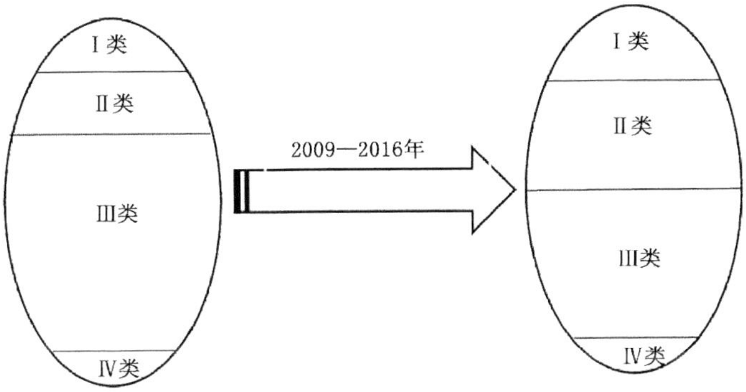

图 4.15　2009—2016 年我国各省区市创新驱动转型发展评价指数分类呈“橄榄型”分布

五、我国各省区市在四个子目标上整体呈上升趋势，尤其在创新驱动和民生改善两个子目标上取得显著进步

1. 我国各省区市创新驱动转型发展评价指数平均上升 9.30 点

湖北、陕西、重庆、江苏、天津的创新驱动转型发展评价指数的上升点数最多，在 15 个点以上，我国各省区市创新驱动转型发展评价指数 2009 年与 2016 年对比情况如图 4.16 所示。

从具体评价指标来看，湖北、陕西、重庆、江苏和天津这五个省市创新驱动转型发展评价指数的上升主要得益于“每百万人国内发明专利申请授权量”“技术市场合同成交额”和“人均基本公共服务支出”这三个指标的大幅增长，2009 年与 2016 年原始数据的对比情况如表 4.18 所示。

表 4.18　2009 年与 2016 年五个省市的三个指标原始数据的对比情况

指标	湖北		陕西		重庆		江苏		天津	
	2009 年	2016 年	2009 年	2016 年	2009 年	2016 年	2009 年	2016 年	2009 年	2016 年
X_{13}：每百万人国内发明专利申请授权量(项)	25.84	144.72	36.01	196.77	29.17	165.49	68.14	511.96	153.83	331.95
X_{14}：技术市场合同成交额(亿元)	77.97	927.73	71.62	802.74	45.62	257.44	113.26	729.26	106.15	602.32
X_{41}：人均基本公共服务支出(元)	1 984.07	6 535.36	2 818.97	7 235.48	2 484.85	7 676.21	2 470.68	6 704.14	4 078.58	10 340.85

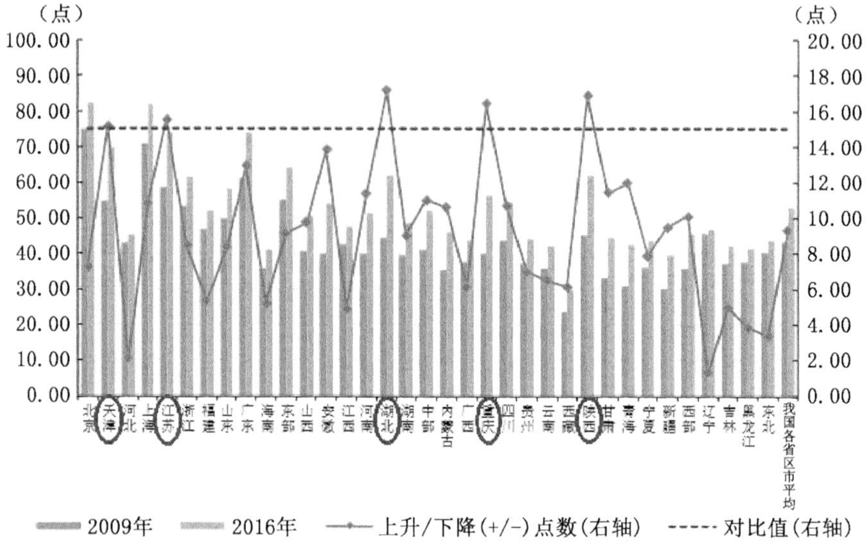

图 4.16　2009 年与 2016 年我国各省区市创新驱动转型发展评价指数对比图

此外，陕西和重庆的“高技术产品出口额占总出口额的比重”这一指标的增速很大，分别从 2009 年的 20.70%和 4.95%增加至 2016 年的 71.10%和 61.72%；天津和重庆的“主要污染物排放量减少系数”这一指标的增速也很大，分别从 2009 年的 35%和 33%均提升至 2016 年的 100%。

2. 我国各省区市在创新驱动和民生改善两个子目标上取得显著进步

（1）我国各省区市创新驱动分类指数平均上升 15.19 点。

湖北、陕西、重庆、江苏、天津的创新驱动分类指数的上升点数是最多的，均在 27 个点以上；然而，西藏的创新驱动分类指数的上升点数最少，仅上升了 1.61 个点。创新驱动能力的地区差异最悬殊。我国各省区市创新驱动分类指数 2009 年与 2016 年对比情况如图 4.17 所示。

从具体评价指标来看，湖北、陕西、重庆、江苏和天津这五个省市创新驱动分类指数的上升主要得益于“每百万人国内发明专利申请授权量”和“技术市场合同成交额”这两个指标的大幅增长，2009 年与 2016 年原始数据的对比情况如表 4.19 所示。

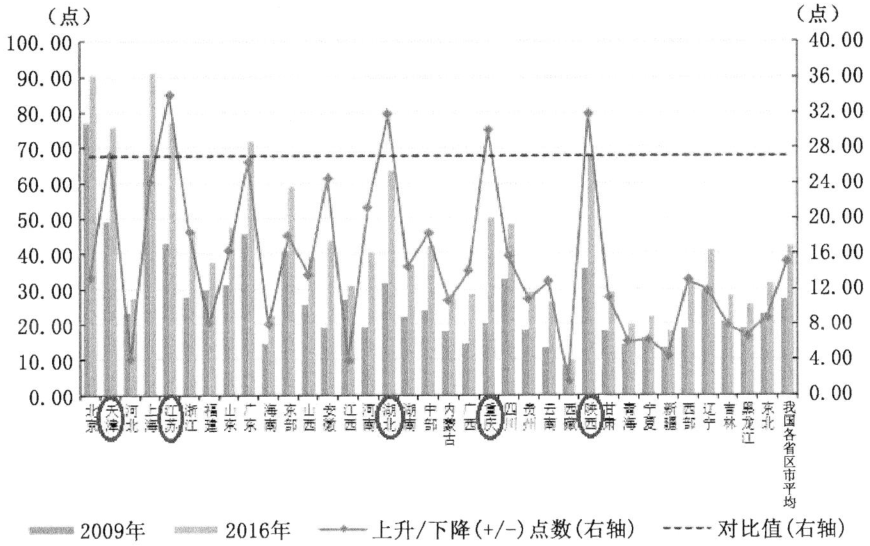

图 4.17　2009 年与 2016 年我国各省区市创新驱动分类指数对比图

表 4.19　　2009 年与 2016 年五个省市的两个指标原始数据的对比情况

指标	湖北		陕西		重庆		江苏		天津	
	2009 年	2016 年	2009 年	2016 年	2009 年	2016 年	2009 年	2016 年	2009 年	2016 年
X_{13}：每百万人国内发明专利申请授权量(项)	25.84	144.72	36.01	196.77	29.17	165.49	68.14	511.96	153.83	331.95
X_{14}：技术市场合同成交额(亿元)	77.97	927.73	71.62	802.74	45.62	257.44	113.26	729.26	106.15	602.32

此外，陕西、湖北和重庆的“全员劳动生产率”这一指标的增速很大，分别从 2009 年的 4.29 万元/人、3.84 万元/人和 4.47 万元/人增加至 2016 年的 10.32 万元/人、7.92 万元/人和 9.34 万元/人；陕西和重庆的“高技术产品出口额占总出口额的比重”这一指标的增速很大，分别从 2009 年的 20.70%和 4.95%增加至 2016 年的 71.10%和 61.72%。

(2)我国各省区市民生改善分类指数平均上升 14.69 点。

青海、内蒙古、天津、西藏、宁夏、重庆的民生改善分类指数的上升点数位列前六，分别上升了 31.42 点、23.23 点、22.00 点、20.87 点、19.48 点、19.35 点。民生改善能力的地区差异最小，这说明我国各省区市民生工作的发展水平较为均衡，同步性较高，社会整体和谐程度较高。我国各省区市民生改善分类指数 2009 年与 2016 年对比情况如图 4.18 所示。

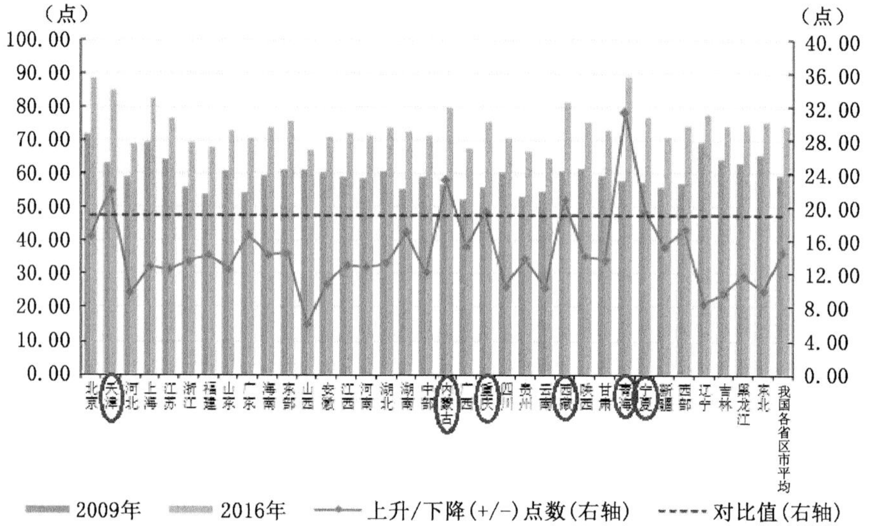

图 4.18　2009 年与 2016 年我国各省区市民生改善分类指数对比图

从具体评价指标来看，青海、内蒙古、天津、西藏、宁夏和重庆这六个省区市创新驱动转型发展评价指数的上升主要得益于“人均基本公共服务支出”这一指标的大幅增长，2009 年与 2016 年原始数据的对比情况如表 4.20 所示。

表 4.20　2009 年与 2016 年六个省区市的“人均基本公共服务支出”原始数据的对比情况

单位：元

	青海	内蒙古	天津	西藏	宁夏	重庆
2009 年	5 444.52	4 067.05	4 078.58	7 852.03	3 372.32	2 484.85
2016 年	15 140.47	9 790.20	10 340.85	26 451.66	9 779.11	7 676.21

此外，青海、西藏和重庆的“基本社会保障覆盖面”这一指标的增速也

很大，分别从 2009 年的 31.26%、29.42%和 45.10%增加至 2016 年的 74.38%、71.95%和 85.76%。

3. 我国各省区市在转型发展和生态文明建设两个子目标上整体呈上升趋势

(1)我国各省区市转型发展分类指数平均上升 2.03 点。

四川、重庆、山西、江西、湖北的转型发展分类指数的上升点数位列前五，在 7 个点左右；北京、辽宁、浙江等 8 个省区市的转型发展分类指数出现了下降。我国各省区市转型发展分类指数 2009 年与 2016 年对比情况如图 4.19 所示。

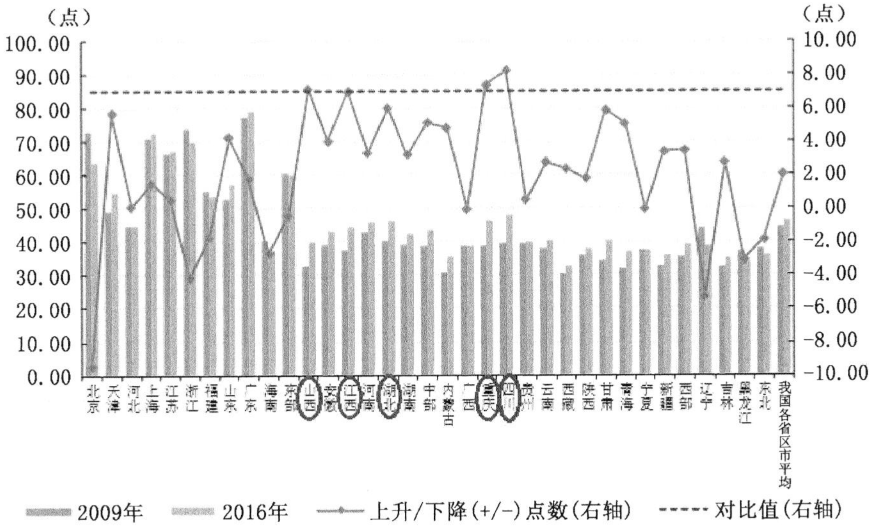

图 4.19　2009 年与 2016 年我国各省区市转型发展分类指数对比图

从具体评价指标来看，江西的“一般贸易出口额占地区 GDP 的比重”和“金融业增加值占全国金融业增加值的比重”这两个指标的增速很显著，分别从 2009 年的 4.42%和 0.76%增加至 2016 年的 9.20%和 1.73%；四川和山西的“三次产业间发展速度协调度”这一指标的增速也很显著，分别从 2009 年的 26.97 分和 11.42 分增加至 2016 年的 69.77 分和 38.37 分。

再者，从具体评价指标来分析北京、辽宁、浙江等 8 个省区市的转型发展分类指数出现下降的原因，北京、辽宁和浙江这三个省市的转型发展分类指数下各评价指标 2009 年和 2016 年原始数据的对比情况如表 4.21 所示，大多数评价指标均出现了不同程度的下降，北京的“商品销售总额占全国销售总额的比重”和“一般贸易出口额占地区 GDP 的比重”这两个指标的下降程度比较大，辽宁的“商品销售总额占全国销售总额的比重”这一指标的下降程度比较大，而浙江的“金融业增加值占全国金融业增加值的比重”这一指标的下降程度比较大。

表 4.21　2009 年与 2016 年三个省市的转型发展分类指数下各评价指标原始数据的对比情况

指标	北京		辽宁		浙江	
	2009 年	2016 年	2009 年	2016 年	2009 年	2016 年
X_{21}：居民消费占地区 GDP 的比重（%）	32.90	41.38	31.03	46.60	36.19	36.20
X_{22}：商品销售总额占全国销售总额的比重（%）	13.26	9.55	4.03	2.44	8.49	7.98
X_{23}：一般贸易出口额占地区 GDP 的比重（%）	11.39	6.93	6.26	6.63	31.69	29.49
X_{24}：第三产业增加值占地区 GDP 的比重（%）	75.53	80.23	38.73	51.55	43.14	50.99
X_{25}：金融业增加值占全国金融业增加值的比重（%）	7.36	6.99	2.57	2.99	8.71	4.99
X_{26}：非国有工业企业工业产值占工业总产值的比重（%）	50.44	40.82	67.00	55.01	86.92	86.32
X_{27}：三次产业间发展速度协调度（分）	91.22	78.18	50.31	0.00	46.97	59.99
X_{28}：二、三产业生产效率协调度（分）	95.07	92.80	63.95	88.63	94.67	91.54
X_{29}：地区 GDP 与居民收入增长协调度（分）	100.00	100.00	85.00	70.00	100.00	95.00

(2)我国各省区市生态文明建设分类指数平均上升 5.67 点。

新疆、青海、甘肃、宁夏、内蒙古、北京的生态文明建设分类指数的上升点数位列前六，分别上升了 31.81 点、27.69 点、22.90 点、21.23 点、15.49 点、15.13 点；辽宁、上海、广西等 10 个省区市的生态文明建设分类指数出现了下降。我国各省区市生态文明建设分类指数 2009 年与 2016 年对比情况如图 4.20 所示。

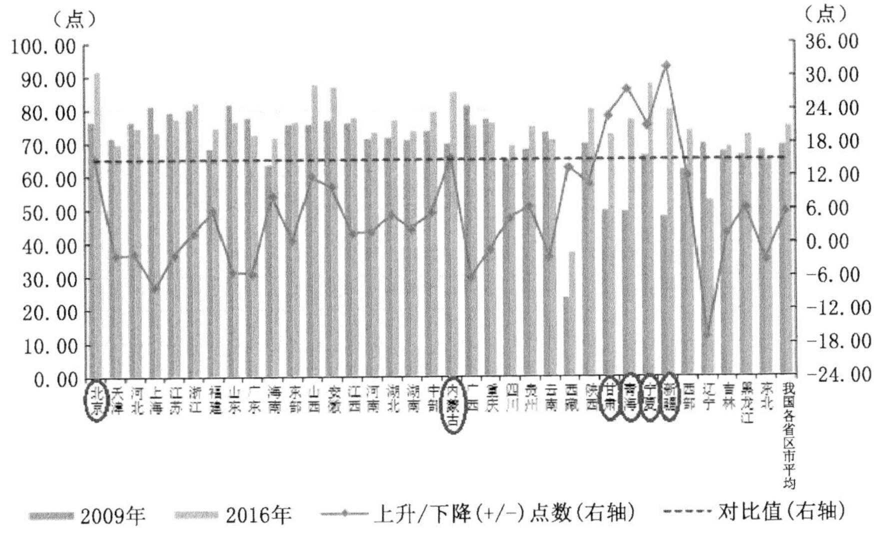

图 4.20 2009 年与 2016 年我国各省区市生态文明建设分类指数对比图

从具体评价指标来看，新疆、青海、甘肃、宁夏、内蒙古和北京这六个省区市生态文明建设分类指数的上升主要得益于“主要污染物排放量减少系数”这一指标的大幅增长，2009 年与 2016 年原始数据的对比情况可见表 4.22。

表 4.22 2009 年与 2016 年六个省区市的“主要污染物排放量减少系数”原始数据的对比情况

单位：%

	新疆	青海	甘肃	宁夏	内蒙古	北京
2009 年	1	0	16	50	34	46
2016 年	100	100	100	100	100	100

此外，新疆的“万元地区 GDP 能耗降低”这一指标的增速很大，从 2009 年的 1.52%增加至 2016 年的 3.20%；宁夏的“城市污水处理率”这一指标的增速很大，从 2009 年的 42.23%增加至 2016 年的 93.69%；宁夏和甘肃的“城市生活垃圾无害化处理率”这一指标的增速很大，分别从 2009 年的 42.00%和 32.40%增加至 2016 年的 98.30%和 72.80%。

再者，从具体评价指标来分析辽宁和上海的生态文明建设分类指数出现下降的原因，辽宁和上海这两个省市的生态文明建设分类指数下各评价指标 2009 年与 2016 年原始数据的对比情况如表 4.23 所示，辽宁和上海的“万元地区 GDP 能耗降低”“环境质量指数”和“环境污染治理投资占地区 GDP 的比重”这三个指标均出现了不同程度的下降，辽宁的“一般工业固体废物综合利用率”这一指标也出现了下降。

表 4.23　2009 年与 2016 年两个省市的生态文明建设分类指数下各评价指标原始数据的对比情况

指标	辽宁		上海	
	2009 年	2016 年	2009 年	2016 年
X_{31}：万元地区 GDP 能耗降低(%)	5.07	0.44	6.13	3.78
X_{32}：一般工业固体废物综合利用率(%)	47.20	41.03	95.70	95.71
X_{33}：环境质量指数(%)	88.84	80.31	69.53	66.50
X_{34}：主要污染物排放量减少系数(%)	75	100	100	100
X_{35}：城市污水处理率(%)	60.20	93.61	88.97	94.29
X_{36}：城市生活垃圾无害化处理率(%)	59.90	93.30	78.80	100.00
X_{37}：环境污染治理投资占地区 GDP 的比重(%)	1.47	0.79	1.06	0.73

第五章　创新驱动转型发展能力的影响因素研究和分析[①]

前述指数计算结果(详见第四章)表明我国各省区市创新驱动转型发展评价指数呈现出很明显的地域差别(东部高于中部、中部高于西部和东北),且在创新驱动和转型发展这两个分类指数方面,各省区市之间的差距很明显,尤其是创新驱动分类指数的地域差异很悬殊,东部存在显著优势。因此,为了考察我国各省区市创新驱动转型发展水平与其所处空间的联系,这里将进一步对指数进行空间相关性分析及其影响因素实证研究。

第一节　空间相关性分析

一、空间权重矩阵的构建

为了揭示各空间区域之间的相互依赖性与关联程度,我们定义空间权重矩阵(spatial weights matrix)$\boldsymbol{W}$ 为:

$$\boldsymbol{W}=\begin{bmatrix} w_{11} & \cdots & w_{1n} \\ \vdots & \ddots & \vdots \\ w_{n1} & \cdots & w_{nn} \end{bmatrix} \tag{5.1}$$

---

① 本章部分内容选自:徐国祥,陈燃萍.创新驱动转型发展能力的影响因素分析——基于省级面板数据的实证研究[J].数理统计与管理,2019,38(5):770—784.

式中，w_{ij} 表示区域 i 与区域 j 的邻接程度，其中，主对角线元素 $w_{11}=w_{22}=\cdots=w_{nn}=0$。

常用的空间权重矩阵的构建方法主要是基于地理特征标准，有以下三种：

(1)邻接标准空间权重矩阵。定义空间权重矩阵的元素为：

$$w_{ij}=\begin{cases}1,\text{若区域 } i \text{ 与区域 } j \text{ 相邻接} \\ 0,\text{若区域 } i \text{ 与区域 } j \text{ 不相邻接}\end{cases} (i \neq j) \tag{5.2}$$

邻接权重矩阵又分为车邻接(Rook contiguity)、象邻接(Bishop contiguity)和后邻接(Queen contiguity)三种规则。Rook 邻接规则认为两区域具有共同的边，Bishop 邻接规则认为两区域具有共同的顶点，但没有共同的边，而 Queen 邻接规则认为两区域具有共同的边或顶点。学术研究中，一般采用 Rook 相邻或 Queen 相邻，对本书中的研究对象(我国 31 个省区市)来说，Rook 相邻和 Queen 相邻是一样的。

(2)距离标准空间权重矩阵。记区域 i 与区域 j 之间的距离为 d_{ij}，定义空间权重矩阵的元素为：

$$w_{ij}=\begin{cases}1,\text{若 } d_{ij}<d \\ 0,\text{若 } d_{ij}>d\end{cases} (i \neq j) \tag{5.3}$$

其中，d 为事先给定的距离阈值，距离 d_{ij}(下同)既可以是地理距离[如各区域的质心或者行政中心所在地之间的直线距离或者大圆弧距离(great circle distance，即球面上经纬度计算的最短距离)]，也可以是基于运输成本或旅行时间的经济距离，抑或社交网络中的距离。

(3)K 个最邻近空间权重矩阵(K-nearest neighbor spatial weights matrix)。各空间区域的面积大小不一，因此，根据距离标准来构建空间权重矩阵会导致某些"小"区域有很多邻接区域，而"大"区域则只有很少邻接区域，甚至没有邻接区域而成为"飞地"。K-nearest 保证每个区域都有 K 个邻居，定义空间权重矩阵的元素为：

$$w_{ij}=\begin{cases}1,\text{若区域 } j \text{ 是区域 } i \text{ 的最近 } K \text{ 个邻居之一} \\ 0,\text{若区域 } j \text{ 不是区域 } i \text{ 的最近 } K \text{ 个邻居}\end{cases} (i \neq j) \tag{5.4}$$

此外，也可以直接根据两个区域之间的距离大小来确定空间权重矩阵，如距离倒数（$w_{ij}=\frac{1}{d_{ij}}(i\neq j)$）、距离平方的倒数（$w_{ij}=\frac{1}{d_{ij}^2}(i\neq j)$），等等。

但是，仅根据地理特征而忽略经济特征构建的空间权重矩阵有失偏颇，例如，江苏在地理上与上海、浙江、安徽、山东相邻，而经济上与上海、浙江的关联程度要明显高于安徽和山东。因此，本研究首先基于地理特征构建了两种简单的空间权重矩阵 $\boldsymbol{W}_1$、$\boldsymbol{W}_2$，然后综合地理特征和经济特征构建了两种复合的空间权重矩阵 $\boldsymbol{W}_3$、$\boldsymbol{W}_4$。

（一）基于地理特征的空间权重矩阵

（1）空间邻接权重矩阵 $\boldsymbol{W}_1$：该矩阵的主对角线元素为 0，非主对角线元素当各省区市 Rook 相邻（具有共同的边）为 1，否则为 0。

（2）地理距离空间权重矩阵 $\boldsymbol{W}_2$：该矩阵的主对角线元素为 0，非主对角线元素为省会城市经纬度测算的距离平方的倒数（$w_{ij}=\frac{1}{d_{ij}^2}(i\neq j)$）。

（二）综合地理特征和经济特征的空间权重矩阵

（1）基于 Rook 相邻与各省区市人均 GDP 差额的空间权重矩阵$\boldsymbol{W}_3$：在该矩阵中，将各省区市样本期内人均 GDP 均值的差额作为测度地区间“经济距离”的指标，$\boldsymbol{W}_3=\boldsymbol{W}_1\circ\boldsymbol{G}$，其中，“$\circ$”表示哈达玛积（hadamard product），矩阵 $\boldsymbol{G}$ 的主对角线元素均为 0，而非主对角线的(i,j)元素为$\boldsymbol{G}_{ij}=\frac{1}{|\bar{Y}_i-\bar{Y}_j|}(i\neq j)$，$\bar{Y}_i$ 为地区 i 在样本期间的人均 GDP 均值（下同）。

（2）基于省会城市距离与各省区市人均 GDP 所占比重的空间权重矩阵 $\boldsymbol{W}_4$：在该矩阵中，将各省区市样本期内人均 GDP 均值所占比重作为对角矩阵的对角元，$\boldsymbol{W}_4=\boldsymbol{W}_2 * \boldsymbol{D}$，其中，$\boldsymbol{D}=\mathrm{diag}\left(\frac{\bar{Y}_1}{\bar{Y}},\frac{\bar{Y}_2}{\bar{Y}},\cdots,\frac{\bar{Y}_n}{\bar{Y}}\right)$，$\bar{Y}=\frac{1}{n}\sum_{i=1}^{n}\bar{Y}_i$。

最后对空间权重矩阵进行行标准化处理，使得空间权重矩阵的行和为 1，如表 5.1 所示。

表 5.1　　空间权重矩阵的构建

变量	指标	符号	定义
地理特征空间权重矩阵	空间邻接权重矩阵	$\boldsymbol{W}_1$	矩阵的主对角线元素为 0，非主对角线元素当各省区市 Rook 相邻(具有共同的边)为 1，否则为 0
	地理距离空间权重矩阵	$\boldsymbol{W}_2$	矩阵的主对角线元素为 0，非主对角线元素为省会城市经纬度测算的距离平方的倒数 $(w_{ij}=\frac{1}{d_{ij}^2}(i\neq j))$
地理特征和经济特征空间权重矩阵	空间邻接与经济距离权重矩阵	$\boldsymbol{W}_3$	矩阵$\boldsymbol{W}_1$ 与矩阵 $\boldsymbol{G}$ 的哈达玛积：$\boldsymbol{W}_3=\boldsymbol{W}_1\circ\boldsymbol{G}$，其中矩阵 $\boldsymbol{G}$ 的主对角线元素为 0，非主对角线元素 $\boldsymbol{G}_{ij}=\frac{1}{\mid\bar{Y}_i-\bar{Y}_j\mid}(i\neq j)$ 即为各省区市人均 GDP 均值 $\bar{Y}_i$ 的差额的倒数
	地理距离与经济距离空间权重矩阵	$\boldsymbol{W}_4$	矩阵$\boldsymbol{W}_2$ 与对角矩阵 $\boldsymbol{D}$ 的乘积：$\boldsymbol{W}_4=\boldsymbol{W}_2*\boldsymbol{D}$，其中矩阵 $\boldsymbol{D}=\mathrm{diag}\left(\frac{\bar{Y}_1}{\bar{Y}},\frac{\bar{Y}_2}{\bar{Y}},\cdots,\frac{\bar{Y}_n}{\bar{Y}}\right)$，其中 $\bar{Y}=\frac{1}{n}\sum_{i=1}^{n}\bar{Y}_i$，对角元为各省区市样本期内人均 GDP 均值所占比重

二、空间自相关性检验

(一)Moran's *I* 与莫兰散点图

空间统计学中度量空间自相关的统计量主要有莫兰指数(Moran's *I*)、吉尔里指数 *C*(Geary's *C*)、Getis-Ord 指数 *G*(Getis-Ord General *G*)等，用来描述总体空间区域之间的平均相互依赖性与关联程度。本书采用目前最为流行的 Moran's *I* 进行检验。Moran's *I* 定义为：

$$\text{Moran's } I=\frac{e'\boldsymbol{W}e/S}{e'e/N} \tag{5.5}$$

其中，e 表示使用 OLS 方法(或者Ⅳ方法等其他估计法)估计模型得到的残差，S 表示空间权重矩阵的所有元素之和 $(S=\sum_{i=1}^{N}\sum_{j=1}^{N}\omega_{ij})$。当空间权重矩阵 $\boldsymbol{W}$ 为行标准化矩阵时，$S=N$，从而上式可简化为：

$$\text{Moran's } I=\frac{e'\boldsymbol{W}e}{e'e} \tag{5.6}$$

Moran's I 的取值范围为[−1,1],指数值为正表示空间正相关(即高值与高值聚集、低值与低值聚集),越接近 1 表明空间正相关程度越高;指数值为负表示空间负相关(即高值与低值聚集),越接近 −1 表明空间负相关程度越高;指数接近于 0,则表明空间分布是随机的,不存在空间自相关性。

表 5.2 显示了 2009—2016 年四种空间权重矩阵计算得出的 Moran's I 的具体数值,且均通过了 1%的显著性检验。从表中可以看出,2009—2016 年我国创新驱动转型发展水平的全局 Moran's I 均为正值,且由空间权重矩阵$\boldsymbol{W}_3$ 计算得出的空间相关程度最高,因此,书中选取矩阵$\boldsymbol{W}_3$ 作为空间权重矩阵。$\boldsymbol{W}_3$ 计算得出的 2009—2016 年我国各省区市创新驱动转型发展水平的 Moran's I 的时序图如图 5.1 所示,由图 5.1 可知,2009—2016 年我国各省区市创新驱动转型发展水平的 Moran's I 尽管存在波动,但每年都在 0.56 以上,均高度显著,这表明我国各省区市创新驱动转型发展水平存在很强的空间自相关性,其空间分布具有显著的空间集聚特征。

表 5.2　　2009—2016 年四种空间权重矩阵下 Moran's *I*

	2009 年	2010 年	2011 年	2012 年	2013 年	2014 年	2015 年	2016 年
$\boldsymbol{W}_1$	0.445 4	0.451 3	0.466 9	0.437 9	0.404 5	0.404 8	0.387 6	0.389 0
$\boldsymbol{W}_2$	0.286 6	0.270 7	0.304 6	0.282 0	0.251 6	0.275 2	0.263 2	0.268 4
$\boldsymbol{W}_3$	0.581 0	0.595 1	0.627 0	0.633 1	0.593 0	0.583 9	0.564 9	0.587 2
$\boldsymbol{W}_4$	0.284 7	0.268 1	0.302 7	0.278 0	0.247 5	0.268 1	0.255 8	0.263 8

Moran's I 表征的是全局空间相关性,可视为变量观测值与其空间滞后值(spatial lag)的相关系数。变量观测值 x_i 的空间滞后值 $\boldsymbol{W}x_i$ 是 x_i 在邻域 j 的平均值,$\boldsymbol{W}x_i=\sum_j \omega_{ij}x_{ij}\Big/\sum_j \omega_{ij}$,以 x_i 为 X 轴、$\boldsymbol{W}x_i$ 为 Y 轴的散点图,即为"莫兰散点图"(Moran scatterplot),用以描绘局域空间相关性,该散点图的回归线的斜率即为 Moran's I。

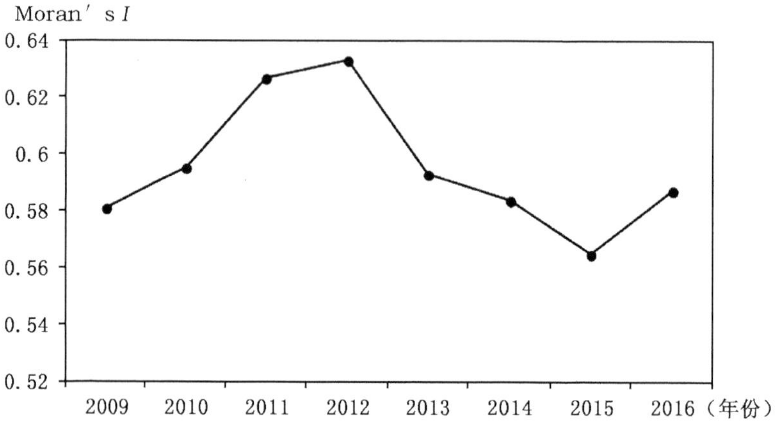

图 5.1　2009—2016 年我国各省区市创新驱动转型发展水平空间分布的 Moran's *I* 时序图

局域地区之间既有可能存在空间正相关，也有可能存在空间负相关，莫兰散点图的四个象限分别对应于空间区域与邻近区域之间的四种局部空间联系形式：第一、二、三、四象限分别表示高值与高值聚集（HH 聚集）、低值区域被高值区域所包围（LH 聚集）、低值与低值聚集（LL 聚集）、高值区域被低值区域所包围（HL 聚集）。具体而言，在第一象限中的区域，其创新驱动转型发展评价指数值都高于均值，而与它们相邻的区域的指数值也同样高于均值；在第二象限中的区域，其创新驱动转型发展评价指数值都低于均值，而与它们相邻的区域的指数值都高于均值；在第三象限中的区域，其创新驱动转型发展评价指数值都低于均值，而与它们相邻的区域的指数值也同样低于均值；在第四象限中的区域，其创新驱动转型发展评价指数值都高于均值，而与它们相邻的区域的指数值都低于均值。

在空间权重矩阵$\boldsymbol{W}_3$ 下，2009—2016 年我国各省区市创新驱动转型发展评价指数的莫兰散点图如图 5.2 所示，由图 5.2 可知，历年来，多数点位于第一和第三象限，即 HH 聚集和 LL 聚集，表现为正相关性，说明我国大部分省区市创新驱动转型发展水平存在高值与高值聚集、低值与低值聚集的特征。

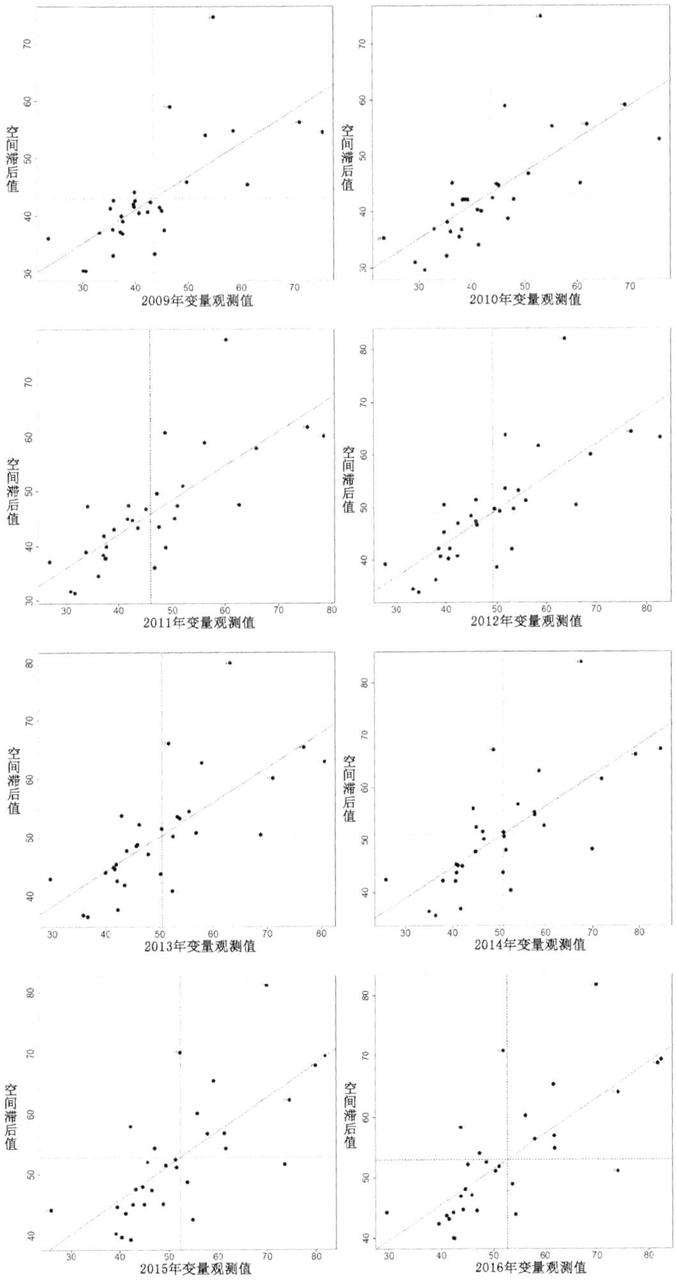

图 5.2　2009—2016 年我国各省区市创新驱动转型发展评价指数的莫兰散点图

(二)局域 Moran's I

Anselin(1995)提出了一个局域 Moran's I(local Moran's I),或称 LISA(Local Indicator of Spatial Association),用来检验局部地区之间是否存在空间相关性。空间区域 i 的局域 Moran's I 度量了空间区域 i 与其邻域之间的关联程度,定义为:

$$I_i = \frac{(x_i - \bar{x})}{S^2} \sum_{j \neq i} \omega_{ij} (x_j - \bar{x}) \tag{5.7}$$

I_i 为正,表示局域空间正相关(即一个高值被高值所包围或一个低值被低值所包围),I_i 为负,表示局域空间负相关(即一个高值被低值所包围或一个低值被高值所包围)。通过计算局域 Moran's I,以 2016 年为例,空间权重矩阵$\boldsymbol{W}_3$ 下我国各省区市创新驱动转型发展水平的局域 Moran's I 如表 5.3 所示,Ii 是以各省区市为条件的局域 Moran's I,$E.Ii$ 和 $Var.Ii$ 分别是局域 Moran's I 的期望和方差,$Z.Ii$ 是标准化之后的局域 Moran's I 的 Z 值,Pr($Z>0$)则为与 Z 值对应的概率值,用来判断显著性水平,原假设为单边检验:Z 显著大于 0。从表中可知,在显著性水平 $\alpha=10\%$的情况下,北京、天津、上海、江苏、浙江、云南、西藏的局域空间相关性指标均非常显著,且北京、天津、上海、江苏、浙江的创新驱动转型发展总指数值高于我国各省区市均值,云南、西藏的总指数低于省区市均值,因此,这些局域地区存在高值与高值聚集、低值与低值聚集的特征。

表 5.3　空间权重矩阵$\boldsymbol{W}_3$ 下 2016 年我国各省区市创新驱动转型发展水平的局域 Moran's I

	Ii	$E.Ii$	$Var.Ii$	$Z.Ii$	Pr($Z>0$)
北京	3.088 5	−0.033 3	0.893 0	3.303 5	0.000 5
天津	3.102 2	−0.033 3	0.893 8	3.316 7	0.000 5
河北	0.027 8	−0.033 3	0.252 9	0.121 6	0.451 6
山西	0.022 5	−0.033 3	0.561 4	0.074 5	0.470 3
内蒙古	0.234 5	−0.033 3	0.135 0	0.728 8	0.233 1
辽宁	0.292 8	−0.033 3	0.323 6	0.573 4	0.283 2

续表

	Ii	$E.Ii$	$Var.Ii$	$Z.Ii$	$Pr(Z>0)$
吉林	0.535 5	−0.033 3	0.318 8	1.007 4	0.156 9
黑龙江	0.654 2	−0.033 3	0.581 4	0.901 7	0.183 6
上海	2.901 5	−0.033 3	0.460 3	4.325 7	0.000 0
江苏	1.503 7	−0.033 3	0.335 4	2.654 1	0.004 0
浙江	0.708 5	−0.033 3	0.268 7	1.431 0	0.076 2
安徽	−0.025 7	−0.033 3	0.614 5	0.009 7	0.496 1
福建	−0.087 3	−0.033 3	0.621 5	−0.068 5	0.527 3
江西	−0.043 6	−0.033 3	0.651 3	−0.012 8	0.505 1
山东	0.120 5	−0.033 3	0.214 2	0.332 5	0.369 8
河南	0.008 6	−0.033 3	0.349 7	0.071 0	0.471 7
湖北	0.235 0	−0.033 3	0.329 3	0.467 7	0.320 0
湖南	0.004 6	−0.033 3	0.158 6	0.095 3	0.462 0
广东	−0.217 7	−0.033 3	0.641 0	−0.230 3	0.591 1
广西	0.316 4	−0.033 3	0.255 6	0.691 7	0.244 6
海南	0.640 3	−0.033 3	0.931 5	0.698 0	0.242 6
重庆	0.169 0	−0.033 3	0.420 2	0.312 1	0.377 5
四川	−0.090 1	−0.033 3	0.128 9	−0.158 1	0.562 8
贵州	0.419 6	−0.033 3	0.428 5	0.691 9	0.244 5
云南	0.814 3	−0.033 3	0.311 2	1.519 5	0.064 3
西藏	1.195 7	−0.033 3	0.359 5	2.049 8	0.020 2
陕西	0.121 6	−0.033 3	0.191 8	0.353 7	0.361 8
甘肃	0.226 9	−0.033 3	0.156 6	0.657 5	0.255 4
青海	0.796 4	−0.033 3	0.832 6	0.909 3	0.181 6
宁夏	−0.306 0	−0.033 3	0.581 6	−0.357 5	0.639 7
新疆	0.832 6	−0.033 3	0.887 7	0.919 0	0.179 0

第二节 空间面板计量模型设定与选择

空间计量经济学经过近四十年的发展已逐步完善成熟，成为区域经济学应用研究的主流，是计量经济学的一个系统性分支。空间计量经济学模型研究的是如何在空间计量模型中处理空间相互作用（空间自相关）和空间结构分析（空间异质性）。迄今为止，空间计量经济学模型的发展主要经历了以下三代：第一代是基于横截面数据的模型；第二代是基于空间面板数据的非动态（静态）模型，即把横截面数据的时间序列混合在一起；第三代是动态空间面板数据模型，即在静态空间面板模型的基础上加入时间维度的动态变化项（即时间滞后项）。

一、空间计量经济学模型

（一）基于横截面数据的空间计量模型

横截面数据的线性空间计量模型关系如图 5.3 所示，其中有很多并不被理论研究者和实际操作者所研究和使用，如包含了外生交互效应和误差项之间交互效应的空间杜宾误差模型（Spatial Durbin Error Model，SDEM）。学术界最感兴趣的是空间滞后模型（Spatial Lag Model，也称为空间自回归模型，SAR）、空间误差模型（Spatial Error Model，SEM）和包含内生交互效应与误差项之间交互效应的广义空间自回归模型（SAC）。

（二）基于空间面板数据的非动态（静态）模型

考虑时间 t，可以把具有 N 个观测值的基于横截面数据的空间计量模型扩展成具有 N 个观测值且跨 T 个时期的面板数据的空间计量模型。

空间面板数据的 GNS 模型为：

$$\boldsymbol{Y}_t=\rho\boldsymbol{W}\boldsymbol{Y}_t+\alpha\boldsymbol{l}_N+\boldsymbol{X}_t\boldsymbol{\beta}+\boldsymbol{W}\boldsymbol{X}_t\boldsymbol{\theta}+\boldsymbol{u}_t \tag{5.8a}$$

$$\boldsymbol{u}_t=\lambda\boldsymbol{W}\boldsymbol{u}_t+\boldsymbol{\varepsilon}_t \tag{5.8b}$$

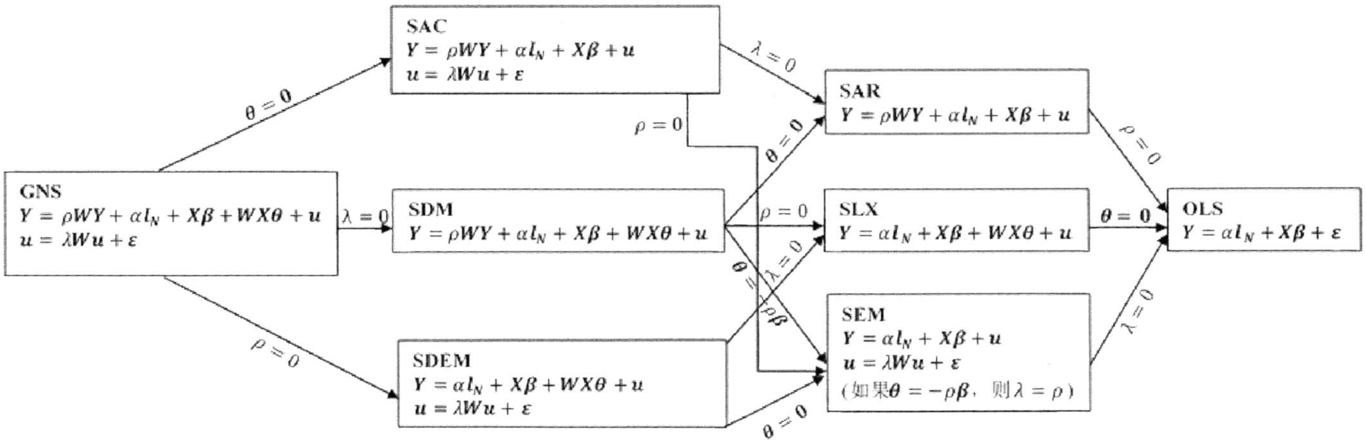

资料来源：Halleck Vega和Elhorst，2013。

图 5.3　不同空间计量模型设定的比较

将具有 N 个观测值的 T 个时期的面板数据混合在一起会造成模型对空间异质性或时间异质性的忽略。空间异质性是指背景变量的空间单位很可能是不同的(如一个空间单位位于 A 省区市,另一个空间单位位于 B 省区市),这些背景变量一般是特定空间的非时变变量且影响被解释变量,因此,增加一个截距变量 μ_i,它代表非时变变量的空间特定效应。同理,时间异质性是指特定时间的非空间变异变量影响被解释变量,如某一年因为经济危机而需要特殊考虑,因此,增加一个代表非空间变异变量的时间特定效应 ξ_t。

上述空间面板数据的 GNS 模型被扩展为具有空间特定效应或时间特定效应的模型为:

$$\boldsymbol{Y}_t = \rho \boldsymbol{W}\boldsymbol{Y}_t + \alpha \boldsymbol{l}_N + \boldsymbol{X}_t\boldsymbol{\beta} + \boldsymbol{W}\boldsymbol{X}_t\boldsymbol{\theta} + \boldsymbol{\mu} + \xi_t \boldsymbol{l}_N + \boldsymbol{u}_t \tag{5.9a}$$

$$\boldsymbol{u}_t = \lambda \boldsymbol{W}\boldsymbol{u}_t + \boldsymbol{\varepsilon}_t \tag{5.9b}$$

其中,$\boldsymbol{\mu} = (\mu_1, \mu_2, \cdots, \mu_N)^T$。

(三)动态空间面板数据模型

在静态空间面板模型的基础上继续扩展,加入时间维度的动态变化项(即时间滞后项),即可得到在时间和空间上的动态模型。最为一般的动态空间面板模型为:

$$\boldsymbol{Y}_t = \tau \boldsymbol{Y}_{t-1} + \rho \boldsymbol{W}\boldsymbol{Y}_t + \eta \boldsymbol{W}\boldsymbol{Y}_{t-1} + \boldsymbol{X}_t\boldsymbol{\beta}_1 + \boldsymbol{W}\boldsymbol{X}_t\boldsymbol{\beta}_2 + \boldsymbol{X}_{t-1}\boldsymbol{\beta}_3 + \boldsymbol{W}\boldsymbol{X}_{t-1}\boldsymbol{\beta}_4 + \boldsymbol{Z}_t\boldsymbol{\pi} + \boldsymbol{v}_t \tag{5.10a}$$

$$\boldsymbol{v}_t = \delta \boldsymbol{v}_{t-1} + \lambda \boldsymbol{W}\boldsymbol{v}_t + \boldsymbol{\mu} + \xi_t \boldsymbol{l}_N + \boldsymbol{\varepsilon}_t \tag{5.10b}$$

$$\boldsymbol{\mu} = \kappa \boldsymbol{W}\boldsymbol{\mu} + \xi \tag{5.10c}$$

空间计量模型包含三种不同的交互效应:一是被解释变量($\boldsymbol{Y}$)之间存在的内生交互效应(Endogenous Interaction Effects)($\boldsymbol{WY}$),对应于横截面数据的空间滞后模型(Spatial Lag Model,也称为空间自回归模型,SAR);二是解释变量($\boldsymbol{X}$)之间的外生交互效应(Exogenous Interaction Effects)($\boldsymbol{WX}$),对应于横截面数据的 SLX(X 的空间滞后)模型;三是误差项($\boldsymbol{u}$)之间的交互效应($\boldsymbol{Wu}$),对应于横截面数据的空间误差模型(Spatial Error Model,SEM)。一般来说,这三种不同的交互效应可以用来解释一个特定空间区域的观测值是如何依赖于其他区域的观测值。

包括内生交互效应和误差项之间的交互效应的模型即 SAC 模型，包括内生交互效应和外生交互效应的模型即空间杜宾模型（Spatial Durbin Model，SDM），包括外生交互效应和误差项之间的交互效应的模型即空间杜宾误差模型（Spatial Durbin Error Model，SDEM），包括三种交互效应的模型即广义嵌套的空间（General Nesting Spatial，GNS）模型。

二、空间面板计量模型设定

因时间跨度不是很长，本书研究静态空间面板数据模型，待时期更长之后再研究时间和空间上的动态模型。本书对经常用到的空间滞后模型（SAR）、空间误差模型（SEM）、空间杜宾模型（SDM）这三种空间计量模型进行描述。

（1）空间滞后模型（SAR）：

$$y_{it}=\rho\sum_{j=1}^{N}w_{ij}y_{jt}+\alpha+\boldsymbol{x}_{it}\boldsymbol{\beta}+\mu_i\text{(optional)}+\xi_t\text{(optional)}+\varepsilon_{it} \tag{5.11}$$

式中，y_{it} 表示空间单位 i 在 t 时期的被解释变量（$i=1,2,\cdots,N$；$t=1,2,\cdots,T$）；$\boldsymbol{x}_{it}$ 表示空间单位 i 在 t 时期 $1\times k$ 的解释变量（$i=1,2,\cdots,N$；$t=1,2,\cdots,T$）；$\boldsymbol{\beta}$ 为$\boldsymbol{x}_{it}$ 相应的系数向量；$\sum_{j=1}^{N}w_{ij}y_{jt}$ 表示与空间单位 i 具有一定空间相关性的空间单位 j 的被解释变量 y_{jt} 对 y_{it} 的作用，其中 w_{ij} 为空间权重矩阵 $\boldsymbol{W}$ 的（i,j）元素；ρ 表示两个被解释变量相互影响的程度；ε_{it} 表示独立同分布的随机误差项；μ_i 和 ξ_t 分别代表非时变变量的空间特定效应和非空间变异变量的时间特定效应，在固定效应模型中对每一个空间单位和每一个时间都引入一个虚拟变量（删除一个以避免完全共线性），而在随机效应模型中，μ_i 和 ξ_t 均是随机变量，分别服从均值为 0，方差为 σ_μ^2 和σ_ξ^2 的独立同分布，且假设随机变量 ε_{it}、μ_i 和 ξ_t 是独立同分布的。

(2)空间误差模型(SEM):

$$y_{it}=\alpha+\boldsymbol{x}_{it}\boldsymbol{\beta}+\mu_i(\text{optional})+\xi_t(\text{optional})+u_{it},$$
$$u_{it}=\lambda\sum_{j=1}^{N}w_{ij}u_{jt}+\varepsilon_{it} \tag{5.12}$$

在经典线性回归模型中考虑随机误差项的空间滞后项即为空间误差模型。

(3)空间杜宾模型(SDM):

$$y_{it}=\rho\sum_{j=1}^{N}w_{ij}y_{jt}+\alpha+\boldsymbol{x}_{it}\boldsymbol{\beta}+\sum_{j=1}^{N}w_{ij}\boldsymbol{x}_{jt}\boldsymbol{\theta}$$
$$+\mu_i(\text{optional})+\xi_t(\text{optional})+\varepsilon_{it} \tag{5.13}$$

在空间滞后模型中加入解释变量的空间滞后项 $\boldsymbol{WX}$ 即为空间杜宾模型。

为检验空间交互效应,以选择合适的模型用来刻画数据特征,Elhorst(2010)提出了模型选择的检验步骤:①用 OLS 估计没有空间滞后项的模型(根据有无空间固定效应和时间固定效应,模型为:没有固定效应、具有空间固定效应、具有时间固定效应、同时具有空间和时间效应的非空间模型),基于残差,通过传统的拉格朗日乘数(Lagrange Multiplier,LM)检验以及稳健的 LM 检验[Burridge(1980) & Anselin(1988),Anselin et al.(1996)]来决定选择 SAR 模型还是 SEM,检验服从 $\chi^2(1)$ 分布。如果上述 LM 检验的结果拒绝了没有空间滞后被解释变量的原假设或者拒绝了没有空间自相关误差项的原假设,从而支持 SAR 模型或者 SEM,那么需要进一步考虑使用 SDM[LeSage and Pace(2009)]。②通过 SDM 的参数估计结果来检验原假设 $\mathrm{H}_0^1:\boldsymbol{\theta}=\mathbf{0}$ 和 $\mathrm{H}_0^2:\boldsymbol{\theta}=-\rho\boldsymbol{\beta}$,其中,$\mathrm{H}_0^1$ 用来决定 SDM 是否能简化为 SAR 模型,H_0^2 用来决定 SDM 是否能简化为 SEM,且两种检验均服从 $\chi^2(k)$ 分布。如果也估计了 SAR 模型和 SEM,那么这些检验可以采用 LR 检验;如果没有估计 SAR 模型和 SEM,那么这些检验只能采用 Wald 检验。如果检验的结果拒绝了这两个原假设($\mathrm{H}_0^1:\boldsymbol{\theta}=\mathbf{0}$ 和 $\mathrm{H}_0^2:\boldsymbol{\theta}=-\rho\boldsymbol{\beta}$),则选择 SDM。相反,如果不能拒绝 $H_0^1:\boldsymbol{\theta}=\mathbf{0}$,且上述 *LM* 检验也支持 *SAR* 模型,则选择 *SAR* 模型;类似的，如果不能拒绝H_0^2：$\boldsymbol{\theta}=-\rho\boldsymbol{\beta}$，且上述 LM 检验也支持 SEM，则选择 SEM；否则（如不能拒绝H_0^1：$\boldsymbol{\theta}=\mathbf{0}$，但上述 LM 检验支持 SEM），选择 SDM，因为 SDM 能够把 SAR 模型和 SEM 包括进来进行一般化。

三、固定效应和随机效应的选择

空间面板模型中空间特定效应 μ_i 采用固定效应形式还是随机效应形式，需要进行 Hausman 设定检验。Hausman 检验的原假设为H_0：$\text{plim}(\widehat{\boldsymbol{\beta}}_{FE}-\widehat{\boldsymbol{\beta}}_{RE})=0$，无论原假设成立与否，FE 都是一致的。如果原假设成立，则 RE 比 FE 更有效；如果原假设不成立，则 RE 不一致。因此，对比两种模型的参数估计结果，如果 RE 和 FE 的结果差别不大，则接受原假设，应采用随机效应模型；反之，如果两者有显著性差距，则倾向于拒绝原假设，应采用固定效应模型。Hausman 检验统计量为：

$$H=(\widehat{\boldsymbol{\beta}}_{FE}-\widehat{\boldsymbol{\beta}}_{RE})'[\text{Var}(\widehat{\boldsymbol{\beta}}_{FE}-\widehat{\boldsymbol{\beta}}_{RE})]^{-1}(\widehat{\boldsymbol{\beta}}_{FE}-\widehat{\boldsymbol{\beta}}_{RE}) \tag{5.14}$$

在同方差性假设条件下，$\text{Var}(\widehat{\boldsymbol{\beta}}_{FE}-\widehat{\boldsymbol{\beta}}_{RE})=\text{Var}(\widehat{\boldsymbol{\beta}}_{FE})-\text{Var}(\widehat{\boldsymbol{\beta}}_{RE})$，如果该统计量大于临界值，则拒绝$H_0$。

四、直接效应和间接效应

空间计量经济学的一个重要应用是估计空间横截面数据模型和空间面板数据模型中因解释变量的变化而产生的直接效应（direct effect）和间接效应（indirect effect，又称空间溢出效应）。任何一个特定空间单位中的某个解释变量的变化不仅会对该单位自身的被解释变量造成影响（直接效应），而且会对其他单位的被解释变量造成影响（间接效应）。下面以 GNS 模型为例进行推导解释。

图 5.3 中的 GNS 模型可改写为：

$$\boldsymbol{Y}=(\boldsymbol{I}-\rho\boldsymbol{W})^{-1}(\boldsymbol{X\beta}+\boldsymbol{WX\theta})+\boldsymbol{R} \tag{5.15}$$

式中，$\boldsymbol{R}$ 是包括截距项和随机误差项的剩余项，在时间上从空间单位 1 至空间单位 N，$\boldsymbol{Y}$ 的期望关于 $\boldsymbol{X}$ 的第 k 个解释变量的偏导数矩阵为：

$$\left[\frac{\partial E(\boldsymbol{Y})}{\partial x_{1k}}, \quad \cdots, \quad \frac{\partial E(\boldsymbol{Y})}{\partial x_{Nk}}\right]=\begin{bmatrix}\frac{\partial E(y_1)}{\partial x_{1k}} & \cdots & \frac{\partial E(y_1)}{\partial x_{Nk}} \\ \vdots & \ddots & \vdots \\ \frac{\partial E(y_N)}{\partial x_{1k}} & \cdots & \frac{\partial E(y_N)}{\partial x_{Nk}}\end{bmatrix}$$

$$=(\boldsymbol{I}-\rho\boldsymbol{W})^{-1}\begin{bmatrix}\beta_k & w_{12}\theta_k & \cdots & w_{1N}\theta_k \\ w_{21}\theta_k & \beta_k & \cdots & w_{2N}\theta_k \\ \vdots & \vdots & \ddots & \vdots \\ w_{N1}\theta_k & w_{N2}\theta_k & \cdots & \beta_k\end{bmatrix}$$

$$=(\boldsymbol{I}-\rho\boldsymbol{W})^{-1}(\boldsymbol{I}\beta_k+\boldsymbol{W}\theta_k) \tag{5.16}$$

(5.16)式表明：

(1)直接效应和间接效应对于样本中的不同空间单位来说是不同的。这是因为：在 $\rho\neq 0$ 时，矩阵 $(\boldsymbol{I}-\rho\boldsymbol{W})^{-1}$ 的主对角线元素对于不同的空间单位是不一样的，因此直接效应不同；在 $\rho\neq 0$ 或者 $\theta_k\neq 0$ 时，矩阵 $(\boldsymbol{I}-\rho\boldsymbol{W})^{-1}$ 和矩阵 $\boldsymbol{W}$ 的非主对角线元素对于不同的空间单位是不一样的，因此间接效应不同。

(2)如果 $\theta_k\neq 0$，那么发生的间接效应为局部效应(其仅仅产生于相邻空间单位)；如果 $\rho\neq 0$，那么发生的间接效应为全局效应(其不产生于相邻空间单位)；如果 $\rho\neq 0$ 且 $\theta_k\neq 0$，那么全局效应和局部效应都存在，且无法加以区分。

由于直接效应和间接效应对于样本中的不同空间单位来说是不同的，在存有 N 个空间单位、k 个解释变量的空间计量模型中，我们将得到 k 个 $N\times N$ 的直接效应和间接效应矩阵，因此，LeSage and Pace(2009)建议各用一个概述性指标来度量直接效应和间接效应：直接效应根据(5.16)式右边矩阵的主对角线元素的均值来度量，间接效应则根据(5.16)式右边矩阵的非主对角线元素的行和或列和(计算数值相同)的均值来度量。总效应即为直接效应与间接效应之和，可用(5.16)式右边矩阵的行和或列和的均值来度量。其他空间计量模型下的直接效应和间接效应的推导与 GNS 模型类似，具体结果如表 5.4 所示。

表 5.4　不同模型设定的直接效应和间接效应

模型	直接效应	间接效应
OLS/SEM	β_k	0
SAR/SAC	$(\boldsymbol{I}-\rho\boldsymbol{W})^{-1}\beta_k$ 的主对角线元素	$(\boldsymbol{I}-\rho\boldsymbol{W})^{-1}\beta_k$ 的非主对角线元素
SLX/SDEM	β_k	θ_k
SDM/GNS	$(\boldsymbol{I}-\rho\boldsymbol{W})^{-1}(\boldsymbol{I}\beta_k+\boldsymbol{W}\theta_k)$ 的主对角线元素	$(\boldsymbol{I}-\rho\boldsymbol{W})^{-1}(\boldsymbol{I}\beta_k+\boldsymbol{W}\theta_k)$ 的非主对角线元素

资料来源：Halleck Vega 和 Elhorst，2013。

第三节　创新驱动转型发展能力的影响因素的实证分析

一、变量选取与数据说明

（一）创新驱动转型发展影响因素的理论机制

创新驱动转型发展是指一个国家或地区在稳增长的基础上，保证经济有质的提升，实现“共享式增长”，即经济结构不断调整，创新能力不断提高，城市化水平不断提升，对外开放能力不断加强，环境质量不断优化，人口素质不断增强，人民生活不断改善，以及人民生活方式更加文明和健康。

各地区创新驱动转型发展水平的高低受区域环境影响，提高各地区创新驱动能力的关键是营造有利于创新的区域环境，经济发展水平则是区域环境的一个重要体现。

科技是第一生产力，是推动经济增长的原动力，科技创新是提高社会生产力和综合国力的战略支撑，我国未来的发展需要依靠科技创新驱动。研发投入水平是反映一个国家或地区科技投入强度、科技创新能力和科技发展水平的重要指标，提高各地区创新驱动能力需要加强科技基础设施投入。

城镇化是指人口向城镇地区集中和农村地区转变为城镇地区的过程，该指标是衡量一个国家或地区社会经济发展水平的标志之一，是评价一个国家或地区城镇化工作成效的重要指标。城市化水平越高，表明经济越发达；反之则相反。创新驱动转型发展的根本目的在于提高城市竞争力。

对外开放水平可以作为一国产业结构升级的驱动力量，提高各地区创新驱动能力需要整合国内外资源，提升创新方面的国际竞争优势。

为了提高地区创新驱动转型发展水平，地方政府需要不断引进创新技术并提供经费支持，政府在创新驱动发展过程中具有不可替代的作用，特别是在配置公共资源、创新环境建设和政策支持等方面尤为重要，提高各地区创新驱动能力需要加强政府的扩张能力。

本书将创新驱动转型发展水平作为被解释变量，在文献研究的基础上，选取经济发展水平、研发投入水平、城市化水平、对外开放水平和政府扩张能力这五个方面作为影响因素分析对象，基于数据的科学性和可获得性，以人均GDP的对数、研发经费支出占地区GDP的比重(%)、城镇化率(%)、进出口总额占地区GDP的比重(%)、财政支出占地区GDP的比重(%)这五个指标作为解释变量，各变量的指标解释及符号具体如表5.5所示。

表5.5　　变量的选取与解释

指标分类	指标名称(编号)	指标解释	符号
被解释变量	创新驱动转型发展水平(Y)	创新驱动转型发展评价指数取对数	LNY
解释变量	经济发展水平(X_1)	人均GDP取对数	LNperGDP
	研发投入水平(X_2)	研发经费支出占地区GDP的比重(%)	RD
	城市化水平(X_3)	城镇化率(%)	URBAN
	对外开放水平(X_4)	进出口总额占地区GDP的比重(%)	IMEX
	政府扩张能力(X_5)	财政支出占地区GDP的比重(%)	EXP
空间权重矩阵	空间邻接与经济距离权重矩阵($\boldsymbol{W}$)	矩阵$\boldsymbol{W}_1$与矩阵$\boldsymbol{G}$的哈达玛积：$\boldsymbol{W}=\boldsymbol{W}_1\circ\boldsymbol{G}$，其中矩阵$\boldsymbol{G}$的主对角线元素为0，非主对角线元素$\boldsymbol{G}_{ij}=\dfrac{1}{\mid \bar{Y}_i-\bar{Y}_j \mid}(i\neq j)$ 即各省区市人均GDP均值$\bar{Y}_i$的差额的倒数	$\boldsymbol{W}$

(二)数据来源及软件说明

本书的研究对象为我国 31 个省区市，被解释变量的具体数据如表 5.6 所示，解释变量的数据来源于国家统计局数据库和《中国科技统计年鉴》；构建空间权重矩阵过程中，Rook 相邻的 gal 文档可通过 GeoDA 软件生成，省会城市经纬度数据来源于自然资源部官网的全国地理信息资源目录服务系统，空间权重矩阵的构建通过 R 软件得到，空间面板模型的实证分析通过 MATLAB 软件完成，原代码可从 http://www.spatial-econometrics.com/免费获取。

表 5.6　　我国 31 个省区市创新驱动转型发展评价指数时序数据

	2009 年	2010 年	2011 年	2012 年	2013 年	2014 年	2015 年	2016 年
北京	75.26	75.61	78.43	82.81	80.60	84.67	81.85	82.52
天津	54.77	53.13	60.33	63.72	63.28	67.69	70.01	69.94
河北	43.00	43.92	45.20	45.97	46.28	45.16	45.64	45.06
山西	40.69	41.13	41.92	50.68	52.52	51.07	49.34	50.45
内蒙古	35.30	38.23	39.17	42.40	43.96	45.03	46.61	45.89
辽宁	45.54	46.87	48.81	53.11	50.21	50.75	48.90	46.87
吉林	37.39	36.40	37.21	39.62	42.05	41.17	42.66	42.35
黑龙江	37.66	38.08	37.54	40.46	42.20	40.67	41.24	41.52
上海	71.02	69.12	75.46	77.00	76.84	79.22	79.86	81.85
江苏	58.56	61.92	65.94	68.91	71.04	71.97	74.58	74.11
浙江	53.24	55.28	56.16	58.39	57.94	58.56	59.16	61.70
安徽	39.95	39.28	42.63	46.03	48.00	51.40	53.94	53.78
福建	46.56	46.38	48.76	51.80	51.70	48.78	52.32	51.90
江西	42.48	41.86	43.64	46.22	45.78	46.54	47.14	47.37
山东	49.70	50.75	52.03	54.39	55.59	57.57	57.95	58.08
河南	39.75	38.92	47.64	49.63	50.41	50.89	51.58	51.13
湖北	44.62	45.06	47.23	51.69	53.31	57.60	61.35	61.83
湖南	39.65	38.58	41.72	45.03	45.96	46.76	51.42	48.67
广东	61.13	60.64	62.66	65.98	68.84	69.93	73.56	74.05
广西	37.68	35.43	37.70	40.79	41.80	42.15	44.64	43.78
海南	35.80	37.62	37.40	42.22	43.56	38.07	39.58	41.03

续表

	2009年	2010年	2011年	2012年	2013年	2014年	2015年	2016年
重庆	39.86	44.65	51.03	55.92	53.75	54.06	55.95	56.29
四川	43.69	41.33	46.75	50.06	52.37	52.45	55.01	54.34
贵州	37.17	36.03	37.09	38.91	39.98	40.93	44.98	44.16
云南	35.82	35.25	36.12	37.96	42.36	41.75	42.28	42.29
西藏	23.54	23.47	26.93	27.91	29.70	25.97	26.02	29.68
陕西	45.04	47.97	50.48	53.53	56.89	59.69	61.67	61.93
甘肃	33.18	32.94	33.80	38.59	41.56	40.83	43.26	44.61
青海	30.61	31.13	31.70	34.56	36.71	36.43	40.45	42.55
宁夏	35.90	36.38	34.14	39.66	43.09	44.44	42.27	43.78
新疆	30.08	29.29	30.80	33.40	35.88	35.04	39.31	39.57

二、实证分析与结果

首先，本书基于2009—2016年我国31个省区市的面板数据构建不含空间交互效应的面板数据模型：

$$\begin{aligned} LNY = \alpha + \beta_1 LNperGDP + \beta_2 RD + \beta_3 URBAN \\ + \beta_4 IMEX + \beta_5 EXP + \mu_i + \xi_t + \varepsilon_{it} \end{aligned} \tag{5.17}$$

估计结果如表5.7所示。传统LM检验结果表明：在没有固定效应、只具有空间固定效应和只具有时间固定效应的非空间模型下，在1%的显著性水平上，拒绝了没有空间滞后被解释变量的原假设和没有空间自相关误差项的原假设；仅在具有空间和时间双向固定效应的非空间模型下，没有拒绝没有空间滞后被解释变量和空间自相关误差项的原假设。稳健LM检验结果表明：在没有固定效应的非空间模型下，在1%的显著性水平上，拒绝了没有空间自相关误差项的原假设；在只具有时间固定效应的非空间模型下，在1%的显著性水平上，拒绝了没有空间滞后被解释变量的原假设；而在其他情况下，并没有拒绝没有空间滞后被解释变量和空间自相关误差项的原假设，这说明模型需要考虑时间固定效应。此外，LR检验结果表明：不能拒绝空间固定效应的联合非显著性原假设(估计值为 365.529 3，自由度为 31，$p<0.01$），也不能拒绝时间固定效应的联合非显著性原假设（估计值为 43.152 6，自由度为 8，$p<0.01$）。因此，本书的实证模型考虑选择具有时间固定效应的 SDM。

SDM 的具体形式为：

$$\begin{aligned}\mathrm{LNY}_{it}=&\rho\sum_{j=1}^{31}w_{ij}\mathrm{LNY}_{jt}+\alpha+\beta_1\mathrm{LNperGDP}+\beta_2\mathrm{RD}+\beta_3\mathrm{URBAN}\\&+\beta_4\mathrm{IMEX}+\beta_5\mathrm{EXP}+\sum_{j=1}^{N}w_{ij}\mathrm{LNperGDP}_{jt}\theta_1+\sum_{j=1}^{N}w_{ij}\mathrm{RD}_{jt}\theta_2\\&+\sum_{j=1}^{N}w_{ij}\mathrm{URBAN}_{jt}\theta_3+\sum_{j=1}^{N}w_{ij}\mathrm{IMEX}_{jt}\theta_4+\sum_{j=1}^{N}w_{ij}\mathrm{EXP}_{jt}\theta_5\\&+\mu_i+\xi_t+\varepsilon_{it}\end{aligned}\tag{5.18}$$

表 5.7　　不含空间交互效应的面板数据模型的估计结果

决定因素	(1)	(2)	(3)	(4)
	混合估计模型 (Pooled OLS)	空间固定效应模型	时间固定效应模型	空间和时间固定效应模型
LNperGDP	0.257 6*** (9.865 9)	0.192 1*** (6.353 5)	0.127 6*** (4.181 5)	0.166 1*** (3.145 8)
RD	0.104 6*** (11.093 5)	0.069 0*** (3.272 0)	0.099 8*** (11.881 1)	0.039 5* (1.829 2)
URBAN	−0.005 0*** (−3.869 0)	0.005 9** (2.479 7)	−0.003 4*** (−2.814 8)	0.003 6 (1.306 9)
IMEX	0.001 4*** (4.506 0)	0.000 9** (2.282 0)	0.002 2*** (7.341 0)	0.001 3*** (2.979 9)
EXP	−0.004 4*** (−12.450 2)	0.003 1** (2.560 0)	−0.004 9*** (−15.301 0)	0.001 8 (1.519 0)
截距项	3.690 1*** (81.611 2)	—	—	—
σ^2	0.008 2	0.001 8	0.006 4	0.001 5
R^2	0.874 6	0.764 6	0.891 5	0.139 6
Log*L*	247.166 9	437.757 2	276.568 8	459.333 5

续表

决定因素	(1) 混合估计模型 (Pooled OLS)	(2) 空间固定 效应模型	(3) 时间固定 效应模型	(4) 空间和时间 固定效应模型
LM空间滞后统计量	23.026 8***	16.008 8***	22.028 2***	2.433 7
Robust－LM 空间滞后统计量	2.621 8	0.000 3	14.126 0***	0.489 9
LM空间误差统计量	30.633 6***	17.821 3***	7.919 5***	3.281 6*
Robust－LM 空间误差统计量	10.228 6***	1.812 8	0.017 3	1.337 9

注：(1)括号中为系数的 t 统计值；(2)***、** 和 * 分别表示在 1%、5%和 10%的显著性水平下通过检验。

表 5.8 报告了具有时间特定效应的 SDM 对我国各省区市创新驱动转型发展水平进行估计的结果。用基于最大化似然函数的直接法获得的参数估计结果显示在第(1)列。通过 Wald 检验，结果显示：Wald 检验空间滞后估计值为 87.754 8($p<0.01$)，说明必须拒绝 SDM 能简化为 SAR 模型的原假设 $H_0:\boldsymbol{\theta}=\mathbf{0}$；类似的，Wald 检验空间误差估计值为 105.073 1($p<0.01$)，说明必须拒绝 SDM 能简化为 SEM 的原假设 $H_0:\boldsymbol{\theta}=-\rho\boldsymbol{\beta}$。因此，我们必须拒绝 SAR 模型和 SEM 而选择 SDM。

将 Lee & Yu(2010)推导的用于 SAC 模型偏误校正的程序持续推广到 SAR、SEM、SDM 和 SDEM 模型，Lee et al. (2010)提出：如果 SAR、SEM、SDM 和 SDEM 模型包含时间固定效应，但不包含空间固定效应，则可采用通过直接法获得的 σ^2 的参数估计 $\hat{\sigma}^2$ 进行偏误修正：

$$\hat{\sigma}_{BC}^2=\frac{N}{N-1}\hat{\sigma}^2 \tag{5.19}$$

由(5.19)式可知，当 N 很大时，此偏误修正法产生的影响微乎其微。偏误修正后的参数估计结果显示在第(2)列，对比第(1)(2)列，可知使用直接法的系数估计结果与使用偏误修正法的系数估计之间的差异是很小的。

由于在上述空间面板数据模型的确定过程中，我们都将空间和时间特定效应只作为固定效应来处理的，表 5.8 中第(3)列给出了空间特定效应(μ_i)作为随机效应、时间特定效应(ξ_t)作为固定效应的 SDM 的估计结果。结果显示：大多数解释变量空间滞后项的系数估计结果不显著，Wald 检验在 10%的显著性水平下拒绝了 SDM 能简化为 SAR 模型的原假设 $H_0:\boldsymbol{\theta}=\mathbf{0}$，但不能拒绝 SDM 能简化为 SEM 的原假设 $H_0:\boldsymbol{\theta}=-\rho\boldsymbol{\beta}$。

综合上述结果，本书最终确定分析创新驱动转型发展水平影响因素的空间计量模型为带有时间固定效应的空间杜宾模型。

表 5.8　用具有时间固定效应的 SDM 对创新驱动转型发展水平进行估计的结果

决定因素	(1)	(2)	(3)
	时间固定效应	时间固定效应 偏误校正	空间随机效应， 时间固定效应
$W*$LNY	0.131 3** (2.156 9)	0.131 4** (2.154 3)	0.227 4*** (3.705 9)
LNperGDP	0.157 1*** (5.149 1)	0.157 1*** (5.067 0)	0.147 8*** (2.712 5)
RD	0.118 0*** (14.278 9)	0.118 0*** (14.050 5)	0.084 4*** (5.418 0)
URBAN	−0.002 7** (−2.428 2)	−0.002 7** (−2.390 6)	0.001 4 (0.649 8)
IMEX	0.001 8*** (5.831 8)	0.001 8*** (5.739 8)	0.001 4*** (3.319 1)
EXP	−0.004 5*** (−15.981 7)	−0.004 5*** (−15.733 5)	−0.002 6*** (−3.833 8)
$W*$LNperGDP	0.090 4 (1.532 6)	0.090 4 (1.507 6)	0.037 5 (0.459 6)
$W*$RD	0.040 5*** (3.233 2)	0.040 5*** (3.196 4)	−0.038 9** (−2.040 8)
$W*$URBAN	−0.012 8*** (−7.118 0)	−0.012 8*** (−7.004 0)	−0.003 9 (−1.157 2)
$W*$IMEX	0.000 6* (1.671 1)	0.000 6* (1.645 5)	0.000 1 (0.256 6)

续表

决定因素	(1)	(2)	(3)
	时间固定效应	时间固定效应 偏误校正	空间随机效应， 时间固定效应
W * EXP	−0.001 9*** (−3.501 5)	−0.001 9*** (−3.463 9)	−0.000 2 (−0.188 3)
Phi	—	—	0.199 7*** (5.650 3)
σ^2	0.004 2	0.004 3	0.001 7
R^2	0.934 2	0.934 2	0.971 4
修正R^2	0.925 6	0.925 6	0.869 1
Log$L$	326.297 1	326.232 5	389.124 9
Wald 检验空间 滞后统计量	87.754 8***	84.947 6***	9.533 5*
Wald 检验空间 误差统计量	105.073 1***	101.777 7***	4.456 8

时间固定效应的 SDM 估计结果显示：我国各省区市创新驱动转型发展的水平不仅受到当地的经济发展水平和科技基础设施等研发投入水平的影响，还受到其他空间相关省区市的创新驱动转型发展水平和科技基础设施等研发投入水平的影响。

在其他条件不变的情况下，本地区经济发展水平提高、科技基础设施等研发投入增加将会显著提升其创新驱动转型发展水平，而且其他空间相关省区市的创新驱动转型发展水平和研发投入水平的提高也能够促使本地区创新驱动转型发展水平的提升；但是其他空间相关省区市的城市化水平的提高对本地区创新驱动转型发展水平的提升有一定的抑制作用。

根据表 5.8 所应用的 SDM 报告的系数估计结果，通过(5.16)式所推导的直接效应和间接效应报告在表 5.9 中。

表 5.9　　根据 SDM 报告的系数估计结果来估算直接效应和间接效应

决定因素	(1)	(2)	(3)	(4)
	时间固定效应		时间固定效应偏误校正	
直接效应 LNperGDP	0.163 1*** (5.482 3)	0.161 2*** (5.226 6)	0.166 3*** (5.339 1)	0.162 6*** (5.532 7)
间接效应 LNperGDP	0.122 6* (1.893 9)	0.123 1* (1.913 4)	0.119 9* (1.804 8)	0.118 9* (1.780 4)
总效应 LNperGDP	0.285 7*** (4.172 4)	0.284 3*** (4.344 6)	0.286 2*** (4.163 4)	0.281 5*** (4.113 6)
直接效应 RD	0.121 0*** (14.960 2)	0.121 4*** (14.685 1)	0.121 3*** (14.283 4)	0.121 6*** (14.747 6)
间接效应 RD	0.061 6*** (5.626 2)	0.060 8*** (5.538 3)	0.061 6*** (5.237 8)	0.060 7*** (5.216 2)
总效应 RD	0.182 6*** (13.714 1)	0.182 3*** (13.848 4)	0.182 9*** (13.370 3)	0.182 3*** (13.679 7)
直接效应 URBAN	−0.003 5*** (−3.064 6)	−0.003 4*** (−2.978 8)	−0.003 5*** (−3.172 1)	−0.003 4*** (−3.016 2)
间接效应 URBAN	−0.014 5*** (−7.125 5)	−0.014 5*** (−6.951 5)	−0.014 5*** (−6.828 5)	−0.014 4*** (−6.912 3)
总效应 URBAN	−0.017 9*** (−6.899 4)	−0.017 8*** (−6.838 8)	−0.017 9*** (−6.768 1)	−0.017 8*** (−6.812 0)
直接效应 IMEX	0.001 9*** (6.197 7)	0.001 9*** (6.031 6)	0.001 9*** (6.013 3)	0.001 8*** (6.099 8)
间接效应 IMEX	0.000 9** (2.480 9)	0.000 9** (2.551 0)	0.000 9** (2.442 0)	0.001 0** (2.495 0)
总效应 IMEX	0.002 8*** (7.489 0)	0.002 8*** (7.406 7)	0.002 8*** (7.240 1)	0.002 8*** (7.382 0)
直接效应 EXP	−0.004 6*** (−17.317 2)	−0.004 6*** (−16.616 5)	−0.004 6*** (−16.619 1)	−0.004 6*** (−16.643 7)
间接效应 EXP	−0.002 7*** (−5.925 1)	−0.002 7*** (−5.769 1)	−0.002 7*** (−5.741 2)	−0.002 7*** (−5.992 1)
总效应 EXP	−0.007 3*** (−13.700 4)	−0.007 3*** (−13.622 3)	−0.007 3*** (−13.541 2)	−0.007 3*** (−13.809 1)

注：左栏[第(1)(3)列]$(\boldsymbol{I}-\rho\boldsymbol{W})^{-1}$每次抽样时计算，右栏[第(2)(4)列]$(\boldsymbol{I}-\rho\boldsymbol{W})^{-1}$通过分解式$(\boldsymbol{I}-\rho\boldsymbol{W})^{-1}=\boldsymbol{I}+\rho\boldsymbol{W}+\rho^2\boldsymbol{W}^2+\rho^3\boldsymbol{W}^3+\cdots$计算。

对比解释变量的直接效应(见表 5.9)与其系数的估计结果(见表 5.8)，发现两者有所不同，其原因在于存在反馈效应，反馈效应的产生是因为它对一个省区市的影响会传递给空间相关的省区市，且把空间相关省区市的影响回传给这个省区市本身。反馈效应来源于两部分：一是空间滞后被解释变量（**W** * LN**Y**）的系数估计值，二是解释变量自身的空间滞后变量的系数估计值。由于 LNperGDP、RD 变量的直接效应分别为 0.163 1、0.121 0，其系数的估计值分别为 0.157 1、0.118 0，其反馈效应的值分别为 0.006 0、0.003 0，或者为其直接效应的 3.7%、2.5%，由此可见，反馈效应是微乎其微。相反，尽管在非空间模型下间接效应被假定为 0，在 SDM 下 LNperGDP、RD 变量的间接效应分别为其直接效应的 75.2%、50.9%，且这两个间接效应在 10%的显著性水平下异于 0。这说明，如果一个省区市的经济发展水平、科技基础设施等研发投入水平的提高，不仅会提升该省区市创新驱动转型发展水平，而且会提高其他空间相关省区市的创新驱动转型发展水平。

第六章　结论与对策建议

第一节　主要研究结论

本研究紧密结合我国创新驱动发展战略、加快创新型国家建设的任务要求，基于创新驱动、转型发展、生态文明建设和民生改善四个维度，遵循体现创新驱动和转型发展的特点、兼顾区域之间的横向可比、结合当前的研究重点、关注长远的发展需求和保证时间跨度的纵向可比这五项原则，选取了 36 个评价指标构建我国创新驱动转型发展评价指标体系（理论指标），又根据我国各省区市社会经济发展状况的实际情况，并考虑数据的可获得性，进一步提炼出了具有可操作性的实证指标（29 个），编制了我国各省区市创新驱动转型发展评价指数及其分类指数。基于 2009—2016 年我国各省区市创新驱动转型发展评价指数及其分类指数的最终测算结果，进行了横向分析和纵向对比。由于我国各省区市创新驱动转型发展水平与其所处空间存在相关性，进一步选取了经济发展水平、研发投入水平、城市化水平、对外开放水平和政府扩张能力这五个方面作为影响因素分析对象进行了实证研究。

一、我国创新驱动转型发展评价指标体系构建依据与指数编制计算方案研究结论

第一，本研究第一次系统、全面地提出并研究了创新驱动转型发展评价指标体系，详细阐述了指标体系的维度设计（准则层）和指标选择（指标层）的依据，并对该评价指标体系的构建理念进行了必要分析。

第二，本研究以我国和各省区市“十三五”规划纲要、相关文件、发达国家和创新型国家的经验数据等为参考，设定了各个评价指标的目标值，通过目标值的设定，以便各省区市进一步明确其在创新驱动转型发展阶段的关键任务和目标要求。

第三，本研究综合运用了主、客观赋权法，采用了四种方案对单一权重（AHP、CV、EM、PCA）进行组合，以消除单一赋权方法产生的系统性偏差。

第四，2009—2016 年我国各省区市创新驱动转型发展评价指数及其分类指数在四种方案下的计算结果高度正相关，且指数排序均具一致性，表明四种方案对指数的构建并无显著性差异，四种方案能够互相佐证，采用任一种方案进行指数测算均能真实、较好地表征现实情况。

第五，为便于分析，本研究以方案二[基于偏差平方和最小原理的主观（AHP）-客观（CV、EM、PCA）的简单平均综合赋权法]这一组合权重的计算结果作为指数的最终测算结果，在得到各省区市指数的基础上，取平均得到东部、中部、西部和东北四大地区的指数值。

二、我国创新驱动转型发展评价指数测算结果研究结论

（一）2009—2016 年我国各省区市创新驱动转型发展评价指数逐年递增

2009—2016 年我国各省区市创新驱动转型发展评价指数及其分类指数整体呈逐年递增的趋势，评价指数的省区市均值由 2009 年的 43.38 点逐步上升至 2016 年的 52.68 点，提高了 9.30 个点，且我国不同省区市间的差异逐年有所减小。各年来看，分类指数按均值高低依次为：生态文明建设、民生改善、转型发展、创新驱动，生态文明建设成效显著。

（二）我国科技创新能力显著提升，但仍需进一步提升科技成果转化率

总指数的提高主要来源于创新驱动和民生改善分类指数的上升。科技创新是推动经济发展的主要动力，但创新驱动分类指数的提升空间仍

然很大，这说明我国科技创新能力显著提升，但仍需进一步强化专利量质齐升的态势，需要加大对全国各省区市专利考核力度，提升科技成果转化率。

(三)创新驱动转型发展评价指数分类呈“橄榄型”分布

我国各省区市创新驱动转型发展评价指数分类呈“橄榄型”分布。北京常年位居榜首，上海持续蝉联第二，江苏、广东的创新驱动转型发展水平逐年提高，由Ⅱ类区域进入Ⅰ类区域，而西藏一直处于末位。Ⅲ类区域的省区市逐步进入Ⅱ类区域，但是绝大多数省区市位于Ⅱ、Ⅲ类区域，我国各省区市创新驱动发展、经济转型升级的整体水平有待进一步提高，东部总指数高于中部、中部高于西部和东北，呈现出很明显的地域差别，且四大地区总指数的差异主要来源于创新驱动和转型发展分类指数的差距。

(四)北京、上海、江苏和广东四省市创新驱动发展、经济转型升级的水平领先于其他省区市

北京、上海、江苏和广东四省市包揽了2009—2016年我国各省区市创新驱动转型发展评价指数排名前四位，创新驱动发展、经济转型升级的水平领先于其他省区市，且北京、上海尤为突出，总指数值要比江苏、广东的总指数值高5个点以上，一直为全国创新驱动转型发展的“排头兵”。

(五)各省区市在创新驱动和转型发展分类指数上地域差异悬殊，东部存在显著优势

各省区市创新驱动和民生改善分类指数的年增速较快，而转型发展和生态文明建设分类指数的年增速有待进一步提高。在创新驱动和转型发展分类指数方面，各省区市地域差异悬殊，东部存在显著优势。在生态文明建设分类指数和民生改善分类指数上的差异均不是很明显，且指数值普遍高于创新驱动分类指数和转型发展分类指数。

(六)北京、上海在创新驱动分类指数方面优势明显

北京、上海不断深化供给侧结构性改革激活动力，加大科研投入强度，在创新驱动分类指数方面优势明显，自2009年以来该分类指数值逐年递增，连续八年蝉联全国前两位，尤其是上海，与北京的差距呈逐年递减趋势，在 2016 年反超北京跃居全国创新驱动首位。

上海在经济转型升级方面取得了很大的进步，且广东、浙江、北京、上海和江苏这五个省市与其他各省区市相比，其领先优势非常明显。

北京在生态文明建设方面取得了巨大的进步，而上海在生态文明建设方面仍需加强改善。

北京近几年一直很注重民生改善，排名始终位于前两名，而上海在民生改善方面有望进一步加强。

(七)我国各省区市在创新驱动和民生改善两个子目标上取得显著进步

(1)我国各省区市创新驱动转型发展评价指数平均上升 9.30 点。湖北、陕西、重庆、江苏、天津的创新驱动转型发展评价指数的上升点数最多，在 15 个点以上，这五个省市创新驱动转型发展评价指数的上升主要得益于“每百万人国内发明专利申请授权量”“技术市场合同成交额”和“人均基本公共服务支出”这三个指标的大幅增长。

(2)我国各省区市在创新驱动和民生改善两个子目标上取得显著进步。①我国各省区市创新驱动分类指数平均上升 15.19 点。其中，湖北、陕西、重庆、江苏、天津的创新驱动分类指数的上升点数是最多的，均在 27 个点以上，这五个省市创新驱动分类指数的上升主要得益于“每百万人国内发明专利申请授权量”和“技术市场合同成交额”这两个指标的大幅增长；然而，西藏的创新驱动分类指数的上升点数最少，仅上升了 1.61 个点。创新驱动能力的地区差异最悬殊。②我国各省区市民生改善分类指数平均上升 14.69 点。其中，青海、内蒙古、天津、西藏、宁夏、重庆的民生改善分类指数的上升点数位列前六，分别上升了 31.42 点、23.23 点、22.00 点、20.87 点、19.48 点、19.35 点，这六个省区市创新驱动转型发展评价指数的上升主要得益于“人均基本公共服务支出”这一指标的大幅增长。民生改善能力的地区差异最小，这说明我国各地区民生工作的发展水平较为均衡，同步性较高，社会整体和谐程度较高。

(八)我国各省区市在转型发展和生态文明建设两个子目标上整体呈上升趋势

(1)我国各省区市转型发展分类指数平均上升 2.03 点。其中,四川、重庆、山西、江西、湖北的转型发展分类指数的上升点数位列前五,在七个点左右;北京、辽宁、浙江等八个省区市的转型发展分类指数出现了下降,北京、辽宁和浙江这三个省市的转型发展分类指数下大多数评价指标均出现了不同程度的下降,北京的"商品销售总额占全国销售总额的比重"和"一般贸易出口额占地区 GDP 的比重"这两个指标的下降程度比较大,辽宁的"商品销售总额占全国销售总额的比重"这一指标的下降程度比较大,而浙江的"金融业增加值占全国金融业增加值的比重"这一指标的下降程度比较大。

(2)我国各省区市生态文明建设分类指数平均上升 5.67 点。其中,新疆、青海、甘肃、宁夏、内蒙古、北京的生态文明建设分类指数的上升点数位列前六,分别上升了 31.81 点、27.69 点、22.90 点、21.23 点、15.49 点、15.13 点,这六个省区市生态文明建设分类指数的上升主要得益于"主要污染物排放量减少系数"这一指标的大幅增长;辽宁、上海、广西等十个省区市的生态文明建设分类指数出现了下降,辽宁和上海的"万元地区 GDP 能耗降低""环境质量指数"和"环境污染治理投资占地区 GDP 的比重"这三个指标均出现了不同程度的下降,辽宁的"一般工业固体废物综合利用率"这一指标也出现了下降。

三、我国各省区市创新驱动转型发展能力的影响因素分析研究结论

本研究基于各省区市创新驱动转型发展评价指数,选用了综合地理特征和经济特征构建的空间权重矩阵,并选取经济发展水平、研发投入水平、城市化水平、对外开放水平和政府扩张能力这五个方面作为影响因素分析对象,首先构建了不含空间交互效应的面板数据模型,传统 LM 检验和稳健 LM 检验以及 LR 检验结果表明实证模型需考虑选择具有时间固定效应的 SDM;进一步,Wald 检验表明我们必须拒绝 SAR 模型和 SEM

而选择 SDM;因此,本研究选择带有时间固定效应的空间杜宾模型对省域创新驱动转型发展水平的影响因素进行实证分析。

(一)2009—2016 年我国各省区市创新驱动转型发展水平存在很强的空间相关性

2009—2016 年我国各省区市创新驱动转型发展水平的 Moran's *I* 高度显著(各年数值均在 0.56 以上),存在很强的空间相关性,且莫兰散点图表明其空间分布具有显著的空间集聚特征(高值与高值聚集、低值与低值聚集)。

(二)我国各省区市创新驱动转型发展的水平会受到当地的经济发展水平和研发投入水平的影响

我国各省区市创新驱动转型发展的水平会受到当地的经济发展水平和科技基础设施等研发投入水平的影响,本地区经济发展水平的提高、研发投入的增加将会显著提升其创新驱动转型发展水平。

(三)我国各省区市创新驱动转型发展的水平会受到其他空间相关省区市的创新驱动转型发展水平和研发投入水平的影响

我国各省区市创新驱动转型发展的水平还会受到其他空间相关省区市的创新驱动转型发展水平和研发投入水平的影响。在其他条件不变的情况下,其他空间相关省区市的创新驱动转型发展水平和研发投入水平的提高能够促使本地区创新驱动转型发展水平的提升。此外,其他空间相关省区市的城市化水平的提高对本地区创新驱动转型发展水平的提升有一定的抑制作用。

第二节　对策建议

一、对Ⅰ-Ⅳ类地区的总体建议

从创新驱动、转型发展、生态文明建设和民生改善这四个分类指数值来看:

第一，在创新驱动方面，上海和北京要努力保持其在创新驱动分类指数方面的优势，我国其他各个省区市要不断深化供给侧结构性改革，加大创新投入力度，提高创新成果转化率，驱动创新发展能力，尤其要大力提高“每百万人国内发明专利申请授权量”“技术市场合同成交额”“全员劳动生产率”和“研发经费支出占地区 GDP 的比重”等。

第二，在转型发展、生态文明建设和民生改善这三个方面，我们就聚类分析定义的Ⅰ-Ⅳ类地区分别给出以下建议：

(1)对于Ⅰ类地区(以 2016 年为例，下同)，北京在保持生态文明建设和民生改善稳居前列的同时，应努力保持并提高转型发展方面的优势，特别是提高“一般贸易出口额占地区 GDP 的比重”“金融业增加值占全国金融业增加值的比重”和“非国有工业企业工业产值占工业总产值的比重”；上海继续保持其在转型发展方面取得的进步，同时要加强完善生态文明建设和民生改善两方面，注重对“一般贸易出口额占地区 GDP 的比重”“金融业增加值占全国金融业增加值的比重”“三次产业间发展速度协调度”“环境污染治理投资占地区 GDP 的比重”和“城乡居民生活质量协调度”的提高；江苏和广东在保证转型发展能力的基础上，要努力提高生态文明建设和民生改善分类指数，大力提高“环境污染治理投资占地区 GDP 的比重”和“人均基本公共服务支出”，此外江苏还需加强对“一般贸易出口额占地区 GDP 的比重”和“三次产业间发展速度协调度”的提高。

(2)对于Ⅱ类地区，天津应继续保持民生改善分类指数的优势，并努力提高转型发展和生态文明建设两方面，尤其要提高“居民消费占地区 GDP 的比重”“商品销售总额占全国销售总额的比重”“一般贸易出口额占地区 GDP 的比重”“金融业增加值占全国金融业增加值的比重”和“环境质量指数”；陕西、湖北、山东、重庆应继续保持并提高生态文明建设和民生改善分类指数的优势，并努力提高转型发展能力，特别是提高“居民消费占地区 GDP 的比重”“商品销售总额占全国销售总额的比重”“一般贸易出口额占地区 GDP 的比重”“金融业增加值占全国金融业增加值的比重”“环境污染治理投资占地区 GDP 的比重”“人均基本公共服务支出”

和“城镇人口占总人口的比重”，此外，陕西还需提高“二、三产业生产效率协调度”，湖北还需提高“一般工业固体废物综合利用率”；浙江应继续保持转型发展和生态文明建设分类指数的优势，并努力提高民生改善分类指数，尤其要注重提高“金融业增加值占全国金融业增加值的比重”“三次产业间发展速度协调度”“环境污染治理投资占地区 GDP 的比重”和“人均基本公共服务支出”；四川、福建、河南应继续保持并提高转型发展的能力，并努力提高生态文明建设和民生改善分类指数，大力提高“商品销售总额占全国销售总额的比重”“一般贸易出口额占地区 GDP 的比重”“金融业增加值占全国金融业增加值的比重”“环境污染治理投资占地区 GDP 的比重”“人均基本公共服务支出”和“城镇人口占总人口的比重”，此外，四川还需提高“一般工业固体废物综合利用率”，福建还需提高“居民消费占地区 GDP 的比重”和“三次产业间发展速度协调度”，河南还需提高“第三产业增加值占地区 GDP 的比重”；安徽、山西应继续保持生态文明建设分类指数的优势，并努力提高转型发展和民生改善分类指数，尤其是提高“商品销售总额占全国销售总额的比重”“一般贸易出口额占地区 GDP 的比重”“金融业增加值占全国金融业增加值的比重”“三次产业间发展速度协调度”“人均基本公共服务支出”和“城镇人口占总人口的比重”，此外，安徽还需提高“第三产业增加值占地区 GDP 的比重”，山西还需提高“一般工业固体废物综合利用率”和“城乡居民生活质量协调度”。

(3)对于Ⅲ类地区，三个分类指数均有待进一步提高，湖南、江西、内蒙古、甘肃、宁夏、青海尤其要提高经济转型升级能力，提高“商品销售总额占全国销售总额的比重”“一般贸易出口额占地区 GDP 的比重”“第三产业增加值占地区 GDP 的比重”“金融业增加值占全国金融业增加值的比重”和“城镇人口占总人口的比重”，此外，湖南还需提高“三次产业间发展速度协调度”“环境污染治理投资占地区 GDP 的比重”“人均基本公共服务支出”和“城镇人口占总人口的比重”，江西还需提高“三次产业间发展速度协调度”“一般工业固体废物综合利用率”“环境污染治理投资占地区 GDP 的比重”“人均基本公共服务支出”和“城镇人口占总人口的比重”，内蒙古还需提高“二、三产业生产效率协调度”和“一般工业固体废物综合利用率”，甘肃还需提高“非国有工业企业工业产值占工业总产值的比重”“一般工业固体废物综合利用率”“环境质量指数”“环境污染治理投资占地区 GDP 的比重”“人均基本公共服务支出”和“城镇人口占总人口的比重”，宁夏还需提高“二、三产业生产效率协调度”“一般工业固体废物综合利用率”和“城镇人口占总人口的比重”，青海还需提高“一般工业固体废物综合利用率”和“城镇人口占总人口的比重”；辽宁、吉林、黑龙江、海南尤其要提高经济转型升级能力和生态文明建设分类指数，特别是提高“商品销售总额占全国销售总额的比重”“一般贸易出口额占地区 GDP 的比重”“金融业增加值占全国金融业增加值的比重”“环境污染治理投资占地区 GDP 的比重”和“人均基本公共服务支出”，此外辽宁还需提高“三次产业间发展速度协调度”“万元地区 GDP 能耗降低”和“一般工业固体废物综合利用率”，吉林还需提高“居民消费占地区 GDP 的比重”“第三产业增加值占地区 GDP 的比重”“二、三产业生产效率协调度”“一般工业固体废物综合利用率”和“城镇人口占总人口的比重”，黑龙江还需提高“三次产业间发展速度协调度”“二、三产业生产效率协调度”“一般工业固体废物综合利用率”和“城镇人口占总人口的比重”，海南还需提高“二、三产业生产效率协调度”“一般工业固体废物综合利用率”和“城镇人口占总人口的比重”；河北、贵州、广西、新疆尤其要提高经济转型升级能力和民生改善分类指数，着重提高“商品销售总额占全国销售总额的比重”“一般贸易出口额占地区 GDP 的比重”“第三产业增加值占地区 GDP 的比重”“金融业增加值占全国金融业增加值的比重”“一般工业固体废物综合利用率”“人均基本公共服务支出”和“城镇人口占总人口的比重”，此外河北还需提高“居民消费占地区 GDP 的比重”“三次产业间发展速度协调度”和“环境污染治理投资占地区 GDP 的比重”，贵州还需提高“环境污染治理投资占地区 GDP 的比重”和“城乡居民生活质量协调度”，广西还需提高“二、三产业生产效率协调度”“环境污染治理投资占地区 GDP 的比重”和“基本社会保障覆盖面”，新疆还需提高“居民消费占地区 GDP 的比重”

“非国有工业企业工业产值占工业总产值的比重”“二、三产业生产效率协调度”“环境质量指数”和“社会安全指数”；云南三个分类指数均亟待努力提高，如：“商品销售总额占全国销售总额的比重”“一般贸易出口额占地区 GDP 的比重”“金融业增加值占全国金融业增加值的比重”“非国有工业企业工业产值占工业总产值的比重”“二、三产业生产效率协调度”“一般工业固体废物综合利用率”“环境污染治理投资占地区 GDP 的比重”“人均基本公共服务支出”和“城镇人口占总人口的比重”。

（4）对于Ⅳ类地区，西藏在保持民生改善分类指数的优势下，应努力提高经济转型升级和生态文明建设两方面，尤其要提高“人均受教育年限”“研发经费支出占地区 GDP 的比重”“每百万人国内发明专利申请授权量”“技术市场合同成交额”“全员劳动生产率”“地均产出”“高技术产品出口额占总出口额的比重”“居民消费占地区 GDP 的比重”“商品销售总额占全国销售总额的比重”“一般贸易出口额占地区 GDP 的比重”“金融业增加值占全国金融业增加值的比重”“万元地区 GDP 能耗降低”“一般工业固体废物综合利用率”“主要污染物排放量减少系数”“环境污染治理投资占地区 GDP 的比重”和“城镇人口占总人口的比重”。

二、对我国各省区市创新驱动转型发展的详细对策建议

（一）实施创新驱动发展战略，建设创新型国家，掌握发展主动权，注重创新投入和产出的协调度，重视技术的消化、吸收和再创新，重视高新技术产业的发展，完善机制体制，支持企业的研发活动，注重产学研相结合

2017 年党的十九大报告提出坚定实施创新驱动发展战略，突出了这一战略对建设创新型国家的必要性，实施这一战略是一项重大的长期任务，必须将其放在国家发展全局的核心位置。

1. 实施创新驱动战略，建设创新型国家，掌握发展主动权

党的十九大报告把实施创新驱动发展战略摆在国家发展全局的核心位置，科技创新是提高社会生产力和综合国力的战略支撑，是我们应对新

时期新挑战的战略选择。新科技革命迅猛发展，科技实力日益决定着国家是否能突破发展“瓶颈”，实现全面、协调、可持续发展，科技创新的决心和力度有助于掌握发展主动权。

2. 注重创新投入和产出的协调度，重视技术的消化、吸收和再创新，重视高新技术产业的发展

2016 年，我国各省区市研发经费投入强度的标准化数据的均值为 46.28，而“每百万人国内发明专利申请授权量”和“技术市场合同成交额”这两项评价指标的标准化数据的均值仅分别为 16.57 和 33.86，这说明我国各省区市在创新产出的实现度方面还低于创新投入，因此应增强研发经费的管理，实现创新成本的优化配置。研发经费支出是科技发展和技术创新的财力保证，高技术产品是科技成果的转化物，大力实施“科技兴贸”战略以来，高技术产品出口已逐渐成为我国对外贸易高速发展的主要推动因素，2016 年，我国各省区市“高技术产品出口额占总出口额的比重”这项评价指标的标准化数据的均值为 55.84，还不是很高，需重视技术的消化、吸收和再创新，重视高新技术产业的发展。

3. 完善机制体制，支持企业的研发活动，注重产学研相结合

党的十九大报告提出，要深化供给侧结构性改革，加快建设创新型国家。创新是引领发展的第一动力，深化科技体制改革，努力建设以企业为主体、市场为导向、产学研深度融合的技术创新体系，加强对中小企业创新的支持，促进科技成果转化，把各种资源有效地利用、整合起来，以加强各体系内创新主体的互动。在加强国家创新体系的建设过程中，首先，要建立企业在技术创新体系中的主体地位，企业是生产活动最直接的执行者，企业的创新活力决定了产品的创新价值；其次，要完善产学研的互动机制，逐步为规模以上企业配备独立的研究机构，企业了解市场的需求，却缺乏人才的供给，研究机构拥有人才，却远离市场，只有将这两者合二为一，让研究机构成为企业和市场的智囊团，让企业成为科研成果和产业发展的转换器，完善产学研的互动机制，才能把自主创新的成果发挥到实处。要增强创新驱动力，则必须完善创新的评价标准、激励机制、转化机制和管理机制。创新支撑经济社会又好又快可持续发展。

(二)坚持习近平新时代中国特色社会主义思想,以深化供给侧结构性改革为动力,推动经济发展质量变革、效率变革、动力变革,扩大内需,注重经济和居民生活水平的协调增长,实现经济"包容性增长"

发展是硬道理,在全球经济一体化的大背景下,我国必须紧紧抓住经济发展契机,聚精会神搞建设,一心一意谋发展。只有经济发展了,才能为人民共享发展成果提供坚实的物质基础。此外,国际形势变幻莫测,出口导向型的经济增长方式已不足以保证我国经济持续、健康、稳定发展,同时,传统的粗放型扩张发展模式也不再适应我国可持续发展的要求,转型发展任重而道远。

1. 以习近平新时代中国特色社会主义思想为指导,进一步加快我国各省区市"转动力、调结构、促发展"的工作进程

我国大部分省区市在经济转型升级方面较为落后,要始终把握好"转动力、调结构、促发展"这一根本大计,进一步优化经济结构,转换增长动力,不仅要加快重点领域的发展,而且要全面推进经济协调发展。经济结构的优化升级主要体现在第三产业的比重不断提升,尤其是高附加值的现代服务业在国民经济中地位的凸显,以金融业和出口贸易为典型代表。推进经济结构优化升级是我国经济社会发展进程中的一项长期任务。2016 年,我国各省区市"金融业增加值占全国金融业增加值的比重"和"一般贸易出口额占地区 GDP 的比重"这两项指标的标准化数据的均值分别为 20.19 和 18.31,说明我国各省区市经济结构的优化程度有待提高,仍需进一步加快经济结构的升级力度,重点加大现代服务业和先进制造业的提升步伐,特别是金融业和出口贸易等相关产业,谋求关键领域的优先发展。此外,2016 年我国各省区市"二、三产业生产效率协调度"的标准化数据的均值为 78.60,二、三产业生产效率的协调程度仍有较大的发展空间,应该进一步促进产业结构的升级,提高整体经济结构的优化程度。

2. 挖掘内需潜力，发展新兴消费，转变我国依赖投资和出口拉动经济增长的模式，以促进经济协调增长

2016 年，我国各省区市“居民消费占地区 GDP 的比重”的平均值为 38.01%，虽然比 2009 年的 34.69%提高了 3.32 个百分点，但仍然显著低于 1985 年高收入国家人均 GDP 突破 1 万元时的 59.9%，这说明我国内需提高，仍有十分充足的扩展空间，扩大内需是我国转型发展的重要突破口，应当集中力量，加快改进步伐，进一步增强居民的消费意识，挖掘内需潜力，发展新兴消费，以加快我国经济发展方式的转变。

3. 继续提高我国各省区市 GDP 与居民收入的增长协调度

坚持以人为本，促进经济社会和人的全面发展，经济发展的最终目的是使居民的生活水平得到有效提高。而 2016 年我国 31 个省区市的“地区 GDP 与居民收入增长协调度”的标准化数据的均值为 92.90，相比 2009 年的均值 88.07 有所提高，离 2020 年该评价指标的目标值还有差距，存在进一步增长空间。因此，今后在保证经济稳增长的同时，应更加注重居民收入的提高，做到发展依靠人民的同时，也将发展的成果与人民共享，继续提高我国各省区市地区 GDP 与居民收入增长的协调度。

(三)节约资源和保护环境，坚持并落实“创新、协调、绿色、开放、共享”的新发展观，加快推进中国特色生态文明的建设，坚持可持续发展，促进人类社会的全面发展

坚持人与自然和谐共生，良好的生态环境是经济社会可持续发展的重要条件，是创新驱动转型发展的必然要求。我们必须坚持节约和保护优先、自然恢复为主的原则，形成节约资源、保护环境的空间格局、产业结构、生产方式和生活方式，牢固树立社会主义生态文明观，建设人与自然和谐发展的新型现代化社会。

1. 完善资源节约和环境保护机制，推进法制化建设

坚持节约资源和保护环境的基本国策，要努力改善和提升水环境、大气环境、土壤环境、生态环境、地质环境和噪声环境等质量，以提高环境质量为核心，实行最严格的生态环境保护制度，从“先污染、后治理”的发展

模式,向"创新、协调、绿色、开放、共享"的可持续发展模式转型。降低地区生产总值能耗,减少主要污染物排放量,形成绿色可持续的社会发展方式和生活模式,建设生态文明发展之路。

2. 开发先进技术,提高能源有效利用率,大力发展清洁能源和可再生能源,加快淘汰破坏资源、污染环境的落后生产方式

创新绿色技术,发展绿色经济,提倡绿色出行,实施循环发展引领计划,推动低碳循环发展,推进资源全面节约和高效循环利用,如综合利用一般工业固体废物,提高城市污水处理率和城市生活垃圾无害化处理率,实现生产系统与生活系统的循环链,形成合理的消费观,养成简朴生活习惯。

3. 加强环境污染的防治,促进生态修复

保护环境是我国的基本国策,是切实转变经济发展方式的重要手段和推进生态文明建设的根本措施。生态环境保护任重而道远,我国各省区市要进一步加快城市环保基础设施建设,提高环境污染治理投资,加大生态系统保护力度,强化生态环境治理机制,促进生态修复,构建以政府为主导、企业为主体、社会组织和公众共同参与的环境治理体系。

(四)坚持以人为本,注重改善民生,进一步完善就业保障和基本公共服务体系,保质保量地推进城市化进程,加强人与人、人与自然和平和谐共处,推进中国特色社会主义和谐社会的构建

改善民生是创新驱动转型发展战略的根本出发点和立足点,是创新能力与社会发展充分融合的最终目标。我们必须始终把实现好、发展好和维护好最广大人民群众的根本利益作为党和国家一切工作的出发点和落脚点,尊重人民群众的主体地位,维护人民群众的权利和利益,促进人类的全面发展。2016 年我国 31 个省区市民生改善分类指数的平均水平仅次于生态文明建设分类指数,且与 2009 年相比,该分类指数增长较快,所以我们应该继续推进民生改善以实现更好的经济转型发展。

1. 增加人均基本公共服务支出,完善基本公共服务体系

2016 年,我国 31 个省区市人均基本公共服务支出的平均值为 8 413.78 元,虽然相比 2009 年的 3 042.85 元增长了近两倍,但是距离

2020 年的目标值 15 000 元还有较大差距，是民生改善分类指数中标准化数据的省区市均值可提升空间最大的评价指标。具体而言，2016 年我国 31 个省区市中，仅西藏、北京、青海、上海和天津的人均基本公共服务支出超过 10 000 元，其他 26 个省区市的此项支出均低于 10 000 元，因此，若要实现 2020 年人均基本公共服务支出达到 15 000 元的目标，必须加大人均基本公共服务支出的提升力度，完善基本公共服务体系，切实提高公共服务的质量。

2. 完善社会保障制度，改善民生，保质保量地推进城市化进程

城市化的发展应逐步从数量增长过渡到质量增长，因此，应加大对农村居民的保障力度，加强对农村居民的公共服务支出，完善社会保障体系，加强基础设施建设，完善城镇职工基本养老保险和城乡居民基本养老保险制度，努力实现养老保险的全国统筹，健全统一的城乡居民基本医疗保险制度和大病保险制度，尤其处理好农村居民就医难、出行难、就业难、受教育难和养老难等关键问题。坚持全覆盖、保基本、多层次、可持续方针，不断扩大社会保障覆盖面，提高统筹层次和保障水平，加强各项制度的完善和衔接，增强公平性，适应流动性，保证可持续性。坚持把保障和改善民生作为根本出发点和落脚点。

3. 推进社会公平，遏制社会差距过大

只有形成真正的公平和正义的社会环境，社会各阶层才能和谐共处，实现社会稳定。首先，完善个人所得税，缩小社会贫富差距；其次，改变农村落后面貌，缩小城乡差距；再次，加强财政转移支付的力度，缓解基层在财政方面的困难；最后，加大反腐败和反贿赂的工作力度，逐步理顺收入分配秩序，社会文明水平尚需提高，全面依法治国任务依然繁重。

主要参考文献

[1] Acs Z. J. ,Desai S. ,Hessels J. ,Entrepreneurship,economic development and institutions [J]. Small Business Economics,2008,31(3):219—234.

[2] Álvarez I. C. ,Barbero J. ,Zofío J. L. ,A Panel Data Toolbox for MATLAB [J]. Journal of Statistical Software. 2017,76(6):1—27.

[3] Anselin L.. Spatial Econometrics:Methods and Models [M]. Dordrecht:Kluwer Academic Publishers,1988.

[4] Anselin L. ,Bera A. K. ,Florax R. ,Yoon M. J.. Simple diagnostic tests for spatial dependence[J]. Regional Science and Urban Economics,1996,26(1):77—104.

[5] Binder M. ,Hsiao C. ,Pesaran M. H.. Estimation and inference in short panel vector autoregressions with Unit Roots and Cointegration[J]. Econometric Theory,2005,21(4):795—837.

[6] Burridge P.. On the Cliff-Ord Test for Spatial Correlation[J]. Journal of the Royal Statistical Society Series B-Statistical Methodology,1980,42(1):107—108.

[7] Burridge P.. Testing for a common factor in a spatial autoregression model[J]. Environment and Planning A,1981,13(7):795—800.

[8] Cornell University,INSEAD,and WIPO. The Global Innovation Index 2018:Energizing the World with Innovation[R]. Ithaca,Fontainebleau,and Geneva,2018.

[9] Corrado L. ,Fingleton B. Where is the economics in spatial econometrics? [J]. Journal of Regional Science,2012,52(2):210—239.

[10] Elhorst J. P.. Applied Spatial Econometrics:Raising the Bar[J]. Spatial Economic Analysis,2010,5(1):9—28.

[11] Elhorst J. P.. Spatial Econometrics From Cross—Sectional Data to Spatial

Panels[M]. Springer Dordrecht Heidelberg London New York,2013.

[12] Elhorst P. ,Vega S. H.. On spatial econometric models,spillover effects,and W[C]. 53rd Congress of the European Regional Science Association(ERSA),Palermo,Italy,2013.

[13] Gibbons S. ,Overman H. G.. Mostly Pointless Spatial Econometrics? [J]. Journal of Regional Science,2012,52(2):172—191.

[14] Hollanders H. ,Es-Sadki N. European Innovation Scoreboard 2018[R]. http://ec. europa. eu/growth/industry/innovation/facts - figures/scoreboards/index _ en. htm.

[15] Hollanders H. ,Es-Sadki N.. Regional Innovation Scoreboard 2017[R]. https://ec. europa. eu/growth/industry/innovation/facts—figures/regional_en.

[16] IMD World Competitiveness Center. IMD World Competitiveness Yearbook 2017[R]. Lausanne,Switzerland,2017.

[17] Institute for Urban Strategies,The Mori Memorial Foundation. Global Power City Index Yearbook 2018[R]. Tokyo,Japan,2018.

[18] Lee L. ,Liu X. ,Lin X.. Specification and Estimation of Social Interaction Models with Network Structures[J]. Econometrics Journal,2010,13(2):145—176.

[19] Lee L. ,Yu J.. Estimation of spatial autoregressive panel data models with fixed effects[J]. Journal of Econometrics,2010,154(2):165—185.

[20] Lee L. ,Yu J.. Spatial Panels:Random Components Versus Fixed Effects [J]. International Economic Review,2012,53(4):1369—1412.

[21] Lesage J.. What Regional Scientists Need to Know About Spatial Econometrics[J]. Review of Regional Studies,2014,44(1):13—32.

[22] Lesage J. ,Pace R. K.. Introduction to Spatial Econometrics[M]. New York: Chapman and Hall/CRC,2009.

[23] Li H. ,Zhou D,Sun Y.. To forecast the investment in the treatment of the environmental pollution of China by Gm (1,1)[C]. IEEE International Conference on Grey Systems & Intelligent Services. IEEE,2007.

[24] López-Claros A. ,Mata Y. N.. The Innovation Capacity Index:Factors,Policies,and Institutions Driving Country Innovation[M]. Publisher:Palgrave Mac-

Millan,2009.

[25] Mcmillen D. P.. Perspectives on spatial econometrics:linear smoothing with structured models[J]. Journal of Regional Science,2012,52(2):192—209.

[26] Millo G.. Maximum likelihood estimation of spatially and serially correlated panels with random effects[J]. Computational Statistics & Data Analysis, 2014,71(C):914—933.

[27] OECD. OECD Science,Technology and Industry Scoreboard 2017:The digital transformation[R]. OECD Publishing,Paris,2017.

[28] Partridge M. D.,Boarnet M,Brakman S.,et al. Introduction:whither spatial econometrics? [J]. Journal of Regional Science,2012,52(2):167—171.

[29] Porter M. E.. The Competitve Advantage of Nations[M]. New York:Free Press,1998.

[30] Schumpeter J. A.. The Theory of Economic Development:An Inquiry Into Profits,Capital,Credit,Interest,and the Business Cycle[M]. Oxfordshire: Taylor & Francis,1983.

[31] Schwab K.,World Economic Forum. The Global Competitiveness Report 2015—2016[R]. World Economic Forum,2015.

[32] UNDP(United Nations Development Program). Human Development Report 2001:Making New Technologies Work for Human Development[M]. New York,Oxford:Oxford University Press,2001.

[33] Yang Z.,Yu J.,Liu S. F.. Bias correction and refined inferences for fixed effects spatial panel data models[J]. Regional Science and Urban Economics, 2016,61:52—72.

[34] 白俊红,蒋伏心. 协同创新、空间关联与区域创新绩效[J]. 经济研究,2015(7): 174—187.

[35] 白俊红,王林东. 创新驱动对中国地区经济差距的影响:收敛还是发散? [J]. 经济科学[J]. 2016(2):18—27.

[36] 白俊红,王钺,蒋伏心,李婧. 研发要素流动、空间知识溢出与经济增长[J]. 经济研究,2017(7):109—123.

[37] 国家中长期教育改革和发展规划纲要(2010—2020年)[M]. 北京:人民出

版社，2010.

[38] 中共中央 国务院关于加快推进生态文明建设的意见[M]. 北京：人民出版社，2015.

[39] 蔡昉，张车伟. 中国人口与劳动问题报告 No. 16——"十二五"回顾与"十三五"展望[M]. 北京：社会科学文献出版社，2015.

[40] 陈安宁. 空间计量学入门与 GeoDa 软件应用[M]. 杭州：浙江大学出版社，2014.

[41] 陈强. 高级计量经济学及 Stata 应用 2 版. [M]. 北京：高等教育出版社，2014.

[42] 陈强，余伟等. 创新驱动发展国际比较研究[M]. 上海：同济大学在出版社，2015.

[43] 迟国泰，王卫等. 基于科学发展的综合评价理论、方法与应用[M]. 北京：科学出版社，2009.

[44] 丁志国，赵宣凯，赵晶. 直接影响与空间溢出效应：我国城市化进程对城乡收入差距的影响路径识别[J]. 数量经济技术经济研究，2011(9)：118－130.

[45] 董文静，王昌森. 河北省创新驱动能力影响因素实证研究[J]. 经济论坛，2018(1)：17－21.

[46] 埃尔霍斯特. 空间计量经济学：从横截面数据到空间面板[M]. 肖光恩，译. 北京：中国人民大学出版社，2015.

[47] 范新英，张所地. 城市创新效率测度及其对房价分化影响的实证研究[J]. 数理统计与管理，2018(1)：135－145.

[48] 冯经明. 创新驱动，转型发展，加快上海大都市科学发展[J]. 上海城市规划，2013(1)：1－4.

[49] 贡森，葛延风，斯汀·库勒. 中国人类发展报告 2016：通过社会创新促进包容性的人类发展[M]. 北京：中译出版社，2016.

[50] 郭亚军. 综合评价理论、方法及拓展[M]. 北京：科学出版社，2012.

[51] 高峰. 国外转变经济发展方式体制机制经验借鉴[J]. 世界经济与政治论坛，2008(3)：113－116.

[52] 国家统计局社科文司"中国创新指数(CII)研究"课题组，贾楠，李胤. 中国创新指数研究[J]. 统计研究，2014，31(11)：24－28.

[53] 何宜庆，陈林心，焦剑雄，王芸. 金融集聚的时空差异与省域生态效率关系

研究[J]. 数理统计与管理,2017(1):162—174.

[54] 洪银兴,尹晓煌. 经济转型与发展之中国道路[M]. 北京:高等教育出版社,2014.

[55] 胡亚权. 空间面板数据模型及其应用研究[D]. 武汉:华中科技大学,2012.

[56] 李标,宋长旭,吴贾. 创新驱动下金融集聚与区域经济增长[J]. 财经科学,2016(1):88—99.

[57] 李婧,谭清美,白俊红. 中国区域创新生产的空间计量分析——基于静态与动态空间面板模型的实证研究[J]. 管理世界,2010(7):43—55+65.

[58] 李政,杨思莹. 创新强度、产业结构升级与城乡收入差距——基于2007—2013年省级面板数据的空间杜宾模型分析[J]. 社会科学研究,2016(2):1—7.

[59] 联合国开发计划署(UNDP)驻华代表处与中国社会科学院城市发展与环境研究所. 中国人类发展报告2013:可持续与宜居城市[M]. 北京:中国对外翻译出版有限公司,2013.

[60] 梁浩. 平台经济与上海“四个中心”建设路径探析[J]. 中外企业家,2014(25):241—242.

[61] 林阳衍,张欣然,刘晔. 基本公共服务均等化:指标体系、综合评价与现状分析——基于我国198个地级市的实证研究[J]. 福建论坛(人文社会科学版),2014(6):184—192.

[62] 林毅夫. 经济发展与转型[M]. 北京:北京大学出版社,2008.

[63] 刘刚. 中国经济发展的新动力[J]. 华东经济管理,2014,28(7):1—7.

[64] 刘延东. 以改革释放创新活力 以创新驱动转型发展[J]. 中国科技产业,2014(8):8—10.

[65] 路风,余永定. “双顺差”、能力缺口与自主创新——转变经济发展方式的宏观和微观视野[J]. 中国社会科学,2012(6):91—114.

[66] 骆建华. 未来十年中国环境战略路径[R]. 全国工商联环境商会,2013.

[67] 南开大学统计制度与方法研究中心. 科学发展评价指标体系研究[R]. 2012.

[68] 倪鹏飞. 中国城市竞争力报告No.14——新引擎:多中心群网化城市体系[M]. 北京:中国社会科学出版社,2016.

[69] 浦轩．科学发展观和创新驱动转型发展在浦东之二 浦东的创新驱动转型发展[J]. 浦东开发，2012(12)：22—25.

[70] 全国绿化委员会，国家林业局．全国造林绿化规划纲要(2011—2020年)[Z]. 全国绿化委员会，国家林业局，2011.

[71] 国家创新驱动发展战略纲要[M]. 北京：人民出版社，2016.

[72] 中共中央 国务院关于深化体制机制改革加快实施创新驱动发展战略的若干意见[M]. 北京：人民出版社，2015.

[73] 中国共产党第十八次全国代表大会文件汇编[M]. 北京：人民出版社，2012.

[74] 上海财经大学课题组，徐国祥．上海"创新驱动，转型发展"评价指标体系研究[J]. 科学发展，2014(5)：5—16.

[75] 上海市统计科学应用研究所，上海财经大学应用统计研究中心课题组，秦丽萍，徐国祥等．全国各省市转型发展指数研究[J]. 统计科学与实践，2013(4)：12—13.

[76] 上海市发展改革研究院．经济稳定增长与创新转型发展[M]. 上海：上海人民出版社，格致出版社，2012.

[77] 邵传林，徐立新．创新驱动发展的制度性影响因素研究———基于中国省际层面的实证检验[J]. 北京邮电大学学报(社会科学版)，2015，17(4)：69—76.

[78] 沈露莹，葛寅，殷文杰，黄玥，詹歆晔．上海转变经济发展方式评价指标体系研究[J]. 科学发展，2010(6)：11—35.

[79] 沈露莹．上海转变经济发展方式的评价指标体系与阶段评估[J]. 上海经济研究，2010(6)：74—84.

[80] 陶长琪．空间计量经济学的前沿理论及应用[M]. 北京：科学出版社，2016.

[81] 谈志兴，杨安莲，张健．新形势下档案工作转型发展研究[M]. 北京：世界图书出版公司，2014.

[82] W. 里昂惕夫，A. 卡特，P. 佩特里．世界经济的未来—联合国的一项研究[M]. 北京：商务印书馆，1982.

[83] 王德青，朱建平，谢邦昌．中国创新能力区域差异的静态与动态分析—基于拓展聚类模型层级划分的角度[J]. 数理统计与管理，2014，33(5)：910—921.

[84] 王国平．创新驱动 转型发展：上海社会经济发展战略的新探索[J]．党政论坛，2012(11)：4—6.

[85] 王海兵，杨蕙馨．创新驱动与现代产业发展体系——基于我国省际面板数据的实证分析[J]．经济学(季刊)，2016，15(4)：1351—1386.

[86] 王海燕，郑秀梅．创新驱动发展的理论基础、内涵与评价[J]．中国软科学，2017(1)：41—49.

[87] 王建康，谷国锋，姚丽．城市化进程、空间溢出效应与城乡收入差距——基于 2002—2012 年省级面板数据[J]．财经研究，2015，41(5)：55—66.

[88] 王茂林．求进与给力：中国经济转型发展思考与探索[M]．北京：红旗出版社，2012.

[89] 王守坤．空间计量模型中权重矩阵的类型与选择[J]．经济数学，2013，30(3)：57—63.

[90] 王玉梅，徐炳胜．平台经济与上海的转型发展[M]．上海：上海社会科学院出版社，2014.

[91] 王振，王玉梅．健康经济与上海的转型发展[M]．上海：上海社会科学院出版社，2014.

[92] 王珍珍，许婉婷．福建省创新驱动发展能力的区域差异及影响因素——基于熵值法的视角[J]．福建农林大学学报(哲学社会科学版)，2017，20(3)：49—56.

[93] 王周伟，崔百胜，张元庆．空间计量经济学：现代模型与方法[M]．北京：北京大学出版社，2017.

[94] 魏福成，胡洪曙．我国基本公共服务均等化：评价指标与实证研究[J]．中南财经政法大学学报，2015(5)：26—36.

[95] 吴卫红，李娜娜，张爱美，刘安国，王建英．我国省域创新驱动发展效率评价及提升路径实证研究[J]．科技管理研究，2017(5)：63—69.

[96] 习近平．决胜全面建成小康社会 夺取新时代中国特色社会主义伟大胜利[M]．北京：人民出版社，2017.

[97] 肖林．直面新常态与创新驱动发展：上海“十三五”规划战略思路：2014—2015 年上海发展报告[M]．上海：格致出版社，上海人民出版社，2015.

[98] 修国义，韩佳璇，陈晓华．区域创新驱动能力影响因素实证研究[J]．金融与

经济,2017(5):49—54.

[99] 徐国祥,陈燃萍．创新驱动转型发展能力的影响因素分析——基于省级面板数据的实证研究[J]．数理统计与管理,2019,38(5):770—784.

[100] 徐诤,周效门,高炜宇,王丹,梁绍连,柴慧．关于“十三五”规划上海发展主线、目标与指标研究[J]．科学发展,2015(2):74—77.

[101] 俞正声．深入贯彻落实科学发展观 大力推进上海创新驱动转型发展[J]．求是,2012(17):3—6.

[102] 约瑟夫·熊彼特．经济发展理论[M]．何畏,易家详等译．北京:商务印书馆,2014.

[103] 张超,栗建华,刘静,王茂华．政策创新:张江示范区 助推新兴产业和创新企业[J]．党政论坛,2014(9):28—30.

[104] 张翠菊,张宗益．中国省域产业结构升级影响因素的空间计量分析[J]．统计研究,2015(10):32—37.

[105] 张晖明．创新转型与可持续发展[M]．重庆:重庆出版集团,重庆出版社,2014.

[106] 张可云,杨孟禹．国外空间计量经济学研究回顾、进展与述评[J]．产经评论,2016(1):5—21.

[107] 张雪玲,叶露迪．新型城镇化发展质量提升创新驱动因素的实证分析[J]．统计与决策,2017(9):93—96.

[108] 赵作权．空间格局统计与空间经济分析[M]．北京:科学出版社,2014.

[109] 中共中央编写组．中华人民共和国国民经济和社会发展第十三个五年规划纲要[M]．北京:人民出版社,2016.

[110] 中国科学技术发展战略研究院．国家创新指数报告．2016—2017:英文[M]．北京:科学技术文献出版社,2017.

[111] 中华人民共和国科学技术部．“十三五”技术市场发展专项规划[Z]．中华人民共和国科学技术部,2017.

[112] 周国雄．转型发展中的探索与实践[M]．上海:上海人民出版社,2014.

[113] 周国雄．创新驱动 转型发展 加快上海产业升级和智慧城市建设[J]．上海企业,2012(12):8—10.

[114] 周慧,苗洪亮,曾冰．创新驱动、城镇化与区域经济增长——基于空间溢出

及门槛效应的实证分析[J]. 经济问题探索,2017(4):95－102.

[115] 周建,高静,周杨雯倩 . 空间计量经济学模型设定理论及其新进展[J]. 经济学报,2016(2):161－190.

[116] 周柯,唐娟莉 . 我国省际创新驱动发展能力测度及影响因素分析[J]. 经济管理,2016,38(7):24－34.

[117] 周瑞金 . 加快转型发展聚焦上海核心生产力[M]. 上海:上海财经大学出版社,2012.

[118] 周振华 . 求索转型发展之路:2010 年上海区县发展报告[M]. 上海:格致出版社,上海人民出版社,2011.

[119] 周振华 . 迈向"十二五":创新驱动 转型发展[M]. 上海:格致出版社,上海人民出版社,2011.

[120] 朱建平,王德青,方匡南 . 中国区域创新能力静态分析——基于自适应赋权主成分聚类模型[J]. 数理统计与管理,2013,32(5):761－768.

[121] 朱金海,陈群民 . 改善民生、强化治理,深入推进社会改革与发展——2013/2014 年上海社会形势研究报告[R]. 科学发展,2014(1).

[122] 朱英明,张珩,童毛第 . 创新驱动发展论[M]. 北京:经济管理出版社,2014.